HEYNE FILMBIBLIOTHEK

Anthony Quinn, der ›berühmte‹ Grieche,
geb. 21. April 1916 in Chihuahua/Mexiko.

ANTHONY QUINN

Seine Filme – sein Leben

von GREGOR BALL

Originalausgabe

WILHELM HEYNE VERLAG
MÜNCHEN

HEYNE-FILMBIBLIOTHEK
Nr. 32/83

Umschlag- und Rückseitenfoto: Archiv Dr. Karkosch, Gilching
Innenfotos: Stiftung Deutsche Kinemathek, Berlin;
Archiv Dr. Karkosch, Gilching; Deutscher Fernsehdienst, München;
Süddeutscher Verlag, Bilderdienst, München; Archiv des Autors
Umschlaggestaltung: Atelier Ingrid Schütz, München
Printed in Germany 1985
Satz: Fotosatz Völkl, Germering
Druck und Verarbeitung: Ebner Ulm

ISBN 3-453-86083-7

Inhalt

Dem Spatzl
vom Spatzentier-Platzl

Zu diesem Buch

Viele, die ihn in seinem Welterfolg Alexis Sorbas gesehen haben, halten ihn für einen Griechen. Und in der Tat: griechischer als er könnte kein Bergmann aus Mazedonien, kein Fischer von der kleinsten Insel, kein Schäfer aus Kreta aussehen. Anthony Quinn, das ist – nicht nur in dieser Rolle – Alexis Sorbas, diese Explosion des Lebens, dieser Antaios aus der griechischen Sage, dessen Seele sich nie von der Erde gelöst hat – ein Mann aus

Anthony Quinn in der Rolle seines Lebens; als raufender saufender Sorbas (mit Eleni Anousaki).

Anthony Quinn 1937.

dem Volke, für den die Liebe, der Tod, das Glück und das Scheitern keine Widersprüche sind. Wie Quinn das spielte, das scheint aus unmittelbarer sinnlicher Erfahrung geboren zu sein.

In Wirklichkeit jedoch hat Anthony Quinn mit diesem ungebrochenen Menschen Alexis Sorbas kaum etwas gemein, und er wurde auch weit entfernt von Griechenland, in Mexiko, geboren. Später wuchs er in Los Angeles als Angehöriger einer verachteten Minderheit auf, als einer der »schlampigen, schmutzigen, falschen, betrügerischen Marihuana rauchenden Mexikaner«, wie er es selbst einmal in seiner Autobiographie genannt hat.

Schon sehr früh verunglückte Anthony Quinns Gefühlsleben, das stark geprägt ist durch die deutliche Hinwendung zu den Eltern, zu der vielleicht nur die Menschen des iberischen Kulturkreises fähig sind. Denn nach dem frühen Tode seines Vaters wandte er seine ganze Liebe der Mutter zu, der er jedoch nie verzieh, daß sie nochmals heiratete und somit den männlichsten aller Männer verriet, dem Anthony es immer hatte gleichtun wollen. Dies hat er im jähen Umschlag seiner Gefühle der Mutter – eigenen Aussagen zufolge – nie verziehen.

Beides, sowohl das soziale als auch das psychische Umfeld seiner frühen Jahre, haben Anthony Quinns Leben bis heute wesentlich bestimmt.

Es ist immer sein Bestreben gewesen, es jenen zu zeigen, die ihn ihre Schuhe putzen ließen, die ihn in die Abwässerkanäle von Los Angeles schickten, die ihn als Obstpflücker ausbeuteten oder für die er schmutzige Toiletten putzen mußte, während er doch vom Häuserbauen oder vom Film träumte. Anthony Quinn hat nie ein Hehl aus den Motiven, die auch heute noch Triebfeder seines Handelns sind, gemacht.

Der den Lateinamerikanern ohnehin anerzogene Hang zum Machismo, zum Männlichkeitskult, hat seine frühe unerfüllte Suche zwischen väterlichem und mütterlichem Prinzip nur noch verstärkt. Bei keiner Frau sei er glücklich geworden, sagt er. Obwohl die Zahl derer, die er hatte und über die er mit Potenzprahlerei berichtete, dem Vernehmen nach Legion sein soll.

Natürlich nicht einfach, das Leben dieses »Urgesteins von einem Schauspieler« nachzuzeichnen und dabei all seinen Facetten bestmöglich gerecht zu werden.

Sicher jedenfalls ist soviel: Anthony Quinn wollte immer Männer darstellen, die den Mut haben, neben ihrem Glück auch ihre Schwächen, ihre Zusammenbrüche zu zeigen. Quinn als der große Zampano in La Strada, der die Liebe des Mädchens Gelsomina nicht begreift – ein ungeschlachter Koloß von einem Mann, der sich in seinem Liebeskummer weinend auf den

Strand wirft und seine Hände in den Sand krallt, während die ersten Wellen der Flut über ihn hinwegschwappen.

Zwischen diesem großen Zampano und dem vor Lebensfreude strotzenden Alexis Sorbas, der wie in Trance den Sirtaki stundenlang tanzen muß – zwischen den Polen dieser beiden Charaktere sieht Anthony Quinn das Leben eines Mannes, das sich zwischen Verzweiflung und Glück abspielt. Doch welcher Mann wagt es denn heutzutage noch, so aus sich herauszugehen, zu weinen oder gar in aller Öffentlichkeit vor Glück zu tanzen?

Quinn ist ein ständig beunruhigender Mensch, ungeachtet des Eindrucks von urwüchsiger Kraft und Vitalität, den er nach außen deutlich macht. Aber daß soviel von seiner eigenen Widersprüchlichkeit in die von ihm gespielten Rollen eingeflossen ist – das hat Quinn berühmt gemacht, obwohl seine großen Rollen eigentlich das Dutzend gerade voll machen. Daneben gibt es viele – wie übrigens bei jedem Schauspieler – in mittelmäßigen und manchmal sogar ausgesprochen schlechten Filmen.

Doch durch den Facettenreichtum seines Wesens ist Anthony Quinn den Gefahren der Standardrollen entgangen. Als für ihn 1936 der Jugendtraum vom Film Wirklichkeit wurde, wollte ihn Hollywood wegen seines Aussehens zuerst zum Schurken und dann zum Indianer abstempeln. Als er sich dagegen – wie sich gezeigt hat – erfolgreich zu wehren wußte, schalteten die Filmbosse auf Gegenkurs: nun sollte er in die Fußstapfen Rudolfo Valentinos treten.

Geschickt und schlau wie er nun mal ist, tat er beides ohne anderes zu lassen. So wurde er der Glöckner von Notre Dame, der Hunnenkönig Attila, der französische Maler Paul Gauguin, ein arabischer Scheich und ein hypothetischer Papst.

Freilich – der Erfolg ließ einige Zeit auf sich warten.

Parallel zu seiner Filmkarriere hat sich Anthony Quinn jedoch den Ruf eines tollen »womenizers«, eines Sexprotzes, erworben. Gerne galt er als Mann, dem sich die Frauen zu Füßen stapelten, den sie den »unkontrollierbaren Bullen« nannten.

An diesem Image des Unwiderstehlichen hat er sehr, sehr sorgfältig gearbeitet. Denn immer noch voller Komplexe über seine ärmliche Herkunft, sah er in der erotisch-sexuellen Dynamik das beste Mittel, sich als Mann darzustellen, sich zu behaupten. Diesen Männlichkeitskult der Lateinamerikaner, Machismo genannt, machte er zum Leitfaden seines Lebens.

Zu Beginn seiner Filmkarriere war Anthony Quinn in zahlreichen Gangsterrollen zu sehen.

»Frauen«, hat er einmal gesagt, seien »immer das Zentrum seines Sonnensystems gewesen«. Aber die Rollen, die er ihnen außer der eines Lustobjektes zubilligt, sind altmodisch: »Ich glaube, daß viele Männer den Fehler machen, ihre Frau zu ihrem Kameraden zu machen oder das wenigstens versuchen. Ich möchte«, so seine verrückte Meinung, »keine Frau, die sich als Kameradin anstrengt. Wenn ich intellektuelle Beziehungen wünsche, kann ich Männer finden, mit denen ich mich hervorragend verstehe. Ich wünsche mir eine Frau, die eine gute Ehefrau und eine gute Hausfrau ist. Ich möchte meine Pflicht als Mann erfüllen und ich möchte die Rollen nicht vertauscht wissen.«

Anthony Quinn ist heute Multimillionär. Aber haben ihn all die materiellen Triumphe vom Trauma seiner Jugend befreit? Mehr als einmal hat er, der international Erfolgreiche, sich eingestanden, gescheitert zu sein, immer die absolute Liebe eines Menschen verlangt zu haben, ohne selbst welche geben zu können.

Nun, da der große Zampano alt und weise geworden ist, jetzt da er über siebzig ist, nun findet dieser Mann voller Zwiespalt allmählich den Frieden mit sich selbst. Die Zeiten, in denen er freimütig über seine Selbstmordabsichten sprach, sind längst vorbei. Nun lebt er mit seiner zweiten Frau Yolanda und seinen Söhnen in der Nähe von Rom auf einem weitläufigen Landsitz. »Good old Hollywood«, so scheint's, ist ihm unheimlich geworden. Vielleicht auch, weil sich dieses Fossil der kalifornischen Filmmetropole nur schwer gegen die eher kalten, intellektuellen Stars von heute durchzusetzen vermag. So gefällt er sich in der Rolle eines millionenschweren Patrons, der die Dienstboten scheucht und Hof hält wie ein später Renaissancefürst.

Wer ihn trifft, stellt fest: in seinen Augen scheint immer noch die Leidenschaft zu lodern. Aber Anthonys ungestüme Bewegungen sind maßvoller und das dereinst wild um sich schlagende Kind im Mann ist reifer geworden. Dennoch schwört er immer noch auf den Dämon, den jedermann in sich haben muß, um erfolgreich in der Liebe und im Beruf zu sein.

Anthony Quinn, der nach außen hin immer wieder die Vorzüge des archaischen Lebens preist, dieses scheinbare Naturereignis ist in Wahrheit eine Kunstfigur, Alexis Sorbas ist in der Wirklichkeit sein Antipode. Quinn, das ist doch ein wenig dieser Antaios, der sich nur noch daran erinnern kann, daß einst seine Füße die kraftspendende Erde berührten.

Dennoch – je mehr und je länger ich mich mit dem wechselvollen Leben dieses Mannes befaßt habe, desto mehr bin ich zu der Ansicht gelangt: er ist eigentlich ein in sich gebrochener Mensch. Aber wie sonst könnte er Schauspieler sein – und noch dazu ein so faszinierender!

München, im Juli 1985 *Gregor Ball*

Ereignisreiche Jugend

Als Anthony Rudolph Oaxaca Quinn am 21. April 1915 in einem winzigen Zimmer in Chihuahahua zur Welt kam, war Aufruhr im Land. Denn Mexiko und die Vereinigten Staaten lagen sich in den Haaren. Die mexikanischen Landarbeiter revoltierten gegen die Großgrundbesitzer und verlangten einen Teil von Texas. Der brutale Rebellenführer »Pancho« Villa war Held des Tages. Er zog mit seinen Horden durch das Land, begrub Gefangene lebendigen Leibes in Ameisenhaufen und schoß jeden nieder, der der Unabhängigkeit der Armen im Wege zu stehen schien.

An der Seite dieses Revolutionshelden kämpften die Eltern von Anthony Quinn. Sein Vater Francesco war zu dieser Zeit etwa achtzehn Jahre alt. Seine Mutter Manuela, eine Mexikanerin indianischer Abstammung, noch nicht einmal sechzehn.

Quinns Großvater väterlicherseits war von County Cork/Irland nach Amerika gekommen und hatte bei der Southern Pacific Railway Arbeit bekommen, da er frech das Schild »Arbeiter gesucht – Iren brauchen sich nicht zu bewerben« ignoriert hatte. Großvater Quinn, der bald bei der Eisenbahncompany Lokomotivführer wurde (und später bei einem Zugunglück ums Leben kam) heiratete ein Mädchen namens Sabina, das aus einer Mittelklasse-Familie stammte. Das Mädchen wurde als Lokomotivführers-Gattin schnell sehr nobel und hatte später einen starken Einfluß auf ihren Enkel, den sie aber anfangs so überhaupt nicht anerkennen wollte. Das hatte seinen Grund darin, daß ihr Sohn Francesco das mexikanische Mädchen Manuela das erste Mal gesehen hatte, als diese an die Türe der Quinns klopfte, um ihre Dienste als Wäscherin anzubieten.

Jahrzehnte später war diese Geschichte den Public-Relations-Strategen in Hollywood immer noch zu farblos und bieder. In den Presse-Bulletins las sich das dann unter anderem so: »Anthony Quinn, Sohn des irischen Kameramanns Frank Quinn und der mexikanischen Aztekenprinzessin Manuela ...« Was den Schauspieler zu der sarkastischen Bemerkung veranlaßte: »Denen war wohl meine Abstammung nicht interessant genug und alles noch zu wenig abenteuerlich.«

Von seinen Eltern hat Anthony Quinn einmal gesagt: »Mein Vater war ein Träumer, der dachte, daß Pancho Villa und die Revolution alle Antworten hätten. Er und meine Mutter kämpften an seiner Seite.«

Doch die revolutionären Aktivitäten seiner Mutter waren wohl nur von kurzer Dauer. Als *soldadera,* eine jener Frauen, die die Männer im Kampf mit allem Notwendigen zu versorgen hatten, wurde sie sehr bald schwanger und deshalb von der Front zurückgebracht.

Doch Schwiegermutter Sabina, die von Anfang an gegen die Verbindung ihres Sohnes mit der »mexikanischen Schlampe« gewesen war, wies der Hochschwangeren die Tür. Erst nach langem Suchen fand Manuela Quinn bei einer freundlichen Nachbarin in Chihuahahua in einem winzigen Zimmer mit gestampftem Lehmboden Unterschlupf. Dort brachte sie kurze Zeit später in einer Ecke hinter dem Herd Anthony Quinn zur Welt.

Als die Revolution dem Ende entgegenging und die Frau monatelang nichts von ihrem Mann gehört hatte, band sie sich den Knaben auf den Rücken und machte sich auf, um den Vater ihres Kindes zu suchen.

In der Biographie von Paramount las sich das publicitywirksam so: »... band sich ihn auf den Rücken und machte sich auf, ihn (den Vater ihres Sohnes, Anm. d.A.) zu suchen, obwohl sie erst sechzehn war. Sie legte 700 Meilen zurück. An Tagen, heiß wie die Hölle, und in Nächten, so kalt wie ein erloschener Stern. Auf dem ganzen Wege fragte sie überall nach dem Vater ihres Kindes, doch kein Mensch wußte etwas über ihn.«

Natürlich kann sich Anthony Quinn, wie wir alle, an seine ganz frühen Kindheitserlebnisse nicht mehr erinnern. Doch später, als er einmal mit den »Gespenstern, die ihn seit seiner Jugend verfolgten«, – wie er es nannte – abrechnen wollte, hat ihm seine Mutter dies erzählt: »Auf der Suche nach deinem Vater habe ich dich durch die nördliche Chihuahahua-Wüste geschleppt, bis wir in eine Stadt mit Bahnhof kamen. Dort wartete ich drei Tage und Nächte, bis wir mit einem Zug, der durch die feindlichen Linien nach Norden fuhr, mitkonnten.«

Mutter Manuela hat ihrem Sohn die abenteuerliche Reise so geschildert: »Der Lokomotivführer versteckte uns unter den Kohlen, damit uns der Sergeant nicht sehen konnte. Es war brütend heiß. Das einzige Licht kam nachts vom Feuer der Lokomotive. Der Zug fuhr langsam durch besetztes Gebiet, und während der mehrtägigen Reise nach Juárez, die normalerweise nur einige Stunden dauert, wurden wir von Revolutionstruppen öfter angegriffen. Die Soldaten schossen zurück, und ich hatte schreckliche Angst.«

Anthony Quinn meint, daß diese gewiß ungewöhnliche Art des heimlichen Personentransportes nicht spurlos an ihm vorübergegangen sein kann. »Daher stammt die schreckliche Angst, an der ich jahrzehntelang litt und immer noch leide – die Angst vor geschlossenen Räumen und vor dem Ersticken.«

Als die Mutter mit dem wenige Monate alten Anthony den Rio Grande, den Grenzfluß zwischen Mexiko und den Vereinigten Staaten, erreicht hatte, war sie schließlich so weit zu glauben, ihr Mann sei tot.

Durch Zufall traf sie ihn mit seiner Mutter, Doña Sabina, in Juárez. Sie lebte kurz mit ihm, wurde wieder schwanger und zog dann weiter nach El Paso, wo sie Anthonys Schwester Stella zur Welt brachte. Doch auch da waren weder Mutter noch Kind auf Rosen gebettet. Der zuständige Vater war wieder mal unterwegs, und »ich hatte damals kaum genug Geld, um ein Leintuch zu kaufen, in das ich deine Schwester nach der Geburt wickeln konnte«, erinnerte sich Mutter Manuela Quinn einmal im Gespräch mit Sohn Anthony. »Ich mußte der Hebamme meine letzten drei Dollar geben, damit sie mir bei der Geburt half.«

Einige Jahre lang wohnten die Quinns in einem Flüchtlingslager in El Paso in windschiefen Hütten aus Wellblech und Kistenbrettern. Zwar hatte Doña Sabina nur höchst ungern diese Schwiegertochter mit ihren beiden Kindern akzeptiert, aber durch die mißliche wirtschaftliche Situation mußte auch sie sich mit der Familie in den örtlichen Walnußwäldern als Taglöhner verdingen. Sie wanderten mit der Ernte. Pflückten Obst und Gemüse für zehn Cent die Stunde und verdienten damit kaum genug, um die Familie auch nur annähernd ordentlich ernähren zu können. Weil sie die Kinder nirgends lassen konnten, arbeitete der kleine Anthony mit und krümmte seinen Rücken neben der Großmutter beim Pflücken von Tomaten und Melonen. Da war er so drei, vier Jahre alt. Harte Aufseher trieben sie unbarmherzig an.

Der Schauspieler hat darüber einmal gesagt: »Als Junge fiel ich manchmal vor Hunger in Ohnmacht. Und wer je einmal am

Verhungern war, wird die Angst davor nie wieder los. Heute bin ich ein glücklicher Mann, aber die große Angst vor dem Hunger ist mir geblieben.«

In diese Zeit fällt auch die erste bewußte Begegnung mit seinem Vater. »Wir wohnten damals an einem stinkenden Kanal in einer Hütte aus alten Obstkisten und Blechkanistern. Es hatte die ganze Nacht geregnet, und meine Mutter und ich hatten uns beim Ofen in unsere Decken gekuschelt, um nicht naß zu werden von dem Wasser, das durch das löchrige Dach tropfte. Als es Morgen geworden war und endlich die Sonne ein wenig durch die Wolken blinzelte, sagte meine Mutter, ich könne hinausgehen und spielen.«

Die Pfützen auf der Straße aus braunem Lehm spiegelten die schnell dahinziehenden Wolken wider. Der kleine Junge nahm sein einziges Spielzeug, einen alten gußeisernen Straßenbahnwagen, den er auf dem Müllhaufen gefunden hatte und schickte ihn auf die Reise durch die schlammige Brühe.

Plötzlich fiel ein Schatten auf ihn und er hörte eine tiefe Stimme sagen: »Hallo Elefant!« Quinn: »Ich drehte mich um und erblickte ein großes Paar Stiefel. Dann sah ich nach oben, und hatte das Gefühl, meine Augen müßten schier ins Unendliche wandern, bevor ich am Ende der Silhouette vor dem Himmel mit den dahinziehenden Wolken ein Gesicht sah, von dem ich instinktiv wußte, daß es mein Vater war.«

Diese Szene, als der Vater nach mehr als zwei Jahren wieder zu seiner Familie gefunden hatte, grub sich tief in das Bewußtsein von Anthony Quinn ein. Kurze Zeit danach wurden die Elendshütten von zuständigen Inspektoren für »unhygienisch und baufällig« erklärt und die Ärmsten der Armen im wahrsten Sinne des Wortes auf die Straße gesetzt. Denn eine Pockenepidemie war ausgebrochen, und die ganze Gegend, so erklärten die städtischen Beamten, müsse entweder gründlich gereinigt oder niedergebrannt werden. Das Gebiet wurde für unbewohnbar erklärt, die armseligen Behausungen mit Brettern vernagelt und die Bewohner des verseuchten Stadtviertels aus der Stadt getrieben.

Da bei diesen Zuständen ein Haus weit und breit nicht aufzutreiben war, nahm Mutter Quinn ihre beiden Kinder unter den Arm und richtete sich, wie viele andere auch, unter einem Baum am Rande der Stadt häuslich ein. Dort lebten sie einige Monate lang unter freiem Himmel bis sie dann weiterzogen und schließlich im mexikanischen Slumviertel von Los Angeles, der Stadt der großen Möglichkeiten, landeten.

Das Dasein in der Eastside von Los Angeles hat Anthony Quinn einmal so beschrieben: »Bei uns in der Dalystreet bebte sozusagen ständig die Erde. Nur wenige Meter vor unserem Haus ratterten die Züge vorbei. Wir schienen alle am Veitstanz zu leiden, und alles klapperte, sogar unsere Zähne. Aber es war nicht nur die Eisenbahn, die uns durch das ständige Rangieren durchrüttelte. Da fuhren außerdem auch noch die roten Wagen der Straßenbahn direkt vor unseren Fenstern über die Brücke.«

Das »Haus« bestand aus einem mittelgroßen Raum und einer kleinen Küche. Zunächst schlief die gesamte Familie – Großmutter, Mutter, Vater, Stella und Anthony – auf dem Boden. Später erweiterte der Vater das Häuschen um einen kleinen Anbau, der dann den Eltern als »Schlafzimmer« diente. Der Raum war gerade groß genug für ein Bett und ein kleines Tischchen mit Petroleumlampe. Am Eßtisch stand in der Mitte des »Wohnzimmers« eine Kiste, in der einmal ein Klavier transportiert worden war.

Das Leben in dieser Gegend von Los Angeles war für Mexikaner alles andere als leicht. Sie galten als faule, schmierige, dreckige und Marihuana rauchende, eitle Gecken. Diesen »Mexikaner-Komplex«, wie Anthony Quinn es mehrfach nannte, wurde er sein ganzes Leben lang nicht los.

Eine Szene aus seiner Kindheit hat er nie vergessen: »Ich verkaufte an den Straßenecken Zeitungen. Und wie jeden Tag, wenn mein Vater nach Hause kam, stand ich mit einer Zeitung an der Straßenbahn und wartete auf ihn.

Als ich mich einmal mit meinem Freund gegen andere Jungen wehren mußte, die uns unsere Straßenecke streitig machen wollten, kam es zu einer heftigen Balgerei. Ausgerechnet in diesem Moment stieg mein Vater aus der Straßenbahn und tat so, als sähe er mich nicht.«

Vergebens versuchte das Kind den Mann auf sich aufmerksam zu machen. Mit Tränen der Verzweiflung in den Augen rannte es hinter ihm her.

Daheim, als der kleine Anthony sich wusch und die Haare kämmte, hörte er, wie sein Vater der Mutter erzählte: »Manuela, als ich heute aus der Straßenbahn stieg, hab' ich überall meinen Sohn gesucht. Er stand nicht an seiner üblichen Ecke. Statt dessen sah ich dort einen schmutzigen kleinen Mexikaner. Das Hemd war ihm aus der Hose gerutscht, die Haare hatte er zerzaust und ein dreckiges Gesicht. Der Junge behauptete steif und fest, er sei mein Sohn.«

Nachdem Anthony Quinn aus dem Badezimmer gekommen war, fragte ihn sein Vater, wo er denn heute gewesen wäre, als er aus der Straßenbahn kam. Der Junge antwortete, er wäre dagewesen, aber der Vater belehrte ihn: »Dieser kleine dreckige Mexikaner, den ich da sah, das kann unmöglich mein Sohn gewesen sein. Denn *mein* Sohn ist nie schmutzig. Mein Sohn stammt von irischen Königen und mexikanischen Kaisern ab, und das vergißt er nie. Mein Sohn benimmt sich wie ein Prinz, ob er nun Zeitungen verkauft oder Schuhe putzt. Seine Armut ist nicht von Dauer, deshalb bewahrt er die Haltung eines Königs.«

Damit war für Anthony klar, daß er versagt hatte. »Das Wichtigste in meinem Leben«, hat er versichert, »war die Zustimmung meines Vaters zu erringen. Mein ganzes Leben lang wollte ich wohl unbewußt immer nur meinem Vater gefallen. Aber ich glaube, es ist mir nie wirklich gelungen.«

Obwohl Kalifornien für Mexikaner alles andere als das Paradies war, fand Frank Quinn sehr bald Arbeit als Tierwärter im Zoo der alten Zelig-Studios, wo er schnell zum Hilfsarbeiter mit 30 Dollar die Woche aufstieg.

Später wurde Vater Quinn befördert und durfte die Kurbel der Kamera – die Filmtechnik steckte noch in den Kinderschuhen – drehen.

Als für eine Filmszene zwei Graubären mit einem kleinen Bären gebraucht wurden, fehlte das Jungtier.

Irgend jemand kam auf die gloriose Idee, dafür ein Kind in ein Bärenfell zu stecken.

Am Abend brachte Frank Quinn ein Bärenfell als Kostüm mit nach Hause und verkündete seinem Sohn, daß sein Filmdebüt unmittelbar bevorstehe. Die Freude von Klein-Anthony – er war da etwa acht Jahre alt – kannte keine Grenzen. Stundenlang wollte er das Fell nicht mehr ausziehen und schlug vergnügt Purzelbäume.

Offensichtlich aber muß sich der Junge die ganze Nacht soviel Gedanken über die Rolle gemacht haben, daß der bevorstehende Auftritt im wahrsten Sinne des Wortes in die Hose ging und er morgens hohes Fieber hatte.

Sowohl Mutter als auch Großmutter weigerten sich strikt, den Knaben in diesem Zustand vor die Kamera zu lassen. »Am meisten aber kränkte mich«, berichtete Anthony Quinn in Erinnerung an dieses Erlebnis, »daß mein Vater glauben konnte, ich fürchte mich vor dem Bären. Das hat mich noch monatelang beschäftigt.«

Ein junger Wilder

Als im Januar 1936 Vater Frank Quinn bei einem Autounfall getötet wurde, war der junge Tony auf sich selbst gestellt. »In jenen Tagen«, so sagte er später, »lebten wir nicht, sondern wir versuchten lediglich zu überleben. Ich mußte für Schwester Stella, meine Mutter und Großmutter sorgen. Ich machte alles, womit überhaupt nur ein paar Kröten zu verdienen waren. Nach einem Sommer langer, harter Arbeit kam ich einmal mit 93 Dollar nach Hause. Das war für uns damals ein kleines Vermögen. Dann wieder mußten wir am Strand leben und uns von Muscheln ernähren.«

Am Strand hatte Anthony Quinn auch, wie er es nannte, sein »erstes richtiges Sexerlebnis«. Da war er vierzehn.

Frank Bowles, der seiner Mutter nach dem Tode des Vaters gerade den Hof machte, hatte zu einem Picknick an die Beach eingeladen.

In diesen Jahren war in Amerika noch die Zeit der Prohibition, was zur Folge hatte, daß jedermann heimlich zu Hause sein eigenes Bier – oder was immer es dann wurde – braute.

Dieses Gebräu tat meist sehr schnell seine Wirkung, wenn abends die Flaschen kreisten.

Schon tagsüber, während des Wellenreitens, hatte Anthony Quinn an einem kräftig gewachsenen Mädchen – sie mochte so etwa siebzehn, achtzehn gewesen sein – Gefallen gefunden.

»Im Wasser kam ich ein paarmal mit ihrem nassen Körper in Berührung. Ich tat so, als dächte ich nur ans Schwimmen und berührte ihre Brüste und Schenkel.«

Als nun am flackernden Lagerfeuer der Alkohol Wirkung zeigte und sich vor Anthonys Augen alles zu drehen begann, ließ er sich etwas abseits von den anderen in den warmen Sand fallen. Das Mädchen setzte sich neben ihn.

»Das Bier und die Wärme des Sandes schläferten mich ein. Als ich aufwachte, spürte ich etwas höchst Seltsames. Ich hatte das Gefühl, daß jemand an meinem Penis lutschte. Es war das Mädchen. Sie nahm ihn sehr behutsam in ihren warmen Mund. Ich wagte nicht, mich zu rühren, aus Furcht den Bann zu brechen und sie in Verlegenheit zu bringen.«

In seiner 1972 erschienenen Autobiographie ›The Original Sin/Der Kampf mit dem Engel‹ schildert Anthony Quinn sein Leben in Form von Dialogen mit seinem Psychiater.

Solcherart spürbar verwöhnt, täuschte Anthony Quinn tiefen Schlaf vor: »Bald war mein Penis steif und sie schien mit noch größerer Begeisterung dabei zu sein. Ich explodierte in ihrem Mund und versuchte, es so ruhig und unauffällig wie möglich zu tun, damit sie immer noch glauben mußte, ich schlafe. Sie wischte mich ab und machte mir die Hosen wieder zu. Sie blieb neben mir sitzen. Nach einiger Zeit tat ich so, als wache ich eben auf.«

In *Der Kampf mit dem Engel – eines Mannes Leben* bekennt

er: »Ich habe dieses Mädchen nie wieder gesehen, aber oft von ihr geträumt. Sie hatte *mich* geliebt. Sie hatte mich wünschenswert gefunden und keinerlei Gegenleistung verlangt. Sie hatte *mich* zum Ziel *ihrer Liebe* gemacht.«

Anthony Quinns Traum war, so hat er zumindest einmal in einem Interview behauptet, Holzfäller zu werden. Doch das wurde er nie. Dafür aber alles andere. »Als ich achtzehn war, hatte ich als Schuhputzer, Zeitungsjunge, Zimmermann, Elektriker, Kanalarbeiter, Metzger auf dem Schlachthof, Taxifahrer, Zementmischer, Lastwagenfahrer, Zuschneider, Boxer und Landarbeiter Geld verdient.

Mit vierzehn war ich Vorarbeiter auf einer Aprikosenfarm der Camarillo Apricot Growers Association und beaufsichtigte 150 Leute. Den besten Job aber hatte ich als Vorarbeiter in einer Matratzenfabrik. Aber überall hing die Ausweisung durch die Ausländerbehörde drohend wie ein Damoklesschwert über mir.«

Der junge Quinn wuchs in einer Welt des Kampfes auf. Sie hatte ihre eigenen Ehrbegriffe. Die Kämpfer, die immer Zweiter sind und Erster werden möchten, die müssen sich bemühen und immer noch mehr bemühen. Er war einer von ihnen, und sicher hat diese Welt dazu beigetragen, daß er mit 16 Jahren in verräucherten Kneipen in den Ring stieg.

»Mein Manager fälschte mein Alter und ließ mich in einigen kleineren Klubs kämpfen. Ich blieb in sechzehn Kämpfen Sieger. Im siebzehnten trat ich gegen einen Neger an. In der letzten Runde begann er zu schwanken. Ich hatte ihn an den Seilen. Mein Manager schrie: ›Leg ihn um!‹ Aber in den Augen dieses Schwarzen war etwas ... er war genauso ein armer, hungriger Bursche wie ich. Also beschloß ich, ihn auf den Füßen zu lassen. Urplötzlich aber traf er mich, und ich ging mit einer Gehirnerschütterung zu Boden.

›Du hast mich ein schönes Stück Geld gekostet‹, sagte mein Manager, als ich wieder zu mir kam. ›Wenn ich dein häßliches Mexikanergesicht noch einmal sehe, schlage ich dich zum Krüppel, du öliger Kloß!‹

Dieser Mann war für mich wie ein Vater gewesen, seit mein eigener tot war – und er hatte mich, bis ich verlor, auch wie seinen Sohn behandelt. Aber in diesem Augenblick faßte ich einen Entschluß: Nie wieder wollte ich jemand auch nur den kleinen

Finger reichen, und nie wieder sollte mich jemand so beschimpfen dürfen.«

Für einen Teenager aus den Slums lebte Anthony ein überaus ereignisreiches Leben. »Ich war vierzehn, als ich einer der faszinierendsten Persönlichkeiten begegnete, die ich jemals traf. Erst Jahrzehnte später, als ich dann mit großen Schauspielerinnen arbeitete, konnte ich sie mit ihnen vergleichen. Doch so wunderbar ich Anna Magnani, Ingrid Bergman, Laurette Taylor und Ethel Barrymore fand, sie alle verblaßten förmlich gegenüber dem elektrischen Schock, den Aimee Semple McPherson in mir ausgelöst hatte.« Diese Evangelistin veranlaßte Anthony Quinn, sich stark in der Foursquare Gospel Church zu engagieren, deren Angehörige unter dem populären Namen Holy Rollers meist in Spanisch an den Straßen der Eastside von Los Angeles predigten.

Die Zeit, als Anthony in ihrem Angelus Tempel predigte und bei Straßenversammlungen Saxophon spielte, hat ihn offenbar tief beeindruckt. »Es kann auch beim Theaterspielen nichts so aufregend sein, wie das unvergleichliche Gefühl der Spannung, das man empfindet, wenn man auf die Kanzel steigt, um zu predigen. Es gibt für mich wirklich nichts, was dem gleichkommt.«

Wie mehrfach berichtet wurde, soll sich Anthony Quinn so ernsthaft mit dem Predigen befaßt haben, daß er Priester werden wollte: »Aber ich gab diesen Gedanken wieder auf, ehe ich fünfzehn war.«

In diesem Alter beherrschte er bereits Saxophon, Piano, Gitarre und Akkordeon. Mit Freunden verdiente er sich auf Parties sein Taschengeld. Tanzwettbewerbe waren eine andere Art, um zu Geld zu kommen, denn die gewonnenen Pokale konnten schließlich versetzt oder nach der Veranstaltung für fünf Dollar an das Management zurückverkauft werden. Diese Art von Tanzveranstaltungen waren für den jungen Anthony in vielfacher Hinsicht ein ausgezeichnetes Training. Alvin H. Marill bemerkt in diesem Zusammenhang in seinem Buch *The Films of Anthony Quinn:* »Beispiele von Quinns eleganter Beinarbeit kann man in seinen Rollen in *Swing High, Swing Low (Liebe in Panama)* sehen, wo er mit Carole Lombard tanzte und mit Rita Hayworth in *Blood and Sand (König der Toreros),* sowie mit Ann Sheridan in *City for Conquest (Im Taumel der Weltstadt),* und in *Zorba the Greek (Alexis Sorbas).«*

Dem Schauspieler hingegen hat etwas anderes viel mehr gefallen. In seiner Autobiographie *The Original Sin/Der Kampf mit dem Engel* schildert er: »Ich hatte ihr gesagt, ich sei zweiundzwanzig, doch in Wirklichkeit war ich erst sechzehn und hatte dort unten noch nicht viele Haare. Ihre Finger kamen näher. Ich hielt den Atem an und hoffte, sie würde ihre Hand zurückziehen. Sie flüsterte: ›Bitte ...‹ – und ich hatte meine erste Affäre. Das Mädchen war wild. Bis dahin hatte ich mir unter Sex immer rosa Wolken und leise Musik vorgestellt, und dann berührt man einander und glaubt, im Raum zu schweben.

Für tierisches Stöhnen war dabei kein Platz. Ich dachte: ›Tu' ich ihr vielleicht weh?‹ Schließlich entfuhr ihr ein langer, furchterregender Schrei, und wir explodierten beide. Ich blickte hinunter und dachte: ›Was habe ich nur getan?‹ Ich mußte etwas Schreckliches angerichtet haben. Für mich hatte es mit Liebe überhaupt nichts zu tun. Ich befreite mich aus ihrer Umarmung und stand auf. Während ich mich anzog, stöhnte sie immer noch.«

Quinn stürzte aus ihrer Wohnung und lief, so schnell er konnte, nach Hause, wo der Empfang um zwei Uhr morgens alles andere als herzlich war.

Großmutter hatte es sich nicht nehmen lassen, über Wohl und Wehe ihres Enkels persönlich zu wachen. Als sie seine Alkoholfahne roch, gab es zum Auftakt einen kräftigen Satz heiße Ohren. Aber als Oma dann noch seine feuchte Unterhose entdeckte, wurde es erst richtig schön.

»Was hast du getrieben?«, fragte sie mißtrauisch. »Warum ist die Unterhose naß?«

»Vom Tanzen vielleicht, weil ich geschwitzt habe«, tat der Junge unschuldig und wollte schnell in Richtung Toilette verschwinden. Doch Großmutter war schneller, zog ihm die Unterhose herunter, griff nach seinem Ding und sah, daß es noch naß war.

»Mit wem bist du zusammengewesen?«, kam es streng.

»Mit nie-nie-niemand«, stotterte der Ertappte verlegen und versuchte sich herauszureden: »Vielleicht habe ich eine Erkältung oder so was.«

Anthony Quinn erinnert sich: »Dann tat sie etwas Schreckliches – sie roch daran.«

Nach solch intensiver Prüfung kam die Reaktion prompt:

Großmutter packte einen Schuh, schlug auf den über einsachtzig großen Jungen ein und keifte los: »Weißt du denn nicht, daß du dir bei diesen dreckigen Weibern eine Krankheit holen kannst?«

Sie schäumte, sie war außer sich vor Wut.

Anthony mußte sich von oben bis unten gründlich mit Wasser und Seife abschrubben, und tags darauf sollte er zum Arzt geschleppt werden, damit ihm dieser etwas verschriebe, damit nicht irgendeine schreckliche Krankheit dazu führen könnte, daß ihm der Schwanz abfalle.

Anthony Quinn: »Mir war gar nicht wohl in meiner Haut. Eine Woche lang mußte ich jeden Tag die Hosen herunterlassen, damit sie sich überzeugen konnte, daß noch nichts verfault war.«

»Es dauert neun Tage«, erklärte sie streng und prophezeite, »nach neun Tagen wird es anfangen zu eitern.«

Kein Wunder, daß der arme Junge in panischer Angst lebte und sich tagelang nicht mehr aus dem Haus wagte. »Ich rechnete ständig damit, daß er sich grün verfärben und abfallen würde.« Dazu erklärte ihm die Großmutter noch, fürsorglich wie sie nun einmal war, Frauen würden prinzipiell schwanger und Männer holten sich Krankheiten.

Bei seinen Freunden aber war Anthony durch die Tatsache, daß er mit dem Mädchen geschlafen hatte, der große Held. Sie wollten alles ganz genau und in allen Details wissen. Von Mal zu Mal wurde sein Bericht dramatischer, und eine gute Woche lang war er bei seinen Kameraden das Tagesgespräch, weil er möglicherweise noch den Tripper erwischt haben könnte. Denn – mit einem Tripper war man schließlich ein richtiger Mann. Es dauerte gut zwei Wochen, bis das Interesse an Quinns Penis deutlich erlahmte, zumal sich dieser nicht grün verfärbt hatte und auch nicht abzufallen drohte.

Verständlich, daß solch überschwengliche Anteilnahme der Großmutter am aufkeimenden Sexualleben des Jungen recht nachhaltigen Eindruck auf seine Einstellung zu Frauen und Erotik haben mußte.

Allererste Kritiken

Bis zu seinem zwölften Lebensjahr sprach Anthony Quinn kein Englisch. Das brauchte er auch nicht, bis er in die Belvederes Junior High School und später in die Polytechnic High School in Los Angeles ging. Und als er englisch zu sprechen begann, kam immer mehr heraus, daß er einen Sprachfehler hatte. Seine Zunge war an der Unterseite zu weit festgewachsen, so daß er nicht klar und akzentfrei artikulieren konnte.

In dieser Zeit wollte Anthony nichts sehnlicher, als Architekt werden. Denn »die Normung der Architektur machte mich noch verrückt«, glaubte er. »Die Tatsache, daß Türen und Fenster eine bestimmte Höhe und Breite haben mußten, brachte mich fast um den Verstand. Ich wußte, daß dies uns zur Normung des Menschen zwang und nicht umgekehrt. Mir gefiel der griechische Architekturbegriff, der da meint: man soll sich nicht nach den Maßen des Menschen richten, sondern nach seinen Sehnsüchten.«

Doch mit dieser Ansicht stand der junge Quinn ziemlich allein da. Der einzige, der ihm hier etwas Hoffnung machte, war der bekannte Architekt Frank Lloyd Wright, den er eines Tages in seinem Büro aufsuchte.

Anthony Quinn hatte Pläne für einen »menschenfreundlichen Supermarkt« ausgearbeitet und dafür in seinem elften Schuljahr einen Preis gewonnen. Dies ermutigte ihn, dem großen Architekten seine Ansichten, wie gebaut werden sollte, darzulegen. Doch der Architekt, der den hoffnungsfrohen Jungen wohlwollend empfing, entdeckte ganz etwas anderes.

»Was ist eigentlich mit deinem Sprechapparat los, Kleiner?«, fragte er. Anthony Quinn war verdutzt. Bisher hatte ihm noch niemand gesagt, daß mit seiner Art zu sprechen etwas nicht in Ordnung sei.

»Nichts«, kam es verwundert als Antwort.

»Doch, doch. Du redest, als sei deine Zunge angeklebt.«

Trotz der Proteste des Jungen erkannte der Architekt fachkundig, »das ist das Zungenbändchen, und wenn es zu dick ist, hindert es dich daran, deutlich zu sprechen.« Und erklärte weiter: »Wenn du ein großer Architekt werden willst, genügt es nicht, ein guter Zeichner zu sein. Du mußt deine Ideen und Philosophie auch deutlich ausdrücken können. Niemand wird dir zuhören, wenn du deine Ansichten nicht klipp und klar akzentuieren kannst.«

Dann forderte Frank Lloyd Wright ihn auf: »Sagen Sie mir nach: Zwischen zwei Zweigen zwitschern zwei Zeisige.« Der Junge begann, »Z-zwischen – z-zwei – Z-zweigen – z-zwitschern - z-z-«.

Ganz klar, es ging nicht.

Mit dem Rat, »Lassen Sie sich das Zungenbändchen durchschneiden und besuchen Sie mich wieder, wenn Sie problemlos ›Fischers Fritz fischt frische Fische‹ sagen können«, entließ er ihn.

Quinn vertraute sich der Mutter seiner Freundin an, zu der er mittlerweile auch ein sehr inniges Verhältnis hatte und die für seine Bildung – nach seinen eigenen Aussagen – sehr wichtig gewesen war. Diese mütterliche Freundin ging mit ihm zu einem Halsspezialisten, der die Zunge hochhob und ebenfalls der Meinung war, das Bändchen müsse durchgeschnitten werden.

Leider jedoch kostete dieser Eingriff 150 Dollar – für Anthony damals ein kleines Vermögen.

Nachdem ihm der hoffnungsvolle Junge dargelegt hatte, weshalb er sich operieren lassen wolle, zeigte der Arzt großes Entgegenkommen: »Ich werde Ihren Sprachfehler beheben, und Sie können bezahlen, wenn Sie Geld haben.«

Anthony Quinn: »Nach dem einfachen Eingriff dauerte es bei mir dennoch lange, bis ich wieder sprechen konnte. Meine Zunge wollte sich scheinbar an die neugewonnene Freiheit nicht gewöhnen, und ich hatte erhebliche Schwierigkeiten, sie unter Kontrolle zu bringen. Das Arzthonorar stotterte ich ab.«

Um wieder richtig sprechen zu lernen, nahm er in der Schauspielschule der ehemaligen Schauspielerin Katherine Hamill Unterricht, zumal dieses Institut auch Sprachtherapie im Programm hatte. Die Stunde sollte fünf Dollar kosten, und da Anthony chronisch knapp bei Kasse war, bot er als Gegenleistung für die Sprecherziehung an, die Schule sauberzuhalten und gelegentlich als Türsteher nach dem Rechten zu sehen. Seine ersten Sprachübungen bestanden darin, einen Korken in den Mund zu nehmen und Zungenbrecher vor sich herzusagen.

Doch die Schauspielschule brachte außerdem mit sich, daß

Quinn oft im Probenraum herumstand und zuhörte, wie Regisseur Max Pollock über die Stanislawski-Methode dozierte.

Der kleine exzentrische Mann, der aus Rußland emigriert war, studierte mit seinen Schülern Noel Cowards *Hay Fever/Heufieber* ein.

Nach einigen Wochen intensiven Sprechunterrichts konnte Anthony den Korken aus dem Mund nehmen, und Mrs. Hamill ließ ihn Shakespeare rezitieren.

Zwar hatte der Eleve der guten Dame schamhaft verschwiegen, daß sein allererstes Filmdebüt, nämlich einen kleinen Bären zu spielen, im wahrsten Sinne des Wortes in die Hose gegangen war. Auch hatte er nicht erzählt, daß er früher für zwei Dollar pro Abend auf Parties Bing Crosby, Louis Armstrong und Maurice Chevalier imitiert hatte. Aber als sie ihn nun fragte, ob er nicht Schauspieler werden wolle, kam sein »Nein« keinesfalls überzeugend.

Denn was die Architektur betraf – dieser Traum war ohnedies schon verblaßt.

Da traf es sich ausgezeichnet, als eines Tages Max Pollock fragte, ob der Junge denn nicht für einen erkrankten Kollegen in Noel Cowards *Hay Fever/Heufieber* einspringen könne.

Offensichtlich aber hatte die Vorstellung, demnächst Schauspieler zu werden, Anthony Quinn bereits sehr fasziniert. Denn »ich wußte, daß sich Manager und Produzenten aus Hollywood die Aufführungen der Schule ansahen und diese außerdem in den Fachzeitschriften der Theater- und Filmindustrie rezensiert würden. Ich arbeitete deshalb sehr intensiv. Dennoch war ich bei der Premiere so nervös, daß ich die ganze Vorstellung mit offener Hose spielte.«

Er bekam trotzdem gute Kritiken, und die ihn mütterlich stets gut umsorgende Freundin Silvia meinte nach der Aufführung:

»Tony, ich glaube, du hast deinen Beruf gefunden.«

Deshalb blieb Anthony Quinn in Mrs. Hamills Schule und spielte bald darauf in *Nachtasyl* von Maxim Gorki, wo er wieder in den Kritiken lobend erwähnt wurde.

Das ermutigte ihn weiterzumachen, und er schloß sich der Schauspieltruppe Gateway Players an, besuchte aber weiterhin die Schauspielschule und litt unter chronischem Geldmangel. »Ich war dauernd pleite und hatte manchmal nur zehn Cents in der Tasche«, erinnert er sich an seine Anfänge.

»Da konnte ich mich dann entscheiden, ob ich mir ein Sandwich oder ein Buch kaufen sollte. Meistens zog mein Magen den kürzeren. Und um Fahrtkosten zu sparen, ging ich die sechs bis sieben Kilometer nach Hause meist zu Fuß.«

Eines Tages, als sein Fahrgeld wieder einmal für ein Buch draufgegangen war, traf er auf der Straße einen jungen Mann, den er flüchtig kannte: Fjedor Schaljapin, den Sohn des berühmten Sängers. Dieser erzählte ihm, daß Mae West für das von ihr produzierte Theaterstück *Clean Beds/Saubere Betten* noch Latino-Typen suche, die in ihrem Stück Gigolos spielen sollten.

»Als ich hinkam«, erzählt Quinn in seiner Autobiographie *The Original Sin/Der Kampf mit dem Engel,* »wartete bereits eine lange Schlange von Schauspielern darauf, vorgelassen zu werden. Schließlich kam ich dran und stand einem lustigen Mann mit rosarotem Gesicht gegenüber. Er hatte Mae West einmal als Rechtsanwalt vertreten und sich in sie verliebt. Daraufhin machte er seine Praxis zu und wurde ihr Manager. Und nun beliebte er Schauspieler zu prüfen, während die große Mae wie eine Königin dabeistand.«

War er bei dieser Vorstellung wegen allzu jugendlichen Aussehens abgelehnt worden, bekam er den Part eines alten Mannes, der im Obdachlosenasyl endet, dann doch rein zufällig. Der Meister des Make-up, Akim Tamiroff, der zudem noch ein sehr guter Schauspieler war, schminkte den nicht einmal noch Zwanzigjährigen auf einen gut 65jährigen alten Mann.

Die Rolle des Worth, die Quinn in dem Stück von George S. George (Yovacca G. Satovsky) spielen sollte, war sehr deutlich dem berühmten Stummfilmstar John Barrymore als Karikatur auf den Leib geschrieben. Doch dieser hatte Regisseur Vladimir Uranov, als er ihm die Rolle pflichtschuldig anbot, schlichtweg ausrichten lassen, »er könne ihn wohl mal, da er viel zu sehr mit seiner neuen jungen Frau beschäftigt sei«.

»Wir begannen Anfang 1936 am Hollytown-Theater in Hollywood, und ich bekam zehn Dollar die Woche.«

Später notierte Quinn: »Mein Verhältnis zu John Barrymore, (der ihn in *Clean Beds* gesehen und dem die Darstellung offensichtlich gut gefallen hatte) war die eines Steinzeitschauspielers gegenüber seinem Idol.«

Der große John Barrymore *(Dr. Jeckyll & Mr. Hyde)* lud den

Jungschauspieler zu sich zum Mittagessen ein, nannte ihn ›Kleiner‹ und ›Hosenscheißer‹, sorgte aber im übrigen dafür, daß er in seinem Clan, zu dem noch der Maler John Decker, der Drehbuchautor W. C. Fields, Roland Young, Thomas Mitchell und Gene Fowler gehörten, unter die Fittiche genommen wurde.

Zu Recht erachtete es Anthony Quinn als große Auszeichnung, bei ihnen mit dabeisein zu können, und es hat ihn gewiß wesentlich für sein weiteres schauspielerisches Dasein beeinflußt.

Zu dieser Zeit erschien auch die erste professionelle Kritik über ihn. Katherine T. von Blon schrieb in der *Los Angeles Times* über *Clean Beds:* »Anthony Quinn spielte den Schauspieler (gemeint ist John Barrymore, A.d.A) mit Bravour und Gefühl.«

Im Rückblick auf diese turbulenten Anfangsjahre hat Quinn zugegeben: »Solange wir *Clean Beds* spielten, hatte ich mit Mae West Schwierigkeiten wegen meiner Gage. Ich hoffte, ein reguläres Mitglied ihrer Truppe zu werden. Ich sagte ihr, für 25 Dollar in der Woche würde ich einen Siebenjahresvertrag unterschreiben. Doch sie wies mich ab.«

Zum Glück, wie sich bald herausstellte, denn *Clean Beds* kam schließlich in einer ganz anderen Fassung im Mai 1939 an den Broadway, wurde aber nach vier Vorstellungen mangels Erfolg abgesetzt.

Als Quinn einige Zeit später den auch noch im Alter sehr lebens- und liebesfrohen Stummfilmstar Mae West wieder traf, wollte sie ihn partout verführen.

Da war er gerade 21 Jahre alt und eigentlich solchen Situationen durchaus gewachsen. Doch als es bei ihr daheim zur Sache gehen sollte, »fühlte ich mich ziemlich unbeholfen und unsicher«, und das Bett der Diva blieb sauber. Er kam sich »wie ein Flugzeug vor, das beim Start nicht hochkommt«.

Pech für die gute Mae, Panik beim Draufgänger. Sie tröstete ihn mit einem Kaugummi, und während er so anfing zu kauen, »fühlte ich mich ganz elend, denn ich wußte, daß ich versagt hatte. Ich schaffte es einfach nicht.«

»Dann«, so erinnerte er sich noch Jahre später, »konnte sie mich nicht schnell genug loswerden. Ich sah sie danach nie wieder, höchstens mal von Ferne oder zufällig in einem Nachtclub.«

Obwohl Anthony Quinn ganz sichtlich – was die Schauspiele-

Die ersten 45 Sekunden im Film – in ›Parole!/Mord in Sing-Sing‹, 1936.

rei betraf – erste Erfolge hatte, kamen ihm auch bereits erste Zweifel an seiner Karriere. Zwar hatte John Barrymore ihn immer wieder aufgemuntert – aber dennoch wollte nun ganz offensichtlich niemand dem jungen Quinn im Film oder beim Theater auch nur eine klitzekleine Rolle geben.

Doch eines schönen Tages wurde er aufgefordert, sich in den Studios der Universal Pictures vorzustellen. Regisseur Louis Friedlander (später dann Lew Landers, A.d.A.) hatte ihn in *Clean Beds* auf der Bühne gesehen und bot ihm eine kleine Rolle in dem Film *Parole!/Mord in Sing-Sing* (der auch immer wieder als *Paroles for Sale* in Filmographien aufscheint), an.

Bevor sich Quinn ins Studio zu Probeaufnahmen aufmachte, gab ihm David O'Brien, einer seiner Mitspieler in *Clean Beds,* den ebenso gutgemeinten wie einfachen Rat: »Wenn du als

Filmschauspieler ankommen willst, mußt du nur ständig deine Augen in Bewegung halten.«

Des Schauspielers lakonischer Kommentar später: »Vielleicht hätte ich es weiter gebracht, wenn ich seinen Rat befolgt hätte.«

Doch vorerst scheiterte das ersehnte Film-Engagement an anderem: an einem Anzug. Denn zur Vorstellung im Studio hatte Quinn zwar seine schönste Hose und einen bequemen Pullover angezogen. Aber als er bei den Filmleuten erschien, fragten die verdutzt: »Wo bitte ist der verlangte modisch-elegante Anzug?«

Da auch der Filmfundus trotz eifrigen Bemühens des Requisiteurs zur Einkleidung des hochgewachsenen, breitschultrigen Jungschauspielers nichts beitragen konnte, bedauerte der Aufnahmeleiter: »Tut mir leid mein Junge, dann muß ich eben einen anderen nehmen.«

Quinn war im Begriff, enttäuscht davonzuschleichen, als ihn Regisseur Louis Friedlander zurückrief: »Ich hätte Sie gern in diesem Film, aber wenn das mit dem Anzug nicht klappt, dann machen wir eben etwas anderes. Wir drehen nachmittags eine Sequenz, die ist alles andere als lang, sie hätten darin gar nichts zu sprechen, überhaupt keinen Text. Aber wenn sie es machen wollen, sage ich denen, sie sollen ihnen fünfundsiebzig Dollar dafür auszahlen.«

Klar, daß Anthony Quinn akzeptierte – bei dem chronischen Geldmangel! Und seine erste Filmrolle würde es außerdem noch werden!

Sein Erscheinen in *Parole!/Mord in Sing-Sing* ist ein 45 Sekunden kurzer Auftritt, der ihn inmitten einer Gruppe Gefangener zeigt, die zu Beginn des Films eine Show im Zuchthaus betrachten.

»Mitten in dieser Vorführung im Gefangenenhaus sollte ich lachen, und dann stieß mir plötzlich einer ein Messer in den Rücken. Ich fiel um und starb«, erinnert sich der Schauspieler an sein Filmdebüt. In der Besetzungsliste erscheint Anthony Quinn an 15. Stelle mit einigen wenig bekannten Namen, wobei zu bemerken ist, daß einige der Nebendarsteller bekannter waren, als die Hauptdarsteller Henry Hunter und Ann Preston.

Nachdem *Parole!/Mord in Sing-Sing* im Juni 1936 im New Yorker Roxy-Theater Premiere hatte, traute Anthony Quinn seinen Augen nicht: Gleich in zwei Zeitungen war er erwähnt.

Der Kritiker von *Variety* schrieb: »Der Name eines jungen Mannes entging uns. Er sagte kein Wort, er lachte nur. Aber ich glaube, es ist ein Gesicht, das wir noch einige Male sehen werden. Ich erkundigte mich im Studio nach dem Namen des jungen Mannes, er heißt Anthony Quinn.«

Auch im *Reporter* wurde er lobend erwähnt: »In einer kleinen Nebenszene tat sich ein unbekannter junger Schauspieler hervor – sein Name ist uns nicht bekannt.«

Nach diesem sekundenkurzen Filmdebüt folgten zwei weitere Gangsterfilme, die lange Zeit in Anthony Quinns Filmographien nicht aufgeführt waren, da er in beiden im Vorspann nicht erwähnt ist. Der eine ist *Sworn Enemy* von MGM, in dem er als kleiner Krimineller auftaucht. Auch in *Night Waitress* von RKO-Pictures, einem Melodram mit Margot Grahame, einer Engländerin, die der Star von *The Informer* gewesen war, und Gordon Jones, einem ehemaligen UCLA-Mitarbeiter, spielte Anthony Quinn die kleine Rolle eines Schlägers, der von Gangstern im Hafenviertel angeheuert wird.

Danach war er wieder arbeitslos.

Nur ein Indianer

Obwohl alles darauf hindeutete, daß Anthony Quinn auf dem Weg zum Ruhm sei, war es unter dem Strich doch nicht mehr gewesen, als ein paar winzige Gangsterrollen in zweit- oder drittklassigen Filmen.

Was aber macht in so einem Fall ein junges, hoffnungsfrohes, jedoch sichtlich verkanntes Talent?

Ganz einfach – es macht sich auf, um Land und Leute näher kennenzulernen. Als Begleitung bot sich Bert, der Sohn von Freundin Silvia – die bekanntlich gut zwanzig Jahre älter als Anthony war –, an.

Als die beiden den Bahnhof von Los Angeles erreichten, fuhr gerade ein langer Güterzug an. Anthony erklärte seinem Freund noch ganz schnell, wie man auf einen fahrenden Zug aufspringt, und schon waren sie unterwegs: Don Quichote und Sancho Pansa auf dem Weg zu neuen Abenteuern.

Quinn später über diese Tramp-Tour: »Wir sahen viel offenes Land, viele schöne Sonnenuntergänge. Oft saßen wir beim Morgengrauen in einem dahindonnernden Güterzug. Wir trafen häßliche, gemeine Menschen und andere, die prächtig und nett waren. Wir lernten, daß Menschen eben Menschen sind – mit all ihren Fehlern und all ihren Unsicherheiten.«

Und wirklich: die beiden konnten sich über Langeweile nicht beklagen. Sie gruben für fünfunddreißig Cents Tageslohn Straßen in Texas auf, übernachteten in Obdachlosenasylen und bei der Heilsarmee – Anthony Quinn landete sogar im Kittchen. Schuld daran war – wie könnte es bei ihm auch anders gewesen sein – eine Frau.

In seiner Autobiographie *The Original Sin/Der Kampf mit dem Engel* hat er es so geschildert: »Etwas außerhalb einer kleinen Stadt im südlichen Texas kamen wir zu einer Farm. Wir hatten den ganzen Tag nichts gegessen und beschlossen deshalb, nach Arbeit zu fragen. Ich schickte Bert voraus, da er sehr groß und das Ebenbild eines sauberen amerikanischen Jungen war. Eine Frau von etwa 35 Jahren öffnete die Tür. Sie sah aus, als könne sie selbst Männerarbeit verrichten und wie ein Cowboy das Vieh zusammentreiben.«

Tatsächlich wurden die beiden Schienen-Tramps als helfende »Hands« auf der Farm engagiert und machten sich fast unentbehrlich.

Alles ging gut, bis die Frau des Hauses auch noch anderes Interesse an tätiger Hilfestellung zeigte. Nach des Tages Arbeit wurde Anthony bei flackerndem Petroleumlicht zu Mrs. Harris, deren Mann vor einigen Jahren gestorben war, zum Zwecke des Vorlesens gebeten. »Sie setzte sich im Negligé neben mich und sagte: ›Lesen Sie leise, damit ich einschlafen kann. Sie haben eine so angenehme Stimme, Tony.‹ Ich wußte«, so schlußfolgerte Quinn schnell, »daß die arme Frau nur eine Ausrede suchte, um mich ins Bett zu bekommen. Ich war mir ziemlich sicher, daß sie seit dem Tode ihres Mannes mit keinem anderen geschlafen hatte.«

Während er ihr artig vorlas, fiel ihre Hand auf sein Knie.

»Ich beobachtete, wie sie mit geschlossenen Augen ihre Hand über meinen Schenkel wandern ließ, bis sie schließlich zwischen meinen Beinen war. Während ich weiterlas, stöhnte sie wie im Schlaf. Sie tat immer noch so, als wisse sie nicht, was sie da mache.«

Der tagsüber so fleißige Junge blieb vorerst noch passiv:

»Obwohl sie meinen Penis schon längst in der Hand hatte, traute ich mich nicht, die Initiative zu ergreifen. Wie versehentlich nahm sie meine Hand und legte sie dorthin, wo sie sie ganz offensichtlich haben wollte. Und plötzlich zog sie mich herunter, und von Müdigkeit war nichts mehr zu spüren. Sie hatte einen Orgasmus nach dem anderen, bis sie atemlos meinte: ›Ich glaube, ich gehe jetzt besser ins Bett. Komm mit und lies mir noch ein bißchen vor.‹«

Anthony Quinn zog sich aus und nahm sich diesmal Zeit, sie richtig zu lieben. »Es war phänomenal, diese Frau schien einfach nicht genug zu bekommen. Nach einiger Zeit fing sie an zu reden und erzählte mir, daß gleich beim ersten Mal, als sie mich gesehen habe, etwas mit ihr passiert sei, das sie nicht verstehen könne. Vom Farmhaus aus habe sie mich bei der Arbeit beobachtet und dabei hätte mein Körper so in der Sonne geglänzt, daß sie dieses seltsame Gefühl ergriffen habe.«

Einige Wochen lang führten die Jungen auf der Farm ein recht bequemes Leben. Am Abend saßen sie nach getaner Arbeit gemeinsam beim Essen, und Anthony hatte sich schon durch die umfangreiche Bibliothek durchgeschmökert, als er sich zur Abreise entschloß: »Der Sex mit ihr machte zwar Spaß. Aber ich fing an, ihre Besitzansprüche zu hassen.«

Als er die bevorstehende Abreise der Farm-Lady vorsichtig ankündigte, wurde diese wild wie ein Katze: »Ich habe mich deinetwegen lächerlich gemacht. Du hast mich erniedrigt, und ich hätte wissen müssen, daß man einem Mexikaner nicht trauen kann. Alles, was über sie erzählt wird, stimmt«, fauchte sie. Dann forderte sie ihn auf, ihr all jene Sachen wieder zurückzugeben, mit denen sie ihn in den Wochen zuvor ausstaffiert hatte.

Das wäre nicht so schlimm gewesen. Aber mit dem deutlichen Hinweis auf einige mexikanische Eigenschaften traf sie Anthony Quinn an seiner empfindlichsten Stelle. Da war er nun wieder, dieser Vorwurf des dreckigen, faulen, nichtsnutzigen Mexikaners.

Die Farm-Affäre, die sich so idyllisch angelassen hatte, endete abrupt, als drei Polizisten mit gezogenen Revolvern die »dreckigen Herumtreiber« verhafteten und sie in einen schmutzstarrenden Dorfkotter sperrten.

Quinn wurde dem Polizeirichter vorgeführt und wegen Diebstahls in Haft genommen. Dort brummte er einige Tage, bis sich die vormals so liebe Mrs. Harris eines Besseren besann und trotz sichtlich verletzter Gefühle für Freilassung des Ex-Liebhabers plädierte.

Bekanntlich sind Landstreicher zu manchen Zeiten ganz gerne im Gefängnis, weil es dort drei Mahlzeiten pro Tag gibt. Die Behörden dieser texanischen Kleinstadt hatten sich deshalb auch etwas einfallen lassen, um nach Freilassung den Nichtseßhaften recht einprägsam einzuschärfen, sich nur ja nicht wieder in der Gegend blicken zu lassen.

Anthony Quinn: »Die Leute bildeten vor dem Gefängnis eine Gasse, durch die man Spießruten laufen mußte. An diesem Tag standen etwa siebzig oder achtzig Leute vor dem Kittchen und warfen mit Steinen nach mir. Für sie war es ein großer Festtag.«

Verständlich, daß die beiden Jungen von dieser vormals so gastlichen Stätte nun möglichst weit weg wollten.

Doch während sie im nahegelegenen Ensenada/Mexiko im Hafen darauf warteten, auf einem Fischdampfer anheuern zu können, fiel Anthony eine Zeitung aus Los Angeles in die Hand.

›Sie haben das Gesicht einer Landschaft, in der gekämpft, geliebt und gestorben wurde. Behalten Sie es!‹ – Rat eines amerikanischen Schönheits-Chirurgen, der Anthony Quinns Minderwertigkeits-Komplex ›operieren‹ sollte.

»Ich las in einem Artikel, Cecil B. DeMille hätte Schwierigkeiten mit der Besetzung eines Films – *The Plainsman*. Er könne nicht genug echte Indianer auftreiben, die das Drehbuch verlangte, stand in dem Artikel.«

Kurz entschlossen fuhren die beiden per Anhalter nach Tichuana und von dort weiter in einem Güterzug nach Glendale.

Als sich Anthony Quinn frisch geschniegelt und gebügelt in den Paramount Studios einfand, warteten dort bereits eine Menge Leute und hofften auf einen Job. Nach dem Motto »Frechheit siegt« versuchte er, mit den kühnen Worten »Mr. DeMille erwartet mich« das vermeintlich große Los zu ziehen. Tatsächlich gelang es ihm, zu Besetzungschef Joe Egley vorzudringen. Mit einigen unverständlich gekauderwelschten Worten gab er sich als waschechter Cheyenne-Indianer, der so dringend gesucht wurde, aus. Die Rolle, so glaubte Quinn, wäre die eines jungen Kriegers, der die indianische Nation zum Kampf gegen die Weißen aufruft.

Der Schauspieler: »Ich konnte die Szene förmlich vor mir sehen. Tausende Indianer in der Ebene, die zum Angriff bereitstanden, während ich auf einen mächtigen Felsen stieg, um all meine Brüder sehen zu können. Und dann begann ich langsam mit meiner Ansprache, mich dem Rhythmus der Sprache anpassend, bis ich mich dann steigerte und die Menge aufheizte. Erregt durch die Rede würde ich schließlich Kr-i-i-e-g rufen, und sie alle würden Krieg, Krieg, Krieg schreien.«

Anthony Quinns Begeisterung schien keine Grenzen zu kennen. Gestern noch war er als Tramp in Güterwaggons unterwegs gewesen und jetzt hatte er eine so wichtige Rolle im Film des angesehenen Hollywood-Zaren Cecil B. DeMille. Noch dazu an der Seite von Gary Cooper und Jean Arthur.

Verständlich, daß Quinn der vermeintlich großen Rolle entgegenfieberte. Um so größer war die Enttäuschung, als er merkte, daß sein filmisches Indianerdasein weder als Schlüsselrolle, geschweige denn als Hauptrolle gedacht war.

Er erinnert sich an diesen Auftritt: »Als ich über die riesige Rasenfläche des Studiogeländes ins Atelier Nr. 7 ging, hatte ich nur einen Lendenschurz an, der nicht einmal meinen Hintern ganz bedeckte. Das Atelier war gigantisch groß. Ich suchte meine Indianer, zu denen ich sprechen sollte, doch sie waren nirgends zu sehen. Nun ja, dachte ich mir, vielleicht proben wir

Scheint in der Besetzungsliste nur als ›Ein Cheyenne-Indianer‹ auf: Mit Gary Cooper und James Ellison in dem Cecil B. DeMille Film ›The Plainsman/Der Held der Prärie‹, 1936.

hier nur und gehen dann hinaus, um die Szene im Tal zu drehen.«

In diesem Moment kam Regisseur DeMille auf ihn zu, musterte ihn kritisch und rief dann einen Mann von der Garderobe: »Das Hemd gefällt mir nicht. Es muß in Fetzen herunterhängen, so als sei es halb verbrannt. Und sag dem Maskenbildner, er soll ihm an der Schulter eine Wunde verpassen.«

Nun verstand Anthony Quinn gar nichts mehr. Wunde? Verbrannt? Was ging hier eigentlich vor?

Doch einfach danach fragen konnte er nicht, da er sich ja mit seinem Pidgin-Kauderwelsch als Indianer, der keines englischen Wortes mächtig sei, der Filmcrew verkauft hatte.

Der Auftritt drohte zum Desaster zu werden, zumal er aus Enttäuschung über fehlendes vielköpfiges Indianer-Volk und wegen somit sichtlich entfallener Rede am Arrangement der Szene via Dolmetsch herummäkelte.

Nach einigen Wutausbrüchen von DeMille war die Atmosphäre im Studio gar nicht mehr als solche zu bezeichnen. Als die Einstellung schon mehrfach gedreht worden war – Anthony Quinn sollte vor einem Lagerfeuer vom Pferd steigen und dort stehenbleiben – brüllte DeMille wütend: »Er soll stehenbleiben, stehenbleiben und nicht davonlaufen!« Der Einwurf der Filmcrew »aber Mister DeMille, sie wissen doch, der Junge ist zum ersten Mal dabei und vielleicht ist er ...« brachte den Mann nur noch mehr in Rage.

»Es ist mir scheißegal, was der Junge ist«, schrie DeMille wütend und verlor vollends die Fassung. »Nicht *er* ist der Regisseur, sondern *ich!* Zahlt ihn aus – und raus mit ihm. Ich will ihn nicht mehr sehen!«

Da Quinn nun ohnedies das Gefühl hatte, »jetzt ist alles verloren, jetzt ist alles vorbei«, setzte er alles auf eine Karte und sagte in seinem besten Englisch: »Einen Augenblick, Mister DeMille.«

Der kahlköpfige, kleine Mann fuhr herum, als habe ihn ein Peitschenhieb getroffen.

»Sie können also doch Englisch«, schnaubte er nach einem Moment der Fassungslosigkeit. »Also schön«, kam es von Quinn, »Sie haben mich rausgeschmissen. Sie können mich eben nicht leiden – okay meinetwegen. Ich akzeptiere das. Ich bin aber weder ein Idiot noch ein doofer Indianer. Und ich weiß, was ich mache. Denn ich bin Schauspieler. Ich habe eine Menge Theater gespielt, und ich mache hier nicht nur mit, um Ihre beschissenen fünfundsiebzig Dollar zu verdienen. Die können Sie sich« – und bei diesen Worten machte Quinn eine bezeichnende Geste – »in den Arsch klemmen. Ich will kein Geld für etwas, das Sie schlecht finden. Aber das eine will ich Ihnen noch sagen, bevor ich gehe: meiner Ansicht nach haben Sie die Szene falsch angelegt.«

Während solch wohlgesetzter Worte war es im Atelier mucksmäuschenstill geworden. Das gesamte Aufnahmeteam, die Bühnenarbeiter, die Beleuchter – sie alle waren wie erstarrt und warteten gespannt, was nun geschehen würde.

DeMille ging einige Schritte auf Anthony Quinn zu, starrte zu ihm hinauf und ließ die Frage förmlich auf der Zunge zergehen: »Ich habe w-a-a-as, was habe ich, bitte?«

»Ja, Sie haben diese Szene falsch angelegt«, beharrte Quinn.

»Was soll denn das für ein Indianer sein, den ich da darstelle? Hat denn ein Indianer dieses Feuer da gemacht oder ein Amerikaner?«

»Gary Cooper hat es gemacht«, zischte DeMille wütend.

»Und er ist ein Weißer, stimmt's? Wenn ich also auf das Feuer zugehe und sehe, es brennt noch, dann weiß ich doch: Irgend jemand muß da noch in der Nähe sein. Oder glauben Sie, daß ich als Indianer nicht das Feuer eines Weißen vom Feuer eines Indianers unterscheiden kann?« begann Anthony zu dozieren. »Und wenn es das Feuer eines Indianers wäre, würde ich glatt eine Viertelstunde lang davor stehenbleiben. Aber ich stell' mich doch nicht weithin sichtbar als Zielscheibe vor ein Feuer, das von einem Weißen angezündet wurde und der sich irgendwo in der Umgebung versteckt halten muß. Ich steh' doch nicht einfach da rum und laß mich abknallen. Da ist es doch wohl logisch, daß ich mich sofort verstecke, oder?«

Gut hundertfünfzig Leute – das Team, ein dunkelhaariges Mädchen, das Anthony Quinn schon zuvor aufgefallen und das DeMilles Tochter Katherine war, und Gary Cooper, sie alle hielten den Atem an.

In der Halle hätte man eine Stecknadel fallen hören können.

Schier endlos lang schien DeMille diesen schlaksigen, aufmüpfigen jungen Mann in der zerfetzten Indianerkluft anzustarren. Dann plötzlich drehte er sich auf dem Absatz um und sagte: »Der Junge hat recht. Wir ändern die Szene« und zu Quinn gewandt: »Also gut, Sie können sich hinter dem Baum verstekken.«

Alle im Atelier atmeten hörbar auf, und Quinn spielte die Szene nun nach seinen eigenen Vorstellungen.

Als die Sache im Kasten war, rief DeMille Anthony Quinn zu sich: »Meine Leute hätten mich nicht anlügen dürfen. Selbst wenn ich gewußt hätte, daß Sie kein Cheyenne sind, hätte ich Sie genommen. Denn Sie waren der richtige Mann für die Rolle. Ich werde Joe Egley sagen, er soll Sie für drei Tage zahlen, denn Sie haben uns eine Menge Zeit gespart. Und nächste Woche melden Sie sich bitte bei mir zu Probeaufnahmen.«

Jahre später befanden Filmkritiker, daß *Plainsman/Der Held der Prärie* im Gesamtschaffen des Regisseurs DeMille als eine Vorstufe zu seinem großen Werk *Union Pacific/Die Frau gehört mir* gelten könne. Im übrigen stellten sie aber auch fachkundig fest, daß »sich dieser wilde Streifen« nur mühsam um die historische Wahrheit winden darf. »Über die Leinwand galoppiert, tomahawkschwingend und federngeschmückt, ein kläglicher Rest der ebenso tapferen wie freiheitsliebenden Cheyenne-Indianer, die einst von geldgierigen Finanzhyänen bis zur Weißglut aufgestachelt und mit Waffen versehen, schließlich von deren Soldaten zusammengeschossen wurden.«

Und als Fazit: »Hundertzwanzig Minuten lang jonglieren sie (die Filmemacher) durch Pulverdampf und Präriestaub die Geschichte der großen Kolonisation.«

Kleines Kuriosum am Rande: *The Plainsman* kam im Juli 1940 mit dem deutschen Titel *Verrat* als letzter amerikanischer Film in stark gekürzter Fassung durch die Zensur des Dritten Reiches, gelangte aber nicht mehr zur öffentlichen Aufführung.

Als ihn die Paramount dann 1950 unter *Der Held der Prärie* fast ungekürzt in die deutschen Kinos brachte, entdeckte das *Film-Echo* sehr scharfsinnig, daß »der seinerzeit schon nicht mehr ganz neue Film inzwischen weitere zehn Jahre älter geworden ist. Vor allem die Rückprojektions-Aufnahmen sind technisch veraltet, und auch inhaltlich hat man in der Filmserie der großen Epen des Wilden Westens, in der dies eines der ersten war, schon Zwingendere gesehen. Auch die damals neuartigen und ungewöhnlichen Regie-Einfälle DeMilles sind doch bereits wieder überboten.«

Mehr als durch seine schauspielerische Leistung war Anthony Quinn mit *The Plainsman/Der Held der Prärie* in der Branche als jener Mann bekannt geworden, der es gewagt hatte, dem großen DeMille dreinzureden. Die Geschichte von dem Alten und dem Indianer hatte sich schneller verbreitet, als die Szene schließlich im Kasten gewesen war. Die Schockwellen brandeten durch die gesamte Paramount. Die Story von dem Neuling, der eine Minirolle in einem DeMille-Film bekam und es wagte, dem Alten sein Metier zu erklären, machte blitzartig die Runde und Quinn über Nacht im Studio und zweifellos auch in Hollywood bekannt.

Anthony Quinn erzählt: »Nach den Probeaufnahmen bei DeMille wurde ich in das Büro der Paramount gebeten. Sie boten mir einen Vertrag für hundertfünfzig Dollar die Woche. Das war eine gewaltige Summe für mich, und ich weiß eigentlich bis heute nicht, was mich zu der Antwort ›Ich werd's mir noch überlegen‹ bewogen hat. Aber offensichtlich hatte ich schon begonnen, mich ihren Praktiken anzupassen.«

Als er das Studio verließ, sah er eine phantastisch schöne Frau, die viele Eigenschaften in sich vereinte. »Etwas unbestimmt Geheimnisvolles, Reife, Liebreiz, Charme und vieles mehr«, erinnert sich Anthony Quinn. »Ich hatte sie in mehreren Filmen gesehen. Sie hieß Carole Lombard und war bekannt dafür, daß sie immer und überall unverblümt ihre Meinung sagte. Sie kam auf mich zu und fragte: ›Sie sind doch der junge Mann, von dem hier alle sprechen. Wie ich höre, haben Sie sich geweigert, Cecil B. in den Arsch zu kriechen.‹ Sie hatte eine Art, auf höchst bezaubernde Weise die unflätigsten Dinge zu sagen.«

Als sie dann hörte, daß ihm das Studio soeben hundertfünfzig Dollar die Woche geboten hatte, winkte sie ab: »Die sollen sich ihr Geld sonstwo hinstecken. Ich gebe dir eine Rolle in meinem neuen Film.«

Von ihrer Garderobe aus rief sie Regisseur Leisen an: »Mitch, ich hab den Jungen gefunden, der die Rolle des Panamesen spielen kann. Er heißt Anthony Quinn.«

Der Mann am anderen Ende der Leitung wußte offensichtlich Bescheid. Er hatte einmal für DeMille gearbeitet, und die Geschichte, die sich wie ein Lauffeuer herumgesprochen hatte, amüsierte ihn. »Allerdings«, so wies er gleich beim ersten Gespräch darauf hin, »haben Sie in der Rolle keinen englischen Text zu sprechen. Aber es ist wirklich eine wichtige, eine gute Rolle«, versicherte er. »Carole Lombard wird von Fred McMurray abgewiesen, und dann lernt sie diesen gutaussehenden Panamesen kennen. Sie glaubt, sie werde sich in ihn verlieben. Da kehrt Fred McMurray zurück, und es kommt zum Kampf. Ich glaube, das ist eine sehr interessante Rolle für Sie.«

Auch sonst zeigte sich Regisseur Mitchell Leisen sehr hilfsbereit. Als Quinn ihm gestand, daß er so gut wie keinen einzigen lumpigen Dollar in der Tasche habe, weil er soeben eine Menge Schulden – unter anderem die letzte Rate seiner Zungenoperation – bezahlt hätte, rief Leisen Regisseur Frank Tuttle an, der soeben *Waikiki Wedding* mit Bing Crosby, Bob Burns, Martha Raye und Shirley Ross vorbereitete. »Sicher«, so vermerkt Quinn, »hatte Tuttle auch die Geschichte von dem Burschen gehört, der es gewagt hatte, DeMille anzuweisen, wo dieser die Kamera hinzustellen habe.«

Frank Tuttle gab Anthony Quinn die Rolle eines Eingeborenen in *Waikiki Wedding* für zweihundert Dollar die Woche bei einer Drehzeit von etwa zehn Wochen.

Anthony Quinn konnte so viel Glück auf einmal gar nicht fassen. Das waren immerhin zweitausend Dollar, und dazu kam noch die Rolle im *Swing High, Swing Low/Liebe in Panama* die täglich ebenfalls zweihundert Dollar bei einer Drehzeit von fünf oder sechs Tagen bringen sollte. Er würde also, so rechnete er sich aus, in kurzer Zeit dreitausend Dollar verdient haben.

Als dann noch Joe Egley vom Büro DeMille anrief, war die Freude schier grenzenlos. Der Schauspieler hatte in einer Woche gleich drei Rollen, und in seiner Autobiographie vermerkt er: »Ich war auf dem Weg zu Ruhm und Reichtum – so glaubte ich jedenfalls. Es sah damals alles so leicht aus.«

Gagenpoker um alles oder nichts

Noch während er an *Waikiki-Wedding* arbeitete, erhielt er erneut Carole Lombards Unterstützung. Sie erzählte Quinn, daß Regisseur Henry Hathaway – ein Spezialist für spannende Unterhaltung – *Souls at Sea* vorbereite und daß George Raft die Schlüsselrolle abgelehnt hätte, weil er im Vorspann nicht hinter Gary Cooper genannt werden wolle. Daher entschied das Besetzungsbüro, daß Raft ersetzt werden sollte. Quinn machte Probeaufnahmen, und man teilte ihm mit, daß er die Rolle bekäme.

Mittlerweile hatte sich der bekannte Schauspieler-Agent Charles K. Feldman nach Intervention von Carole Lombard Anthony Quinns angenommen. Feldman kam ohne Umschweife zur Sache: »Ich bin Ihr neuer Manager. Kommen Sie mit, wir gehen zum Chef.«

Was nun passierte, war ein Lehrstück allerersten Ranges für Quinn: »Wir gingen schnurstracks zum Chef des Studios, Adolph Zukor. Sobald die Sekretärin meldete: ›Charles Feldman ist hier‹, öffneten sich alle Türen wie von selbst. Als wir eintraten, sah ich jenen kleinen Mann, der mir als gerissener Geschäftsmann bekannt war. Er schaute mich an und sagte: ›Ach du großer Gott! Haben Sie ihn schon in Ihren Klauen, Charlie?‹«

Zwar hatte Charles Feldman seinen neuen Schützling noch nie arbeiten sehen und wußte eigentlich so überhaupt nichts von ihm – aber er bluffte hervorragend: »Dieser Junge wird bald einer der größten Stars in Hollywood sein. Ich wollte euch nur sagen, daß ich bereits von Metro und von Warner Brothers Angebote für ihn habe. Ich habe mit Mitch Leisen gesprochen, und er sagt in *Swing High, Swing Low* sei der Junge phantastisch. Auch DeMille spricht nur in Superlativen von ihm. Sie wollen sogar einen Spezialpreis für ihn schaffen wegen seiner kleinen Rolle in *The Plainsman*. Henry Hathaway hat mit ihm Probeaufnahmen für *Souls at Sea* gemacht – er ist ganz begeistert.«

Adolph Zukor, dieser Mann mit dem bekannt feinen Gespür für die Wünsche des Publikums, nickte. »Ja, ich habe mit Hathaway gesprochen, er ist von dem jungen Mann recht angetan.

Aber glaube mir, Charlie, er ist einfach zu jung. Wir können ihm nicht eine Rolle geben, die für George Raft vorgesehen war.«

»Es ist mir gleich, ob du ihm die gibst oder nicht. Denn er wird sich die Rollen ohnehin bald aussuchen können.«

»Nun«, wiegte der kleine Mann bedächtig den Kopf, »wir werden sehen. Wir würden ihn ja gerne unter Vertrag nehmen, aber« – und dabei wandte er sich an Anthony Quinn direkt – »wir haben Ihnen neulich einen guten Vertrag angeboten, und Sie haben abgelehnt.«

Noch bevor Quinn etwas erwidern konnte, schaltete sich Charles Feldman erneut ein.

»He, soll das ein Witz sein? Ihr habt ihm hundertfünfzig Dollar die Woche geboten, und wieviel gebt ihr George Raft? Also – ihr gebt dem zweitausend die Woche, und diesen Jungen hier wollt ihr mit lumpigen hundertfünfzig abspeisen. Das ist doch einfach verrückt.« Und der Agent lobte ihn über den grünen Klee: »Der Junge spielt George Raft doch glatt an die Wand, und außerdem, Adolph, du redest hier mit Charlie höchstpersönlich und nicht mit irgendeinem dahergelaufenen Irgendjemand.«

»Na ja«, lenkte Adolph Zukor in geradezu typisch ungarischer Art ein. »Nun ja, ich gebe zu ... wir sollten ihn zuerst sorgfältig schulen ...«

»Das hat der Junge doch nicht nötig«, beharrte Charles Feldman. »Er bringt eine Menge Bühnenerfahrung mit. Mae West sagt, er sei eines der größten Talente, dem sie je begegnet sei. John Barrymore kann es kaum erwarten, einen Film mit ihm zusammen zu drehen. Und da redest du von hundertfünfzig in der Woche.«

»Okay, Charlie, Sie haben gewonnen«, zuckte Zukor mit den Schultern. »Wieviel wollen Sie für ihn?«

»Ich will für ihn eintausendfünfhundert Dollar die Woche«, kam es prompt.

Als Anthony Quinn diese Zahl hörte, »wurde mir schwindlig, und mein Magen zog sich krampfartig zusammen«.

Doch der Gagenpoker, der jeder hinteranatolischen Bazarszene gewiß zur Ehre gereicht hätte, ging erst so richtig los.

Adolph Zukor lachte amüsiert und argumentierte: »Charlie, der Junge ist doch noch unbekannt. Niemand hat je von ihm gehört. Gewiß – er hat ein paar kleine Rollen gespielt, und es stimmt auch, daß die Leute hier von ihm reden. Es stimmt auch, daß DeMille sagt, er sei gut. Aber das gilt nur für kleine Rollen. Woher soll ich denn wissen, daß er in einer Hauptrolle überzeugen kann. Du weißt doch selbst ganz genau, daß das etwas anderes ist.«

»Talent bleibt Talent«, konterte Feldman gekonnt.

Darauf der Studioboß: »Okay Charlie, ich will ja nicht so sein. Ich mag den Jungen, und vielleicht bin ich auch verrückt – aber ich gebe ihm glatt fünfhundert Dollar die Woche.«

Anthony Quinn verstand die Welt nicht mehr und hatte mit Spannung den Schlagabtausch der beiden Mächtigen verfolgt. »Ich umklammerte meine Beine, und meine Fingernägel gruben sich in die Haut. Ich hoffte inständig, daß Feldman dieses Angebot diskussionslos annehmen würde.«

Doch der Agent war noch nicht am Ende: »Adolph, du bist ein zäher Mann. Aber gut, ich komme euch entgegen. Gebt ihm einen Vertrag über 40 Wochen mit einer Laufzeit von einem Jahr und ohne Optionen – für tausend Dollar die Woche.«

Die Spannung stieg, und Anthony Quinn vermerkt in der Rückschau: »Mir wurde wieder schwindlig, denn diese ganzen Zahlen und das Gepokere machten mich förmlich betrunken.«

Doch da hieß es schon »Gong frei« zur nächsten Runde. Adolph Zukor begann zu jammern: »Charlie, ich bitte dich! Ich kann doch nicht in die Vorstandssitzung kommen und sagen, ich zahle diesem unbekannten Jungen hier tausend Dollar die Woche. Das kostet mich meinen Job. Die sagen doch glatt, der Alte muß verrückt geworden sein. Aber bitteschön, ausnahmsweise bin ich bereit, auf siebenhundertfünfzig zu gehen. Auf der Stelle, für vierzig Wochen und keine Optionen.«

Es gab eine kleine Pause. Die beiden Männer starrten sich an, einer lauerte auf den anderen. Es war das gekonnte Spiel zweier gerissener Taktiker. Anthony Quinn glaubte: »Jetzt wird sich mein Manager draufstürzen, und ich bekomme siebenhundertfünfzig die Woche.« Doch dann hörte er Charlie hellauf lachen, und es war »das teuerste Lachen meines ganzen Lebens«, wie er später einmal meinte.

»Ich wollte laut schreien, ›Gebt mir doch in Gottes Namen die fünfhundert, gebt mir doch wenigstens die fünfhundert, denn ich sah das Geld förmlich zum Fenster hinausfliegen.«

Doch Charles Feldman lobte nun den zähen Zukor: »Sie sind wirklich verdammt gut, Adolph. Kein Wunder, daß man Sie den ungekrönten Kaiser der Filmindustrie nennt. Aber Sie bieten mir für dieses große Talent nur siebenhundertfünfzig? Wir müssen uns doch im klaren sein, daß dieser Junge längstens in einem Jahr George Raft in den Schatten stellt. Der wird ein zweiter Rudolph Valentino oder Gary Cooper. Dieser Junge ist eines der wirklich ganz großen Talente, und die großen Stars reißen sich bereits darum, mit ihm zusammenzuarbeiten. Carole Lombard kann gar nicht schnell genug einen Film finden, den sie mit ihm zusammen machen möchte. Und Sie wollen ihn allen Ernstes für siebenhundertfünfzig haben?«

Feldman machte eine kleine Kunstpause und kam dann zum Schluß: »Adolph, ich werde dir jetzt mal was sagen. Ich gebe euch diesen Jungen hier umsonst. Ja, ich gebe ihn euch wirklich umsonst«, wiederholte er. »Aber ihr gebt ihm *Souls at Sea.* Das kostet euch zunächst keinen Pfennig, aber wenn ihr ihn verpflichtet, dann zahlt ihr ihm zweitausend Dollar die Woche, okay?«

Die Augen des gebürtigen Ungarn Zukor begannen ob solch eines Angebots zu glitzern: »Abgemacht«, sagte er.

Anthony Quinn hatte dem ganzen Gefeilsche fassungslos und ungläubig zugehört. Doch nun verstand er gar nichts mehr. Als die beiden das Büro verließen, war er niedergeschlagen und fragte seinen Agenten: »Mister Feldman, Zukor hat Ihnen siebenhundertfünfzig für vierzig Wochen geboten, und Sie haben nicht angenommen. Warum? Und jetzt soll ich diese Rolle womöglich noch umsonst spielen.«

Der Schauspieler-Agent erteilte ihm die Lektion: »Mein lieber Junge, Sie müssen einfach aufs Ganze gehen. Bei mir heißt die Devise alles oder nichts. Oder glauben Sie, daß Carole Lombard etwa nicht von heute auf morgen ein großer Star geworden ist? Bei der Karriere spielen wir Manager eine sehr wichtige Rolle, und ich möchte es mit Ihnen riskieren. Aber Sie müssen an sich selbst glauben.«

Dann rechnete Feldman Anthony Quinn vor, daß er längstens in zwei Monaten wöchentlich an die zweitausend Dollar verdienen werde und das vierzig Wochen lang. »Das sind bekanntlich achtzigtausend im Jahr, mein Junge. Lohnt es sich da nicht, ein wenig zu pokern?«

Auf Quinns zaghaften Einwand, daß er im Moment überhaupt kein Geld habe, zückte Feldman einen Scheck, setzte großzügig ›Fünftausend‹ ein und übergab ihn mit den Worten: »Das gehört Ihnen. Damit Sie sehen, wie sehr ich an Sie glaube. Und wenn Sie nach meinen Regeln spielen, verdienen Sie bald zweitausend Dollar die Woche.«

Mit reichlich gemischten Gefühlen vertraute sich Anthony Quinn kurz danach Carole Lombard an. Die lachte nur und meinte: »Das ist echt Charlie, und er hat recht, er hat wirklich recht. Die hätten Sie für fünfhundert Dollar kaufen können, aber was ist das schon. Und merken Sie sich – wenn's ums Geld geht, müssen Sie mit dem höchsten Einsatz spielen. Da müssen Sie auch mal die totale Pleite riskieren. Denn entweder Sie werden der Größte, oder Sie gehen in den Steinbruch zum Steineklopfen.«

Als Quinn dann Carole noch den Fünftausend-Dollar-Scheck gestand, riet sie: »Sofort einlösen. Charlie hat das nur als Geste getan. Am besten gleich zur Bank und das Geld auf dem Konto lassen. Denn nun muß sich der Agent für seine fünftausend anstrengen.«

Zwar hatte Anthony Quinn nun Geld, eine Rolle in *Waikiki-Wedding* und das Studio ließ ihn auch wissen, daß sie ihn für *Souls at Sea* haben wollten.

Eine Woche lang paßten sie ihm die schönsten Marine-Uniformen an, und Quinn war über die Rolle des Leutnants, den er in *Souls at Sea* spielen sollte, glücklich. Mittlerweile konnte er das Drehbuch auch vorwärts und rückwärts aufsagen. Als er zu Drehbeginn ins Studio kam, wurde ihm sogar eine Stargarderobe gleich neben Carole Lombard zugewiesen.

Anthony Quinn: »Ich war einundzwanzig Jahre, und der Durchbruch schien geschafft. Ich brauchte mir das Kostüm nicht mehr zu holen – das Kostüm kam zu mir.«

Die Euphorie währte nicht lange. Denn zwischenzeitlich hatten einerseits Adolph Zukor und Charles Feldman erneut die Köpfe zusammengesteckt, da Zukor die Abmachung rückgängig machen wollte. Der Agent freilich blieb hart.

Doch die langgezogenen Verhandlungen hatten George Raft ausreichend Gelegenheit gegeben, um seine anfängliche Weigerung zurückzuziehen und die Rolle zu den ihm angebotenen Konditionen anzunehmen.

Dies allerdings erfuhr Anthony Quinn erst, als er schon stundenlang in Kostüm und Maske in der Garderobe auf seinen Aufruf wartete. Schließlich mußte er mitansehen, wie Henry Hathaway mit George Raft jene Szene durchprobte, die eigentlich ihm zugedacht gewesen war.

Seine Enttäuschung war groß, und er beruhigte sich erst wieder, als er einen Kontrakt als Vertragsschauspieler bei der Paramount bekam und damit Mitglied jener legendären Sammlung von ausgezeichneten Charakterdarstellern dieser Filmgesellschaft wurde. Alvin H. Marill schreibt in *The Films of Anthony Quinn* »Das gab ihm die Politur, die man für eine Langzeit-Karriere beim Film braucht, und ironischerweise überlebte Quinn nicht nur Paramounts Stock-Company. Er wurde ein größerer Star als irgendein anderes Mitglied dieser Schauspieltruppe.«

Quinn bekam eine größere Rolle in *The Last Train from Madrid/Der letzte Zug aus Madrid,* zusammen mit Gilbert Roland, Dorothy Lamour und Robert Cummings, die alle spanische Charaktere spielten. Im folgenden spielte er in *Partners in Crime,* der für Quinn der erste größere B-Movie war und in dem er mit der zuvor zitierten Schauspielergruppe zusammen war, die den langen Krimi-Melodramen der Paramount oft doch noch Frische und ein wenig prickelnde Spannung verliehen.

Sehr schnell wurde Quinn wegen seines langen, kantigen Gesichtes, den buschigen Brauen, dem eckigen Kinn und dem finsteren Blick zu einem der Haupt-Bösewichte der Truppe, obwohl dieser anfängliche Vorteil später für ihn zu einer großen Hürde wurde, da er als Typ abgestempelt schien. *Daughter of Shanghai* war der erste von insgesamt fünf Filmen mit Regisseur Robert Florey und verhalf ihm außerdem zum Einstieg in einen Film mit Anna May Wong.

Mittlerweile bereitete Cecil B. DeMille *The Buccaneer/König der Freibeuter* vor. Quinn hoffte, die Hauptrolle des Piraten zu bekommen, für die Clark Gable vorgesehen war.

Obwohl die Probeaufnahmen, die DeMille nach *The Plainsman/Der Held der Prärie* hatte machen lassen, gut ausgefallen waren, bekam Anthony Quinn die Rolle nicht, da er zu jugendlich aussah. Darauf hatte unter anderem auch Katherine DeMille ihren Vater hingewiesen. Statt dessen bekam Quinn den Part des Belouche, eines Mitglieds der Mannschaft des Piraten Jean Lafitte.

Als Cecil B. DeMille zwei Jahrzehnte später dieses Thema als Musical neu aufbereitete, übernahm Anthony Quinn die Regie, da DeMille schon krank geworden war.

Während der Dreharbeiten zu *The Buccaneer/König der Freibeuter* sah Anthony Quinn wieder das »Mädchen mit den wunderschönen großen Augen und dem phantastischen Gesicht«, das ihm schon bei seinem ersten legendären Zusammentreffen mit DeMille und ihm als Cheyenne-Indianer aufgefallen war. Er sprach sie an, und sie kamen über den Schriftsteller Thomas Wolfe und dessen Buch *Von Zeit und Strom* ins Gespräch.

Doch von anderen Mädchen war »Antonio« zu dieser Zeit viel mehr begeistert. Seine mütterliche Lehrmeisterin Silvia hatte ein kräftiges, übergroßes, jedoch auf ihre Art wunderschönes slawisches Mädchen unter ihre Fittiche genommen. Quinn notierte über sie in seinem *The Original Sin/Der Kampf mit dem Engel:* »Das Mädchen ging mit einem Tempo durchs Leben, als wäre sie ständig von einem kräftigen Sturmwind vorangetrieben. Wir hatten beide einen gigantischen Appetit aufs Leben. Silvia bestand darauf, daß wir ein ideales Paar wären und uns besser kennenlernen sollten.«

Den Versuch schildert er so: »Als wir in einem Motel am Meer haltmachten und das kleine Appartement betraten, kam das Mädchen ohne Umschweife zur Sache. Man hätte meinen können, sie sammle Daten für eine biologische Forschungsarbeit. Weiß Gott, ob dabei ehrliche Gefühle im Spiel waren oder nicht – jedenfalls jagte sie mir mit ihrem Stöhnen und ihren wilden Hüftbewegungen einen gewaltigen Schrecken ein. Sie führte sich auf, als hätte sie das Geheimnis des Perpetuum mobile entdeckt.«

Detailgenau erinnert sich Anthony Quinn auch daran, daß er »gegen drei Uhr morgens versuchte, eine kleine Pause zu machen und mit ihr zu reden. Es ging um Musik, und wir kamen auf De Falladas Feuertanz-Suite. Sie bekam auf einmal glasige Augen und stieß einen langen Schrei aus: ›Ich liebe den Feuertanz.‹ Mit einem Satz war sie aus dem Bett und demonstrierte, welche Wirkung diese Musik auf sie hatte. Als sie sich in eine Art Raserei hineingesteigert hatte, sprang sie wieder ins Bett und überflutete mich aufs neue.«

Nach dieser stürmischen Nacht hatte Quinn keine großen Ambitionen, die nächste Zeit mit einem tanzenden Derwisch und dessen Feuertanz zubringen. Da wandte er sich doch lieber wieder ernsteren Dingen zu und spielte in kleinen Theatern, die es überall in der Stadt gab. Er schloß sich einer Schauspieltruppe an, die sich *Contemporary Players* nannte, denn »ich wußte, als Schauspieler hatte ich noch verdammt viel zu lernen. Außerdem wollte ich mich nicht auf den Lorbeeren meines Filmvertrages ausruhen.«

Durch den Vertrag mit dem Paramount-Studio konnte er jedoch keine Rolle übernehmen. Aber allein das Proben mit dieser Theatergruppe war für ihn eine sehr gute Übung.

Ein unkontrollierbarer Bulle

Am 21. Oktober 1937 heiratete Anthony Quinn Katherine DeMille. Beide waren zweiundzwanzig. Beide hatten an diesem Tag bis sechs Uhr abends an verschiedenen Filmen gearbeitet und trafen einander zwei Stunden später in der All Saints Episcopal Church in Hollywood. Der Schriftsteller Jerry Asher war Brautführer, und Nathalie Visart, eine von DeMilles Designerinnen, war Brautjungfer. DeMille selbst übergab die Braut am Altar, aber er konnte sich niemals so richtig für Quinn als Schwiegersohn erwärmen. Er erwähnt ihn in seiner Autobiographie auch nur einmal: »Der Schauspieler in *The Plainsman,* dessen Verbindung mit mir dauerhaft und persönlich werden sollte, war ein junger Mann, dessen Rolle in der Besetzung nur als ›Nordcheyenne-Indianer‹ aufscheint. Sein Name ist Anthony Quinn, und er ist ein hochtalentierter Schauspieler, heute ein populärer Star und ebenfalls mein Schwiegersohn, der Mann meiner Tochter Katherine.«

Sie ist eines der vier Adoptivkinder von Cecil B. DeMille. Geboren in Vancouver, British Columbia, war sie das einzige Kind des Künstlers Edward Gabriel Lester und seiner Frau Cecile. Katherine wurde Waise, als ihr Vater im Krieg getötet wurde und ihre Mutter einige Monate später starb. Sie kam mit sieben Jahren in den DeMille-Haushalt. Sie machte 1930 ihr Filmdebüt in der Produktion ihres Vaters *Madam Satan* und erschien 1935 in *The Crusaders* und 1947 in *Unconquered* unter ihren zwei Dutzend Namensnennungen.

Quinn über die Beziehung zu seinem Schwiegervater: »Ich möchte dazu eigentlich nicht mehr sagen, außer, daß ich froh war, ihm begegnet zu sein und dankbar, daß er vorausschauend genug war, Katherine zu adoptieren.«

Ein andermal hat er es deutlicher ausgedrückt: »Ich glaube, DeMille dachte, ich wäre ein Indianer aus irgendeinem Reservat, und schien immer schreckliche Angst zu haben, daß sich der Stamm eines Tages rund um sein Haus versammeln könnte, um einen Kriegstanz zu veranstalten.«

Ähnlich beschrieb Anthony Quinn auch seine Hochzeit: »Dieser ganze beschissene Aufwand mit vornehmen Limousinen und Polizeieskorte. Die Leute saßen in der Kirche, nicht weil zwei Menschen einander versprachen, sich ewig zu lieben und zu gehorchen, sondern weil sie sich des Alten wegen verpflichtet fühlten zu erscheinen. Waren all diese Fotografen da, um ewige Liebe im Bild zu verherrlichen, oder waren sie nur gekommen, um das ganze Land mit Bildern von dem Bettler zu versorgen, der die Tochter des Königs geheiratet hatte?«

Die folgende Hochzeitsnacht war von allerkürzester Dauer, nachdem Anthony Quinn herausgefunden hatte, »daß meine Frau nicht die Sulamith aus der Bibel war. Sie war nicht unberührt. Ich fühlte mich verraten, betrogen und angelogen. Meine ganze Liebe, all meine Träume – sie hatten sich in einen Alptraum verwandelt. Ich wollte davonlaufen.«

Während es bei Anthony nur bei der Absicht blieb, packte die arme, verschreckte Katherine DeMille, nunmehr frisch verehelichte Frau Quinn, ihre Sachen und flüchtete aus dem Hotel. Ihr Mann hatte sie geohrfeigt, da sie nicht mehr so ganz jungfräulich gewesen war.

Die Braut nahm den Zug nach Reno und hatte die feste Absicht, bereits am nächsten Tag die Scheidung einzureichen.

Nur mit Mühe und unter Mobilisierung aller Möglichkeiten sowie des Familienrates gelang es Anthony Quinn, dies zu verhindern. Natürlich sprach sich diese Geschichte wie ein Lauffeuer in Hollywood herum, und Quinn wurde Zielscheibe ungezählter Schwiegersohn-Witze.

Später hat der Schauspieler unumwunden zugegeben, daß »ich gewiß nicht der erste Bauer war, der je davon geträumt hatte, eine Prinzessin zu heiraten, diese in seine Hütte zu entführen und glücklich mit ihr zu leben bis in alle Ewigkeit«.

Aber er wurde überempfindlich, und wenn »ich nur den Namen DeMille hörte, fuhr ich bereits die Antennen aus. Ich geriet in manche Schlägerei, weil ich überall glaubte, spöttische Untertöne zu hören.«

Auch Carole Lombard legte ihm in freundschaftlicher Verbundenheit die Lage deutlich dar: »Schwiegersöhne«, sagte sie, »haben es nicht leicht in dieser Stadt. Da sind einerseits die Arschkriecher, die dich nur benutzen, um zum Alten durchzukommen. Andererseits aber gibt es wieder welche, die dir das Leben schwermachen werden, um so dem Alten eins auszuwischen. Es wird nicht einfach werden, sich zu behaupten.«

Freilich – exakt kann und konnte nie gesagt werden, inwieweit Quinns Verwandtschaft mit DeMille von Bedeutung für seine Karriere gewesen ist oder nicht. Oder ob das Chefbüro der Paramount dem Schwiegersohn da und dort vielleicht mal einen Gefallen erweisen wollte. Jahre später jedenfalls kommentiert der Schauspieler dies in einem Interview so: »Ich wollte nicht, daß irgend jemand denken würde, daß ich was davon hätte (gemeint ist die Heirat mit Katherine DeMille). Ich wollte auch nicht, daß sie glaubten, ich heiratete in die königliche Familie von Hollywood ein.«

Tatsache jedenfalls ist: 1939 stand Anthony Quinn in dem DeMille-Film *Union Pacific/Die Frau gehört mir,* der eine Wildwest-Historie um den Bau einer Eisenbahnlinie rankt, vor der Kamera.

Als knapp zehn Jahre später dieser Film in die deutschen Kinos kam, war die Kritik alles andere als zufrieden damit: »Leider schlägt zuweilen DeMilles Neigung zum Kitsch durch und verdirbt die lyrisch gestimmten Liebesszenen.« Und weiter: »Es sind reichlich ausgefahrene Gleise, über die dieser Streifen rollt. Gleise, zwischen denen Gras und Unkraut wächst und zwischen die der Wind der Zeit viel Sand geblasen hat. Denn was hier gespielt wird, ist Tom Mix seligen Angedenkens. Da pfeift das Lasso durch die Luft wie ehedem, da gibt es wieder den aufgeregten Mummenschanz der Sioux und den verwegenen halsbrecherischen Galopp der Cowboys. Da ist die kalte Schurkerei im Kampfe mit dem blauäugigen, wortkargen Edelmut – und mitten in dieser rauhen männlichen Gesetzlichkeit das Mädchen aus dem Wilden Westen. Barbara Stanwyck spielt dieses Mädchen, dessen Anziehungskraft auf die Rivalen den sich müde über manche Chance zum Happy-End hinwegspulenden Streifen immer wieder um weitere hundert Meter verlängert.« (*Tagesspiegel,* Berlin 1946)

Obwohl Anthony Quinn in keiner der Kritiken erwähnt wird, war *Union Pacific/Die Frau gehört mir* für ihn in vielfacher Hinsicht von Bedeutung. Während der Dreharbeiten wurde bei den Außenaufnahmen das Mittagessen im Freien als Picknick serviert. Dabei bat DeMille einmal seinen Schwiegersohn, ihm und seinem engsten Stab auf reservierten Plätzen Gesellschaft zu leisten. Prompt konnte sich tags darauf ein Journalist, der am Set anwesend gewesen war, den Hinweis in seinem Artikel nicht verkneifen: »Jetzt, da Tony Quinn der Schwiegersohn des Bosses ist, scheint es offensichtlich unter seiner Würde zu sein, das Brot mit dem gemeinen Volke zu brechen.«

Diese Bemerkung ärgerte Quinn derart, daß er sich weigerte, je wieder in einem DeMille-Film mitzuspielen.

Schon zuvor, unmittelbar nach seiner Heirat, hatte der Schauspieler seinen ganzen Stolz darangesetzt, sich außerhalb der DeMille-Familie zu etablieren und profilieren. In zahlreichen gut gemachten Gangster-Melodramen, meist unter der Regie von Robert Florey, Louis King und Edward Dmytryk, die alle aus der sehr effizient geführten »B-Abteilung« von Harald Hurley kamen, war er meist der professionelle Bösewicht – sehr zu Adolph Zukors geschäftlicher Freude, da *er* den Mann ja zu einem guten Preis eingekauft hatte.

Diese »Stock-Company«, bestehend aus Lloyd Nolan, Anna May Wong, J. Carrol Naish, Akim Tamiroff, Lynne Overmann, Larry »Buster« Crabbe, Gail Patrick, Richard Denning und Robert Preston, hatte sich schnell den Ruf von recht wandlungsfähigen Charakterdarstellern erworben.

Don Miller, ein profunder Kenner der »B-Movie-Szene«, hat einmal treffend bemerkt, daß Paramount in den späten dreißiger Jahren eindeutig die besten Charakterdarsteller auf den Lohnlisten hatte und sie geschickt einsetzte. Die Schurken des einen Films waren im anderen die Helden, die das Mädchen eroberten und im nächsten Streifen dann ihren Vater spielten. »Anthony Quinn«, so meinte Miller jedoch, »war ein wenig verwendbarer Mann wegen seines düsteren Aussehens und war deshalb auf den Bösewicht festgelegt.«

Die meisten Filme, die Anthony Quinn in dieser Zeit drehte, erzählten ihre Geschichte bereits im Titel. *Tipp-Off Girls, Hunted Man, Bulldog Drummond in Africa/Scotland Yard auf falscher Spur, King of Alcatraz, King of Chinatown/Überfall im Chinesenviertel, Island of Lost Men, Television Spy* und *Emergency Squad*.

Alvin H. Marill in *The Films of Anthony Quinn:* »In der Regel war er der Killer oder der erheblich böse Bube in der Gang von J. Carrol Naish oder von Akim Tamiroff. Oder bei Lloyd Nolan, und mit mindestens ebenso solider Regelmäßigkeit wurde er dann gekillt, bevor der Boß an die Reihe kam.«

Doch so sehr ihn sein kantiges, eckiges Gesicht, die hohen

Als marokkanischer Scheich mit Dorothy Lamour in ›Road to Morocco/ Der Weg nach Marokko‹, 1942.

Backenknochen und das schwarze Haar für bestimmte Rollen geeignet erscheinen ließen, so sehr begrenzte es auch die Möglichkeit der Variation. Das gleiche galt auch für Ehefrau Katherine, deren gelblich-braune Haut und glattes, schwarzes Haar der Leinwandkarriere mehr hinderlich denn nützlich waren, zumal in den späten dreißiger und vierziger Jahren nur bestimmte »amerikanische« Typen im Film gefragt waren.

Ab und zu gab Paramount auch Anthony Quinn eine etwas größere Rolle in einer der teureren Produktionen. Wie zum Beispiel *Road to Singapore/Der Weg nach Singapur,* wo er Bing Crosby und Bob Hope bedrohen durfte, sowie in *The Road to Morocco/Der Weg nach Marokko,* dem ersten Film einer Serie von Komödien. Und er spielte auch den Schurken in Hopes Version von *The Ghost Breakers.*

Das alles freilich brachte weder den großen Erfolg noch das große Geld. Gleich nach der Hochzeit war das Paar in ein kleines Haus gezogen, und Quinn wußte: »Ich muß mit dem Geld verdammt haushalten.«

Nur langsam schien sich alles zu normalisieren, denn nach dem vehementen Krach in der Hochzeitsnacht hatte sich Anthony Quinn alle Mühe gegeben, eine brauchbare Basis für sein Leben mit Ehefrau Katherine zu finden. Fast schien das auch schon geglückt, als sie eine Party gaben. Abends waren die Gäste im Haus – meist frühere Schulkolleginnen seiner Frau mit deren Ehemännern. Nur wenige des Hollywood-Jet-set, den Anthony Quinn bereits fürchten gelernt hatte. Wie es sich für einen charmanten Gastgeber gehört, teilte er die Drinks aus und übte sich im small-talk. Dabei beobachtete er eine Szene, die ihn erneut an seiner empfindlichen Stelle traf.

Zwei der Schulfreundinnen seiner Frau bestaunten seine Büchersammlung und meinten ebenso unzutreffend wie überzeugt: »Kathy war immer schon eine Leseratte.« Worauf die andere einwandte: »Vielleicht sind die von ihm.«

Darauf kicherte das eine Mädchen: »Aber Liebste, hast du dir den schon einmal genau angesehen? Gewiß – ein Bulle von einem Mann. Aber das ist auch schon alles. Ich glaube, der kann nicht einmal lesen.«

Wutschnaubend stürzte Anthony in die Küche, brüllte seine Frau an und forderte sie auf, sofort alle hinauszuwerfen. Auf den zaghaften Einwurf: »Aber was ist denn passiert, Liebling?« legte Quinn los: »Die können mir gestohlen bleiben. Alle miteinander können sie mir gestohlen bleiben. Für die bin ich nichts als ein einfältiger Mexikaner. Raus mit ihnen. Ich will sie hier nicht mehr sehen.«

Diese Szene ist geradezu bezeichnend dafür, wie sehr Anthony Quinn sein Leben lang unter dem Makel, ein »dreckiger, fauler Mexikaner« zu sein, gelitten hat.

Katherine DeMille wurde dagegen immer wieder böse, wenn ihr Mann auf Parties in einem fort sagte: » ... Als ich Boxer war ..., als ich mit meinem Orchester ..., als ich dies oder jenes tat oder war.«

Dann pflegte sie ihn darauf hinzuweisen: »Tony, es ist so peinlich für mich. Was es auch ist, du sagst, du hättest es gemacht. Du kannst das ja alles gar nicht gemacht haben.«

Doch damit traf die Frau einen der weiteren wunden Punkte von Anthony, der im wahrsten Sinne des Wortes beim Melonenernten die Arbeit von der Pike auf kennengelernt hatte.

So war es praktisch unvermeidlich, daß er ihr seine ganzen Mißerfolge in die Schuhe schob. »Ich spielte inzwischen nur noch drittklassige Gangsterrollen, mexikanische Banditen und arme Indianer, die vom großen starken Weißen Mann mit Füßen getreten werden«, sagt Quinn dazu einmal im Rückblick auf seine Karriere.

Anfang 1939 wurde ihr erster Sohn Christopher geboren. Zu dieser Zeit hatte Anthony Quinn bei der Paramount den halbwegs akzeptablen Wochenlohn von etwas mehr als zweihundertfünfzig Dollar. Im Jahr darauf fixierte sein Agent einen Vertrag mit Warner Brothers, und er bekam in dem James Cagney-Film *City for Conquest/Im Taumel der Weltstadt* eine Rolle.

Sie war jener nicht unähnlich, die er kurz zuvor in *Road to Singapore/Der Weg nach Singapur* an der Seite von Dorothy Lamour gespielt hatte, und auch in *City for Conquest/Im Taumel der Weltstadt* muß er Ann Sheridan dazu überreden, seine Tanzpartnerin zu werden.

Bei den Dreharbeiten freundete er sich mit Elia Kazan und Arthur Kennedy an, die beide in diesem Film in Gangsterrollen zu sehen sind. Jahrzehnte später spielte Anthony Quinn unter der Regie von Elia Kazan (in *Viva Zapata!,* was ihm seinen ersten Oscar einbrachte), und er blieb jahrelang mit Arthur Kennedy befreundet.

Doch Warner Brothers hatte Quinn auch für andere Rollen engagiert. So spielte er unter anderem den Häuptling Crazy Horse in Raoul Walshs *They Died with Their Boots On/Sein letztes Kommando,* von dem auch die deutsche Kritikergilde angetan war, wenngleich Anthony Quinn hierzulande noch keinerlei Erwähnung fand. *Der Neue Film* lobte 1953: »Errol Flynns Name und das aufregende Thema werden für volle Kassen sorgen.«

Erste Erfolge

Da Anthony Quinn, wie er immer wieder betonte, im Studio nicht »der Schwiegersohn vom Alten« sein wollte, war nicht daran zu denken, den Vertrag, der ohnehin 1940 auslief, zu verlängern. Dazu kam noch, daß seine Gage bei Warner Brothers gut dreimal so hoch war wie bei Paramount.

Am 15. März 1941 passierte etwas, was Anthony Quinn tief in seinem Innersten traf und über das er jahrelang nicht einmal reden konnte und über das er – wie er später einmal seinem Psychiater sagte – nie wirklich hinweggekommen ist.

Das Ehepaar Quinn feierte mit den DeMilles. Der kleine, zweijährige Sohn Christopher lief in einem unbeobachteten Augenblick in den Garten des Nachbarn W. C. Fields, fiel in den Teich und ertrank.

Dazu hat Anthony Quinn lediglich einmal dies bekannt: »Cecil B. war nie sehr väterlich zu mir. Ich glaube auch, daß er mir den Tod unseres ersten Kindes nie vergeben hat, obwohl mich gewiß nicht alle Schuld traf. Aber aus irgendeinem Grund schien er mich voll dafür verantwortlich zu machen.« Noch im gleichen Jahr wurde Tochter Christina geboren, der im Jahr darauf (1942) Kathleen folgte. Sohn Duncan kam 1945 zur Welt, und 1952 folgte Valentina, noch eine Tochter.

Während seines Vertrages bei Warner Brothers wurde Anthony Quinn für das Remake *Blood and Sand/König der Toreros* an die 20th Century-Fox ausgeliehen. Es war eine Neuverfilmung des 1923 unter Fred Niblos gedrehten großen Stummfilmerfolgs mit Rudolph Valentino.

Der 1940/41 nach dem bekannten Roman von Blasco Ibanez gedrehte Film erzählt Glück und Ende eines Toreros: die harten Lehrjahre, den Aufstieg und den Triumph, bis die Verführung kommt, der Abstieg und das tragische Ende. Den ständigen Kampf mit dem Stier also, bis zuletzt auch Juan Callardo tot in der Arena liegt – wie sein Vater schon, wie alle Toreros zuvor und alle Toreros nach ihm.

»Rouben Mamoulian, der bekannte ›Greta-Garbo-Regisseur‹ und routinierte Effekthascher großen Stiles«, so befanden Kritiker bei der Uraufführung 1950 in Deutschland, »hat sich mit diesem farbigen Kolossal-Gemälde selbst übertroffen. Dieser Film über Glück und Ende eines großen Toreros ist oft von erschreckender Helligkeit, eine Augenweide.«

Zwar hat Anthony Quinn in der Neuverfilmung von *Blood and Sand* als Freund von Tyrone Power, der die alte Rudolph Valentino-Rolle spielte, keinen sehr großen Auftritt, außer daß Rita Hayworth mit ihm ein Tänzchen wagt. Aber in einigen dieser Szenen schien er zu bestätigen, wozu ihm schon Jahre zuvor mehrfach geraten worden war: Er sollte in Remakes ähnliche Rollen wie Rudolph Valentino spielen.

Die endgültige Entscheidung, ob er dies nun anstreben solle oder nicht, war gefallen, »nachdem ich mit Jack (er meinte damit den bekannten Stummfilmstar John Barrymore, A. d. A.) darüber gesprochen hatte. Er riet mir ganz klar ab, denn würde ich solche Remakes machen, in denen Rudolph Valentino geglänzt hatte, so würden mich die echten Valentino-Fans in Stükke reißen. Und den anderen, denen Rudolph Valentino nichts bedeutete, wäre es ohnehin egal.«

Zwischendurch kehrte Anthony Quinn zur Paramount zurück und versuchte sein Bestes, um in *Road to Morocco/Der Weg nach Marokko* als marokkanischer Scheich Bing Crosby und Bob Hope zu bedrohen, aber dabei nicht zu vergessen, Dorothy Lamour als Prinzessin Shalmar zu seiner Braut zu machen.

Mittlerweile hatte er einen Dreijahresvertrag bei der 20th Century-Fox unterschrieben, und sein erstes Engagement war in der verschwenderischen Technicolor-Version nach dem Roman von Rafael Sabatini in *The Black Swan/Der Seeräuber*.

Zum zweiten Mal spielte er an der Seite von Tyrone Power, diesmal mit lockiger roter Perücke, Narbe und schwarzer Augenklappe. So zurechtgemacht sah er böse genug aus, um sich als schändlicher Handlanger des Piraten Billy Leech zu profilieren. *Der Neue Film* prophezeite beim Anlaufen von *The Black Swan/Der Seeräuber* in der Bundesrepublik, 1950: »Brauchbare Erfolge an allen Plätzen mit ziemlicher Sicherheit zu erwarten«, und schrieb weiter: »ein fröhliches Gemetzel von Schiff zu Schiff, eine rauhe, trinkfreudige, aber auch streckenweise herzliche Seeräuber-Schauerballade in Technicolor. Ein kühnes Völkchen hat sich zusammengefunden. Sie seerauben für Englands Ehre, später sind sie dann bereit, die Insel Jamaika vor-

Anthony Quinn und George Sanders in ›The Black Swan/Der Seeräuber‹, 1942.

bildlich für die Krone zu verwalten. Aber andere, die nach wie vor Seeräuber geblieben sind, machen ihnen das Leben schwer.«

Auch hier ist Anthony Quinn nicht einmal marginal erwähnt,

denn sein Bekanntheitsgrad in Europa war vor Erscheinen von Fellinis *La Strada/Das Lied der Straße* beim breiten Publikum so gut wie Null.

Seine nächste Rolle bei der 20th Century-Fox war in *The Ox-Bow Incident/Ritt zum Ox-Bow* die eines nur schwer Englisch verstehenden Mexikaners, der beschuldigt wird, einen Rancher ermordet zu haben und fälschlich zusammen mit drei anderen vom Mob gelyncht werden soll. In dem von William A. Wellman meisterhaft inszenierten psychologischen Western, der ein Plädoyer für die Würde des Gesetzes ist und der längst zu einem Filmklassiker geworden ist, bot Quinn eine ausgezeichnete Leistung.

Als mexikanischer Cowboy in ›The Ox-Bow Incident/Ritt zum Ox-Bow‹, 1943.

In seinem nächsten Film *Guadalcanal Diary/Guadalcanal – Die Hölle im Pazifik* war Quinn wieder ein Mexikaner, diesmal allerdings ein Soldat eines amerikanischen Kommandos.

Das Bemerkenswerteste an diesem Film ist nicht etwa die Besetzung oder der Regisseur, sondern die Schnelligkeit, mit der die amerikanische Filmindustrie reagierte: Guadalcanal, die größte der Salomon-Inseln im Westlichen Pazifik, wurde im Mai 1942 von den Japanern besetzt, im August landeten 11 000 US-Marineinfanteristen auf der Insel, denen zunächst nur 2200 Japaner gegenüberstanden, die sich weit in den Westteil der Insel zurückzogen. Nach zahlreichen schweren, für beide Parteien sehr verlustreichen See- und Luftschlachten, war die Insel erst im Februar 1943 fest in amerikanischer Hand.

Und nur wenige Wochen später konnte das amerikanische Filmpublikum bereits die Heldentaten ihrer Truppen im Dschungelkrieg bewundern.

Quinns nächstes Engagement war wieder unter der Regie von William A. Wellman in *Buffalo Bill/Buffalo Bill, der weiße Indianer*.

Wellman hat das so inszeniert, wie man es von einem großangelegten Western erwartet, und als der Film in die deutschen Kinos kam, saßen die großen und kleinen Buben mit offenen Mündern und staunenden Augen im Parkett. Zwar baut die Geschichte des Films auf handfeste Kinokost, ist aber dem Andenken von William Frederick Cody gewidmet, der als Buffalo Bill berühmt wurde und das Urbild des klassischen Helden des Wilden Westens ist. Joel McCrea spielte ihn mit sympathischer Zurückhaltung, die nichts von dem sonst üblichen kraftprotzenden Wildwest-Heldentum hat, sondern die seine Tapferkeit und das menschliche Mitgefühl glaubhaft macht. Denn kaum jemand weiß heute noch, daß dieser Buffalo Bill, der schon zu Lebzeiten eine legendäre Figur war, wirklich lebte und nicht nur eine Erfindung von Abenteuer-Autoren ist. Kurzum: *Buffalo Bill/Buffalo Bill, der weiße Indianer* war ein hübsches farbiges Historiengemälde aus jener Zeit, als noch die Sioux und Cheyenne ihre Kriegsbeile ausgruben und in ihren Wigwams lebten.

Die weiteren Filme von Anthony Quinn bei der 20th Century-Fox waren eher durchschnittlich, obwohl *Roger Touhy, Gangster* von der Story her sehr stark gewesen ist.

In dieser authentischen Geschichte des Gangsters Touhy, der

Mit Richard Conte (links), William Bendix (rechts) sowie Partnern in ›Guadalcanal Diary/Guadalcanal – die Hölle im Pazifik‹, 1943.

wegen Kidnapping zu 99 Jahren Kerker verurteilt, 1942 einen Massenausbruch organisiert hatte, aber wieder gefaßt worden war, spielte Quinn einen Zellengenossen.

In *Ladies of Washington,* der interessanterweise vielfach als Komödie gewertet wird, spielt er einen feindlichen Agenten namens Michael Romanescue. Die Werbung für den Film, der von Spionen, versuchten Selbstmorden, untreuen Ehegatten und als Draufgabe noch einem Mord handelt, verkündet, daß »Anthony Quinn seinen ersten Kuß auf der Leinwand erhalten« habe.

Dann folgten zwei mittelmäßige Musicals, und zwar *Irish Eyes are Smiling* und *Where Do We Go from Here?* Beide wurden unter der Regie von Gregory Ratoff und mit June Haver gedreht. *Where Do We Go from Here?* ist ein satirisch gemeintes Episoden-Musical, in dem Anthony Quinn als Indianerhäuptling einem Holländer die Insel von Manhattan für ganze vierundzwanzig Dollar verkauft.

Doch so wenig Quinn zu dieser Zeit auch über Mangel an Beschäftigung klagen konnte, so sehr war er zunehmend mit sich und seinen Rollen unzufrieden. Das mag mit ein Grund gewesen sein, weshalb er nach Ablauf des Vertrages mit 20th Century-Fox bei RKO Pictures unterschrieb und einige Action-Filme – meist in der zweiten Hauptrolle – an der Seite von John Wayne, Randolph Scott und Douglas Fairbanks Jr. – machte. In *China Sky* spielte er einen chinesischen Guerrillaführer, und in *Back to Bataan/Stahlgewitter* war er an der Seite von John Wayne ein philippinischer Guerilla.

Als der im letzten Kriegsjahr gedrehte Film neun Jahre später in der Bundesrepublik Deutschland uraufgeführt wurde, wurde er mit spürbarem Befremden aufgenommen. Nicht nur seitens der Kritiker, sondern auch beim Publikum. Einhellig wurde ein so tendenziöser, durch erhebliche Schnitte und Begleittexte für »Good Old Germany« zurechtgestutzte Streifen abgelehnt. *Der Neue Film,* 1954: »Mit der Auswertung von *Back to Bataan/Stahlgewitter* hätte man sich in den USA begnügen sollen. Wir wollen so etwas nicht mehr sehen und hören.«

Überhaupt scheint dieser melodramatische Kriegsfilm nicht einmal John Wayne so viel Freude bereitet zu haben, wie man meinen möchte. Regisseur Edward Dmytryk und Drehbuchautor Ben Bazmann, beide später unter den ersten Opfern des McCarthyismus, zeigten ihm statt wahren patriotischen Geistes in diesem Werk ohnedies zuviel linke Tendenzen.

Immer mehr schob sich in jener Zeit bei Anthony Quinn das Gefühl in den Vordergrund: »Ich bin nutzlos. Ich dachte, verdammt nochmal, irgendwas muß doch mit mir passieren. Aber nichts geschah. Und immer wieder fragte ich mich, wie lange soll ich denn noch von einem Studio zum anderen gehen, mir die Hacken ablaufen und nirgendwo ist es zu schaffen?«

Da Quinn zu Recht meinte, daß es an seinem Talent wohl nicht liegen könne, wollte er sich das Gesicht operativ verändern lassen. Er suchte also einen Schönheitschirurgen, da ihm an seiner Visage nichts außer seine Nase richtig proportioniert schien. Er bat den Doktor, ihm das Gesicht zurechtzustutzen.

Doch der war anderer Ansicht: »An den Augenbrauen würde ich nichts ändern.«

Daraufhin bat Quinn ihn, er möge ihm die Ohren anliegend machen.

Doch auch damit war der Doktor nicht einverstanden. »An den Ohren würde ich nichts ändern«, sagte er.

»Aber zum Teufel nochmal«, polterte Quinn, »irgend etwas muß doch an meinem Gesicht nicht stimmen. Machen Sie mir einen größeren Mund. Schlitzen sie ihn meinetwegen auf, aber tun Sie doch etwas!«

In ›China Sky/Am Himmel von China‹, 1945, als chinesischer Guerilla-Anführer.

Doch der Arzt blieb gelassen: »Also die Augenbrauen, die Ohren und den Mund, die würde ich so lassen, wie sie sind. Aber vielleicht die Nase, wenn sie Ihnen nicht gefällt?«

»Ich weiß, daß mein Gesicht häßlich ist«, hat Anthony Quinn später mehrfach bekannt. »Als ich noch arm war, haben mir die Menschen das oft gesagt. Waren es Männer, dann lachte ich oder schlug kräftig zu. Waren es Frauen, dann tat es mir im Innersten weh, denn Armut macht ja nicht hart, sie macht nur überempfindlich.«

Wie hatte doch der amerikanische Schönheitschirurg, der Anthony Quinn nun für ein hübsches Dollar-Sümmchen operieren sollte, abschließend so treffend gemeint?

»Lassen Sie Ihr Gesicht, so wie es ist«, sagte er und redete damit gegen sein Geschäft. »Denn Sie haben das Gesicht einer Landschaft, in der gekämpft, geliebt und gestorben wurde.«

Der letzte Film seiner sogenannten Anfangsphase ist die interessante, anspruchslose kleine Geschichte *Black Gold.* Darüber vermerkt Alvin H. Marill in *The Films of Anthony Quinn:* »Angeblich ist dies sein liebster. Sicher jedoch ist, daß es der einzige war, in dem er mit seiner Frau Katherine DeMille zusammen vor der Kamera stand. Sie spielte die Ehefrau Sarah des freundlichen, aber ungebildeten Indianers Charley Eagle. Die beiden haben im Film einen chinesischen Adoptivsohn.«

Die Story ist sehr frei nach den Erlebnissen eines Indianers, der auf seinem Stück Land Öl findet und dadurch Millionär wird. Daraufhin möchte er es dem Weißen Manne gleichtun und trainiert und züchtet Rennpferde. Eines dieser Pferde – nämlich Black Gold, daher auch der Filmtitel – gewinnt dann 1924 das Kentucky-Derby.

Alvin H. Marill: »Dieser unabhängig gemachte Film war der zweite unter dem Banner der Allied Artists, nachdem diese Gesellschaft aus der Asche der alten Monogram-Pictures entstanden war. Von den wenigen Kritikern, die ihn sahen (der Verleih war äußerst schlecht organisiert) wurde der Film nicht besonders gut aufgenommen. Dennoch hat er seinen Platz in der Filmgeschichte als *der* erste Anthony Quinn-Film gefunden.«

Zwischendurch Theater

So gegen Ende 1947 kehrte Anthony Quinn leise schmollend Hollywood den Rücken, um sein Glück am Broadway zu versuchen. »Sam Wanamaker bat mich, in seiner Produktion von Emmet Lavery *The Gentleman from Athens* zu spielen,« berichtet der Schauspieler. »Tatsache jedoch ist«, behauptet Alvin H. Marill, »daß diese Rolle eigentlich für John Garfield geschrieben worden war.«

Mit Ethel Browning 1947 in ›The Gentleman from Athens‹.

Quinn griff bei diesem Angebot begeistert zu und konnte außerdem noch enormen Kritikererfolg einheimsen, der seinem ohnedies angeschlagenen Ego nur guttun konnte. Elliot Norton, einer der führenden Kritiker, schrieb in der *Boston Post,* 1947: »Mister Quinn, der im Film sowohl der ungebildete Wilde als auch der Maharadscha war, bis er ein Gentleman aus Athens/California wurde, ist ein Hit in dieser Show. Er hat wenig Bühnenerfahrung, aber offensichtlich braucht er keine. Er ist ein Naturtalent, und wenn *The Gentleman from Athens* ein Hit wird, so wird er sicher einen Platz unter den Stars haben. Quinn hat Charme, und er erinnert einen auch an Humphrey Bogart, als dieser den Grafen Mantee spielte. Aber Anthony ist auch Komödiant, und Humphrey war keiner ... Sie frieren und schmelzen dahin bei Anthony Quinn. Entweder er gestikuliert so natürlich und effektvoll, weil Regisseur Sam Wanamaker es ihm gezeigt hat oder er macht es instinktiv. Ich weiß es nicht. Aber Stanislawski sollte ihn sehen.«

Doch auch so viel Lob für den Darsteller konnte nicht verhindern, daß das Stück nach nur sieben Vorstellungen in New York abgesetzt wurde. »Aber ich hatte Theaterluft geschnuppert«, sagt Anthony Quinn »und mit dieser hervorragenden Kritik von Elliot Norton spürte ich förmlich, daß es nun aufwärts gehen müßte. Allerdings hatte ich kein Geld mehr und war restlos pleite.«

Zum besseren Verständnis: Anthony hatte 25.000 Dollar in die Produktion dieses Stückes gesteckt, in der er einen Amerikaner griechischer Abstammung spielte, der durch dubiose Machenschaften in den Kongreß kommt.

Doch als es wieder einmal nicht weiterzugehen schien, sprang ein alter Freund aus den gemeinsamen Tagen bei Warner Brothers in die Bresche: Elia Kazan bot Anthony Quinn die Rolle des Stanley Kowalski in dem Tennessee Williams Stück *A Streetcar Named Desire/Endstation Sehnsucht* an.

Am 15. Juni 1948 begannen die Proben. Uta Hagen ersetzte dann Jessica Tandy, und Anthony Quinn übernahm die Rolle von Marlon Brando, der sich für kurze Zeit vom Theater beurlauben ließ. Das Ensemble begann die Tournee in Pittsburgh, bevor es sechs Monate lang in Chicago gastierte. Quinn spielte weiter den Stanley mit Judith Evelyn, während Uta Hagen am Broadway Jessica Tandy folgte. Später dann, im August 1949, tauschte Quinn die Rolle mit Ralph Meeker, der Brando ersetzt hatte.

Bevor Anthony den Stanley Kowalski am Broadway spielte, gab er sein Fernsehdebüt, und zwar in *Pride's Castle*, nach einem Bestseller von Frank Yerby, in einer Produktion des Philco Schauspielhauses. Als weibliche Hauptdarsteller agierten Catherine McLeod und Louise Allbritton. Aber das Bemerkenswerteste an dieser Live-Aufführung ist die Tatsache, daß ein junger Schauspieler in einer kleinen Rolle mitspielte: Jack Lemmon.

1951 war Quinn in weiteren drei Fernsehproduktionen zu sehen, ebenso wie 1955. Dann scheute er offensichtlich vor Fernsehauftritten zurück, bis man ihn später (1970/71) überreden konnte, den Thomas Jefferson Alcala in der Fernsehserie *The City* zu spielen.

Anthony Quinn blieb beim Theaterensemble, auch als *A Streetcar Named Desire* im November 1949 am Broadway abgesetzt wurde. Doch bereits am zweiten Weihnachtsfeiertag begann erneut eine kurze Tournee, die dann im März 1950 in Boston endete.

Danach spielte er in einer neuen Inszenierung des gleichen Stückes, wieder mit Uta Hagen und wieder einige Zeit auf dem Broadway. Bedauerlicherweise hatte diesmal *A Streetcar Named Desire* (am 23. Mai 1950) im New York City-Centre Premiere, das sich keinesfalls durch gute Akustik auszeichnet. Die Schauspieler mußten brüllen, um sich auch nur annähernd verständlich zu machen. Dennoch waren sich die Kritiker einig, daß gute Leistungen geboten wurden. Das war zwar nicht allzu überraschend, zumal alle Beteiligten das Stück schon fast zwei Jahre lang gespielt hatten. Robert Coleman, Kritiker des New Yorker *Daily Mirror* lobte: »Anthony Quinns Stanley ist dem des Marlon Brando ebenbürtig, wenn nicht überlegen.«

Im August 1950 hatte Anthony Quinn erneut mit einer Sam Wanamaker-Produktion, nämlich *Borne in Texas* im Fulton Theatre New York Premiere. Es war eine Neuinszenierung von Lynn Riggs Bühnenstück *Roadside*. »Mit Marsha Hunt spielte er, hier allerdings nur fünfmal, eine hochmütige Figur namens Texas, eine Art zeitgenössischen Alexis Sorbas des Südwestens«, beschreibt Alvin H. Marill die Rolle in *The Films of Anthony Quinn*.

Sein letzter Bühnenauftritt für viele Jahre kam dagegen gleich gar nicht erst bis nach New York. Im März 1951 hatte die Komödie von S. N. Behrman *Let Me Hear the Melody* in Wilmington/Delaware, Premiere. Das Stück kam über Philadelphia nicht hinaus, wo es nach vierzehn Tagen abgesetzt wurde.

Bereits im Frühjahr 1950 war Anthony Quinn recht reumütig wieder zum Film zurückgekehrt. »Als ich nach Hollywood zurückkam, waren meine Gagen sehr niedrig. In *The Brave Bulls/Frauen und Toreros* war meine Gage verdammt niedrig, ein besserer Peanuts-Betrag.

Doch dieser Film, der den deutlichen Stempel eines ungewöhnlichen Regie-Außenseiters trägt, ist in vielfacher Hinsicht interessant. Regisseur Robert Rossen hatte sich unter fast völligem Verzicht von Atelier-Aufnahmen mit seinem Aufnahmestab unter die Bevölkerung gemischt. Und in diesen echten Rahmen fügen sich die Hauptdarsteller hervorragend ein.

Den Inhalt schilderte 1952 der *Filmdienst* so: »Wo der Stierkampf die Nationalleidenschaft eines Volkes ist, sind die Toreros wahre Nationalhelden. Luis Bello hat sich in zahllosen Corridas an die Spitze der mexikanischen Stierkämpfer durchgekämpft, und die Veranstalter reißen sich um ihn. Doch da, auf dem Gipfel seines Ruhmes, erlebt er den Tod eines Kameraden in der Arena unter den Hörnern eines Stieres – ein nicht ungewöhnliches Ereignis, das ihn jedoch ungewöhnlich ergreift. Seit diesem Augenblick wird Luis die Angst vor dem Tod nicht mehr los. Er zittert bei jedem Kampf und gibt dem schaulustigen Publikum ein schlechtes Schauspiel. Erst als er für seinen verwundeten Bruder einspringt und dessen Kampf zu Ende führt, gewinnt er seine alte Sicherheit wieder in der Erkenntnis, daß er ohne Tapferkeit nicht nur nicht kämpfen, sondern auch nicht leben kann.«

Andere Kritiken wiesen auf »die Akkorde echter Tragik, die um das Schicksal des Volkshelden und Matadors Luis Bello, dargestellt von Mel Ferrer, aufklingen«, hin. Anthony Quinn dagegen wurde hierzulande kaum erwähnt, obwohl seine Leistung in diesem Film durchaus überzeugend ist. Auch heute noch gilt dieser Robert Rossen-Film *Brave Bulls/Frauen und Toreros* gemeinhin als *die* Filmstudie eines Stierkampfes.

Über sein nächstes Filmengagement in *Viva Zapata!* berichtet Quinn selbst, daß »ich da zum erstenmal fühlte, ich würde nun

Quinn als Bruder des mexikanischen Revolutionärs Emilio Zapata (Marlon Brando), mit Lou Gilbert und Harold Gordon (von links) in ›Viva Zapata!‹, 1952. Für die Darstellung des Eufemio wurde Anthony Quinn als bester Nebendarsteller mit dem Oscar ausgezeichnet.

so spielen, wie ich es eigentlich immer wollte. Zwar habe ich an *Viva Zapata!* kaum etwas verdient, aber ich habe mir gesagt, zum Teufel was soll's, von jetzt an bist du nicht mehr irgendein Niemand.«

Es war das erste und einzige Mal, daß Anthony Quinn mit Marlon Brando zusammen spielte. Obwohl die Rolle von Emiliano Zapatas Bruder Eufemio nicht gerade groß ist, konnte Anthony Quinn dennoch Publikum und Kritik überzeugen. Die US-Kritik nahm Bezug auf die Tatsache, daß beide die gleiche Rolle in dem Tennessee Williams-Stück *A Streetcar Named Desire* gespielt hatten: »Da waren nun zwei Stanley Kowalskis, die eine grundverschiedene Spielart hatten. Sie wurden von Elia

Kazan, vielleicht dem einzigen, der das fertigbringen konnte, in Schach gehalten.«

Hollywood hatte schon einmal Mitte der dreißiger Jahre den mexikanischen Bauernaufstand unter dem Titel *Viva Villa* mit Wallace Berry verfilmt. Als nun *Viva Zapata!* in die deutschen Kinos kam, verglichen viele namhafte Kritiker beide Filme miteinander. In der *Süddeutschen Zeitung* schrieb Gunter Groll, 1952: »Elia Kazan hat das suggestiv inszeniert, John Steinbeck schrieb das Drehbuch, in der Hauptrolle reitet, rebelliert und resigniert Marlon Brando, den ich nie so echt und überzeugend sah, und photographiert ist das alles in einem Stil, den man nach *Viva Villa, Viva Zapata!, Mexikanische Romanze* und *Befehl des Gewissens* nun wohl den Mexiko-Stil nennen darf, wiewohl er vorwiegend in Hollywood entwickelt wurde: rasant, realistisch und gleichwohl romantisch. Reibungslos geht das in dieser glühenden, staubigen, pathetischen Landschaft zusammen. Ein wenig Eisenstein und Russenfilm, ein wenig französische Hell-Dunkel-Melancholie, und ein wenig von des Hollywood-Reißers rabiatem Glanz. Keine schlechte Mischung.«

Und lobte geradezu enthusiastisch weiter: »Nicht nur vibrierend vor Spannung, sondern auch formal und filmisch ein Prunk- und Prachtstück. Und immer wieder wirken Milieu und Menschen animalisch echt, glüht die Landschaft, reitet unsichtbar über den Horizont das gloriose Phantom der Freiheit von der Zapata träumt ... Kein makelloser Film. Doch der wohl beste aller ›Viva-Filme‹: die Ballade von Zapata und von den Grenzen der Gewalt.« (Gunter Groll)

Die Darstellung des Bruders Eufemio brachte Anthony Quinn seinen ersten Oscar für die beste Nebenrolle. Als ihm 1953 der Academy Award verliehen wurde, war Ehefrau Katherine, wie Alvin H. Marill es in *The Films of Anthony Quinn* bemerkenswert findet, »die erste Frau in der Geschichte des Films, die Zeuge einer Oscar-Verleihung sowohl an den Vater als auch an den Mann wurde.« (DeMille bekam ihn als Produzent für *The Greatest Show on Earth,* A. d. A.)

Hatte Anthony Quinn nun nach dieser Auszeichnung und öffentlichen Ehrung gehofft, den mittelmäßigen Rollen, die er insbesondere in den vierziger Jahren gespielt hatte, endgültig zu entkommen, so erwies sich dies als Trugschluß. Obwohl er nun deutlich bewiesen hatte, daß er mehr konnte, als mit kantigem

Mit Widersacher Errol Flynn in ›Against All Flags/Gegen alle Flaggen‹, 1952.

Gesicht als böser Schurke um die Ecke zu schauen, fand er sich nun wieder in diesem – wie ihm schien – eher nichtssagenden Genre wieder.

Das wurde deutlich in den beiden Technicolor-Schinken der Columbia, *Mask of the Avenger/Der Rächer von Casamare* und *The Brigand/Der Brigant*. Bei beiden führte Phil Karlson Regie, bei dem Anthony Quinn nicht nur in *Black Gold* gespielt hatte, sondern bei dem er auch in *Parole!/Mord in Sing-Sing* sein Filmdebüt gegeben hatte.

In den beiden vorgenannten Filmen war Quinn mal wieder der böse Schurke, der für zweitklassige Spannung und jede Menge Kämpfe sorgte. Und in beiden durfte er sich auch mit den jeweiligen Helden um das Starlet Jody Lawrance streiten.

In den Jahren 1952 und 1953 drehte er dann für Universal International fünf Action-Filme, die allesamt Technicolor-Epen für Stars wie Gregory Peck, Errol Flynn, Rock Hudson und Jeff Chandler waren. Das Bemerkenswerteste an *The World in his Arms/Sturmfahrt nach Alaska* war vielmehr, daß dies der Jubiläumsfilm der Universal International anläßlich ihres vierzigjährigen Bestehens war. Allein der Autor erhielt hunderttausend Dollar für seinen Roman, und diese Summe muß man nicht einmal in Beziehung setzen zu dem Honorar, das für Filmbücher der vorliegenden Art gezahlt wird, um zu verstehen, daß Rex Beach liebend gerne noch einmal in die Tasten seiner Schreibmaschine griff. Obwohl er sich mit fünfundsiebzig Jahren eigentlich schon hätte zur Ruhe setzen können.

Die Handlung spiele in den sechziger Jahren des vorigen Jahrhunderts zwischen Alaska und San Francisco. Amerikanische Robbenjäger gehen in russischen Hoheitsgewässern – Alaska gehörte damals noch dem Zaren – auf Fang. Es sind wilde Gesellen, und ihr Kapitän ist der wildeste. Ihm begegnet in San Francisco eine russische Gräfin, die in Petersburg ihrem prinzlichen Gefährten entlaufen ist und ein Schiff sucht, das sie zu ihrem Onkel nach Alaska bringen soll.

War Anthony Quinn unmittelbar nach dem Anlaufen des Films in Deutschland in den Kritiken kaum erwähnt, so fand er zwanzig Jahre später, als der Film in der ARD ausgestrahlt wurde, in einer Kritik der *Frankfurter Rundschau* (1973) Beachtung: »Zwei so prächtige Burschen wie Gregory Peck und Anthony Quinn: Das sind Zutaten, aus denen ein so routinierter und mit den Wassern fast aller Genres gewaschener Regisseur wie Raoul Walsh gar nichts anderes machen kann als einen spannenden, glutvoll-lebendigen, prachtvollen Abenteuerfilm.«

Wie viele andere Hollywood-Filme auch ist *The World in his Arms/Sturmfahrt nach Alaska* bewußt oder unbewußt beeinflußt von der Politik. Zu dieser Zeit war die Ära McCarthys und die Kommunistenjagd ebenso wie John Foster Dulles kalter Krieg am heißesten.

Die Filmemacher hängten – wollten sie nicht auf die Schwarzen Listen kommen – ihr Mäntelchen nach dem Wind der schweigenden Mehrheit. Und da die Mehrheit bekanntlich auch eine zahlende ist, drängt es die Filmindustrie meist, ihre Produkte auf kommerziellen Erfolg anzulegen. Raoul Walsh ist mit seinen Filmen natürlich keine Ausnahme. Die sanfte, aber ständige antirussische Propaganda kam dem Film seinerzeit gut zustatten. Und einige Jagdszenen gaben genug Gelegenheit, ein paar sozial-darwinistische Sentenzen anzubringen, die vor amerikanisch-arrogantem Elite-Bewußtsein nur so strotzen.

Auch *City Beneath the Sea/Die Stadt unter dem Meer* wurde

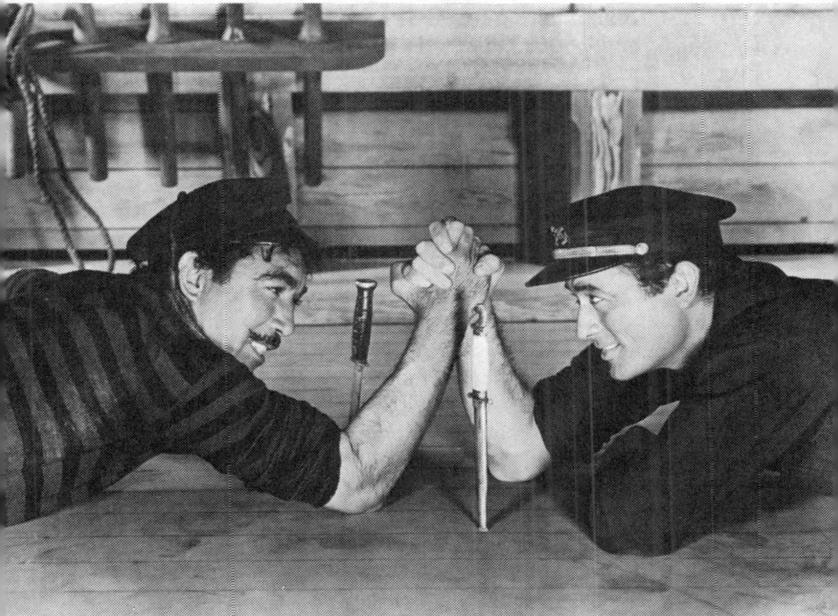

Mit Gregory Peck in ›The World in His Arms/Sturmfahrt nach Alaska‹, 1952.

von der Kritik lediglich wegen der Farbenpracht gelobt. Hatte *Die Filmwoche* noch von »männlichen Prachtexemplaren« wie Robert Ryan und Anthony Quinn sowie »dazugehörigen ranken und schlanken Damen ...« geschrieben, so fand *Das Filmecho* den Streifen zwar »äußerst technicolor-wirksam, aber bestenfalls belustigend naiv.«

Und *Der Evangelische Filmbeobachter* krönte die Kritiken mit dem Hinweis: »Geistige Makulatur – nur für Anspruchslose ab sechzehn.«

Sowohl bei *City Beneath the Sea/Die Stadt unter dem Meer* als auch in *East of Sumatra/Gefangene des Dschungels* und in *Seminole/Die Rache der Seminolen* arbeitete Anthony Quinn mit dem Regisseur Budd Boetticher, der später ein Kultregisseur und Anthonys Freund wurde. Boetticher hatte mit seinem elften Film *The Bullfighter and the Lady,* 1951 seinen ersten großen Erfolg gehabt und führte 1955 in *The Magnificent Matador/Die Nacht gehört uns* (ebenfalls mit Anthony Quinn) Regie. Freilich – *Seminole/Die Rache der Seminolen* brachte nichts weiter als Technicolor-Prunk, amerikanische Kolonistenzeit, routiniert runtergespielte Rollen mit sauber fotografierten Einstellungen und Quinn eben wieder einmal als Indianerhäuptling auf die Leinwand.

Bevor Anthony Quinn das kalifornische Film-Mekka verließ, um in Roms Cinecittà Karriere zu machen, drehte er in Hollywood bei MGM noch *Ride, Vaquero!/Terror der Gesetzlosen,* mit Robert Taylor, Ava Gardner und Howard Keel. Diese drei waren zwar die Stars des Films, aber es gelang Quinn durch seine ausgezeichnete schauspielerische Leistung als mordlustiger mexikanischer Bandit die Aufmerksamkeit sowohl von Publikum als auch Kritik auf sich zu ziehen: »Quinns Name erschien gleich nach dem Titel, und er war es auch, der in diesem Film für die wenigen Höhepunkte sorgte.«

Schließlich spielte er noch gemeinsam mit Gary Cooper und Barbara Stanwyck – beide hatten mit ihm schon in DeMille-Filmen gearbeitet – die Rolle des José Esqueda in *Blowing Wild/Wilde Glut.* Doch auch die mit vier Stars aufgewertete Besetzung konnte dieses allzu vorhersehbare Melodram um das Schwarze Gold – sprich Öl – nicht mehr retten. Das einzige – so nannten es die Kritiken – »wodurch sich *Blowing Wild/Wilde Glut* auszeichnete, sind einige Action-Sequenzen und die schau-

Als mordlustiger Pistolero in ›Ride Vaquero!/Terror der Gesetzlosen‹, 1953.

spielerische Leistung Anthony Quinns«. Auch diese beiden Hollywood-Filme zeigten deutlich, wie sehr Quinn zu dieser Zeit festgelegt war. In zahlreichen Rollen hatte er immer wieder ausgesprochen böse Charaktere verkörpert, und nicht zu Unrecht befürchtete er, daß »ich nur noch als Häßlicher, Unglücklicher, Geschlagener und Mißverstandener dem Publikum in Erinnerung bleiben würde«.

Das mag mit ein wesentlicher Umstand gewesen sein, weshalb Anthony Quinn gerne Hollywood verließ, um sein filmisches Glück in Italien zu versuchen.

Der Durchbruch

Im Frühjahr 1953 kam Anthony Quinn nach Italien. Damit begann für ihn, wie sich sehr bald zeigen sollte, ein neuer, wesentlicher Abschnitt seiner Karriere. In nur elf Monaten machte er fünf Filme. Natürlich waren nicht alle diese Filme gut, die meisten davon waren nicht einmal Durchschnitt.

In *Ulisse/Die Fahrten des Odysseus,* einer verschwenderischen Technicolor-Aufbereitung von Homers Odyssee, die eigentlich nur noch aus Gutmütigkeit oder Höflichkeit im Zusammenhang mit der klassischen Vorlage genannt werden kann, hat Quinn nur eine kleine Rolle. Zuerst wollten die Herren Dino de Laurentiis und Carlo Ponti den Regie-Altmeister G. W. Pabst engagieren. Kaum hatte Quinn den Vertrag unterschrieben, bekam diese filmische Fassung der Odyssee eine neue Scriptbearbeitung, einen neuen Regisseur und last but not least auch noch ein kleineres Budget. Sollte anfangs *Ulisse/Die Fahrten des Odysseus* Italiens erster 3-D-Film werden, war diese Dimension nun gestrichen. Auch Silvana Mangano, die Ehefrau von Co-Produzent Dino de Laurentiis, wurde in ihren schauspielerischen Ambitionen deutlich beschnitten. Sollte sie ursprünglich drei Rollen, nämlich Penelope, Circe und auch Calypso spielen, so hatte in dieser Filmproduktion schließlich der gute alte Homer nur noch wenig Chancen, und Calypso wurde grußlos gestrichen.

Dann folgte *Cavalleria Rusticana/Sizilianische Leidenschaft.* Dieser von Carlo Ponti produzierte Film wurde dann tatsächlich ein 3-D-Film, und Anthony Quinn hatte die männliche Hauptrolle als sizilianischer Fuhrmann.

Gleich darauf folgte *Donne Proibite/Die Verrufenen,* ein Streifen über eine Gruppe von Prostituierten, die sich auf der Straße wiederfinden, als ihr Bordell abgerissen wird, um einem Wohnhaus Platz zu machen.

Bei diesem Film lernte Quinn Julietta Masina kennen, die eines der Mädchen spielte und die Anthony Quinn mit ihrem Ehemann Federico Fellini bekanntmachte.

Zu dieser Zeit hatte Federico Fellini nur *Lo Sceicco bianco/ Der Weiße Scheich* und *I Vitelloni* gestaltet. Zuvor war er Jour-

Mit William Holden 1954 in Rom.

nalist, Karikaturist, Autor von Liedern und Sketchen sowie Gagman gewesen. Als Co-Autor hatte er unter anderem an den Drehbüchern zu Roberto Rossellinis *Roma, città aperta/Rom, offene Stadt* (1945) und *Paisa* (1947) gearbeitet, beides Filme, die als Höhepunkte des italienischen Neorealismus gelten.

Internationale Anerkennung brachte Anthony Quinn die fulminante Darstellung des großen Zampano in ›La Strada/Das Lied der Straße‹, 1954 – Regie: Federico Fellini.

Nachdem Anthony Quinn die beiden Fellini-Filme gesehen hatte, übernahm er gerne die Rolle des großen Zampano in *La Strada/Das Lied der Straße.* Er verlangte praktisch so gut wie keine Gage und wurde mit 25 Prozent an den Einspielergebnissen beteiligt.

Jahre später jammerte er: »Hätte ich die Anteile behalten, so hätte ich Millionen verdient. Mein Agent aber sah den Film und dachte, er würde ein Flop. Deshalb verkaufte ich meinen Anteil für lächerliche zwölftausend Dollar.«

Der Film wurde ein Riesenerfolg und machte den Namen Anthony Quinn erstmals wirklich international bekannt. »Interessanterweise jedoch spielte er nur noch einmal unter einem anderen europäischen Regiegiganten«, wie Alvin H. Marill in *The Films of Anthony Quinn* anmerkt, »nämlich bei Michael Cacoyannis in *Zorba, the Greek/Alexis Sorbas* zehn Jahre später.«

Mit Marcella Rovere (links) und Giulietta Masina in Federico Fellinis ›La Strada/Das Lied der Straße‹, 1954.

Mit dem nötigen Abstand betrachtet sind es die beiden Filme, die gemeinhin als *die* Anthony Quinn-Filme angesehen werden und die längst schon zu Kultfilmen geworden sind.

In diesem Zusammenhang sei fairerweise vermerkt, daß Anthony Quinn seine Oscar-Nominierungen und -Gewinne drei Regie-Meistern des amerikanischen Kinos zu verdanken hat: Elia Kazan, Vincente Minnelli und George Cukor.

Nicht einfach, die Geschichte von *La Strada/Das Lied der Straße* zu erzählen, denn in der kurzen Schilderung kann eigentlich leicht eine dumme Sache daraus werden – mit einigen trivialen Geläufigkeiten. Sozusagen eine treuherzige Story, etwas fürs brave Gemüt. Aber genauso ist dieser Film eben nicht, und selbst mit intellektuellem Vokabular wie »Transparenz«, »irisierende Shakespearsche Chiffren« oder »abgesunkene Christlichkeit« und dergleichen mehr würde auch nichts klarer erscheinen. Hier also die Story: Eine arme Mutter verkauft ihre älteste Tochter, ein dümmliches, schüchternes, nicht eben hübsches Geschöpf um 10.000 Lire an einen Kraftprotz von Schausteller. Zampano, der Kettensprenger, macht die kleine Gelsomina bald darauf mit Gewalt zur Frau. Tagsüber läßt er sie als Clown seine bescheidenen Nummern ankündigen, Geld einsammeln und schubst sie dann wieder auf seine klapprige Dreirad-Kalesche, um mit dem reizlosen Wurm zum nächsten Dorf weiterzuknattern. Das geht so eine Zeitlang, bis Gelsomina nach einem nutzlosen Fluchtversuch Matto kennenlernt, den lichtumstrahlten Seiltänzer, der nun aber nicht – wiewohl naheliegend – zum Angelpunkt einer Dreiecksgeschichte wird, sondern Gelsomina, als sei es im Sommernachtstraum, mit merkwürdig schwebenden Reden das Notwendige über ihre erbärmliche Zweisamkeit mit Zampano offenbart. Zwei undurchdringliche Welten, jede der anderen verschlossen und doch zusammengehörig, umkreisen einander, bis Zampano, dieses unerlöste dumpfe Tier, Matto wiedertrifft und ihn, weil seine Kraft kein Maß kennt, erschlägt. Gelsomina, die Tag um Tag den Klotz von einem Mann umirrt hat und nie das erlösende Wort des Vertrauens von ihm hörte, welkt seitdem dahin, und ihr gequältes Stimmchen macht Zampano so rasend, daß er sie verläßt. Jahre später, an einem Eisstand, hört er Gelsominas Seelenmelodie, Mattos einfaches Lied, und erfährt von einer Wäscherin, daß Gelsomina bald nach seiner Flucht abgestorben ist

Außer sich vor Wut bringt der unbeherrschte Kraftprotz Zampano den Artisten Matto (Richard Basehart) um. Szene aus Fellinis Meisterwerk ›La Strada/Das Lied der Straße‹, 1954.

wie eine entwurzelte Blume: So, wie sie immer war – häßlich, klein, verschlossen und rätselhaft komisch wie das staksige Einhorn auf einem alten Gobelin. Zampano trottet weg, hinaus ans Meer, an dem die Geschichte begann, und gräbt sich in den Sand ein wie eine Muschel, und endlich, endlich kommt der erlösende Schmerz – das dumpfe Mannstier Zampano weint …

Über diese ungeheuer eindringliche Schlußszene sagte Anthony Quinn einmal im Gespräch mit seinem Psychiater, das er in seiner Autobiographie *The Original Sin/Der Kampf mit dem Engel* schildert: »Ich fühlte mich dieser Person, die ich darstellte, sehr, sehr nahe. Ich dachte an den armen Kerl den ich spielte. Er hatte ein bedeutungsloses, aber schweres Leben hinter sich. Er hatte nie Liebe kennengelernt. Als er sie schließlich doch fand, wußte er mit ihr nichts anzufangen – er konnte sie nur zerstören. Dort am Strand spürte er dann die Unendlichkeit des Raumes. Die Ewigkeit, der er allein würde gegenübertreten müssen. Es war wahrscheinlich das erste Mal, daß er mit Bewußtsein die Sterne sah, und sie waren für ihn einfach die unendliche Einsamkeit.«

Gleich nach dem Erscheinen von *La Strada/Das Lied der Straße* in den Kinos, lobte die Kritik nicht nur Regisseur Federico Fellinis exzellente Machart, sondern auch die Darsteller: »mindestens drei Schauspieler spielen die Rollen ihres Lebens: Anthony Quinn als Zampano läßt besonders beim stummen Aufbrechen seiner Verschlossenheit all die Routineschurken vergessen, die er Jahr für Jahr in Hollywood zu spielen hatte. Richard Basehart spielt den Matto ... und endlich Julietta Masina! Sie ist Fellinis Frau, und Gelsomina ist, der Idee nach, beider Kind. Und zuletzt ist die Masina auch selber mit jeder Faser dieses lächerliche einsame Kind geworden ...« (Walter Bittermann in *Rheinischer Merkur*)

Auch international wurde Fellinis Meisterwerk mit Auszeichnungen und Preisen nur so überhäuft. *La Strada/Das Lied der Straße* bekam 1954 den Großen Preis der Filmfestspiele in Venedig, 1956 den Oscar als bester fremdsprachiger Film und im gleichen Jahr den Preis der New Yorker Filmkritik sowie 1957 den David O. Selznick »Golden Laurel« des Edinburgh Film-Festivals.

Auch die amerikanische Presse lobte nicht nur den Film, sondern auch vor allem den »großen Zampano Quinn«. Dabei war »superb« das Schlüsselwort in fast allen Kritiken, die auch aufzeigten, daß Anthony Quinn nun nach über siebzehn Jahren und über sechzig Kinofilmen endlich der große Wurf gelungen sei.

Im Herbst 1953 kehrte Anthony Quinn kurz in die USA zurück, um in der Verfilmung des Mickey Spillane-Romans *The Long Wait/Das lange Warten* Johnny McBride, einen Mann mit Gedächtnisschwund, der wegen Mordes inhaftiert wird, zu spielen.

Zum zweiten Mal hatte Anthony Quinn nun – nach *Black Gold* – die Hauptrolle bekommen, obwohl er in Amerika noch keinen Kassennamen hatte, zumal *La Strada/Das Lied der Stra-*

ße zu dieser Zeit jenseits des Atlantik noch nicht in den Kinos angelaufen war.

Es folgte in Italien mit Sophia Loren als Partnerin *Attila, Flagello di Dio/Attila, die Geißel Gottes.* Als dieser Film drei Jahre später in Amerika gezeigt wurde, meinte Richard Nason in *The New York Times:* »Der Hunne, der von Anthony Quinn mit viel Grunzen, Schnauben und Schreien gespielt wird, erobert Europa mit nicht viel mehr als einer Handvoll Krieger.« Und er nannte das Ganze »einen sinnlosen Quatsch von Brutalität und Frömmigkeit«. »Hawk« von Variety hingegen fand, »Quinn spielt einen starken und mächtigen Attila«.

Alvin H. Marill verweist in *Films in Review,* 1968, auf »die Verschiedenartigkeit der Rollen in der Karriere von Anthony Quinn« und stellt den Zampano dem blutrünstigen Attila gegenüber. Schließlich kommt er zu dem Schluß: »So etwas ist eine schändliche Verschwendung eines anerkannten Talentes.«

Abgesehen von der nicht-künstlerischen Seite solcher Projekte bedeutete *Attila, Flagello di Dio/Attila, die Geißel Gottes* gewiß ein erkleckliches Sümmchen von den Herren de Laurentiis und Carlo Ponti.

Anschließend arbeitete Anthony Quinn zum vierten Mal mit Regisseur Budd Boetticher, zum dritten Mal mit Maureen O'Hara und spielte in *The Magnificent Matador/Die Nacht gehört uns* ebenfalls zum dritten Mal in einem Stierkampf-Film – nun aber in der Hauptrolle.

Da Anthony Quinn der schauspielerische Erfolg nun sicher schien, versuchte er seine Erfolge auch finanziell zu festigen. Mit Kirk Douglas gründete er eine Produktionsfirma, die allerdings keinen einzigen Film produzierte.

Zwischendurch soll Quinn – dem Vernehmen nach – ein Drei-Millionen-Dollar-Angebot für die englische Fernseh-Serie *The Man From Lloyds* abgelehnt haben. Darüber hinaus soll er – einer Notiz in *The New York Times* zufolge – MGM ein Drehbuch mit dem Arbeitstitel *The Farm* verkauft haben. Die Story handelte vom Plan eines Priesters, der einen Landsitz in eine Besserungsanstalt für widerspenstige Knaben umwandeln möchte. Soweit bekannt, ist diese Geschichte bisher noch nicht verfilmt worden, zumal MGM bereits im Herbst 1973 praktisch aufgehört hat, Filme zu produzieren.

Mit dem folgenden *The Naked Street/Nackte Straßen* setzte

Anthony Quinn – wie zahlreiche Kritiker einhellig meinten – sein Dauerabo auf Gangsterrollen (die er fünfzehn Jahre zuvor in vielfacher Ausfertigung bei Paramount gehabt hatte) fort. Der brutale Streifen wurde rundum als ziemlich unglaubwürdig abgetan. Quinn spielt darin einen dickköpfigen Schieber, der dem Mann, der seiner Schwester ein Kind angedreht hat und die werdende Mutter partout nicht heiraten möchte, höchst übel mitspielt, bis er auf der Flucht vor der Polizei vom Dach eines Hauses in den Tod stürzt. Cineasten blieb natürlich nicht verborgen, daß dieses eine Wiederbelebung des alten Themas »auf die Schwester fixiert sein« war, das in den Gangsterfilmen der dreißiger Jahre überaus beliebt war, bevor es in den vierziger Jahren allmählich verlorenging.

Der folgende *Seven Cities of Gold/Die sieben goldenen Städte* war eine Heerschau der Vertragsschauspieler von 20th Century-Fox vor dem Hintergrund der abenteuerlichen Besiedlungsgeschichte Kaliforniens im 17. Jahrhundert. Da Anthony Quinn aber mittlerweile keinen festen Vertrag mehr mit der Fox hatte, wurde er in der Werbung praktisch kaum erwähnt.

Bald darauf wurde Anthony von Regisseur Vincente Minnelli für die Rolle des weltbekannten französischen Malers Paul Gauguin in der aufwendigen MGM-Filmversion des gleichnamigen Bestseller-Romans von Irving Stone *Lust for Life/Vincent van Gogh – Ein Leben in Leidenschaft* engagiert. Quinn arbeitete hier wieder mit Kirk Douglas, der aus verschiedenen Gründen die Hauptrolle bekam. Einer davon mag die Ähnlichkeit mit dem Selbstporträt van Goghs gewesen sein. Quinn hat seine Anstrengungen, die er unternahm, um den größtmöglichen Realismus zu erreichen, so begründet: »Es ist nicht wahr, daß ich eine Rolle oder einen Charakter auf mich zurechtbiege. Ich muß mich in den Part hineindenken. Ich weiß, was Schauspieler, Produzenten und Regisseure über mich sagen. Sie sagen, ich bin grob, ungehobelt, selbstsüchtig ... und furchtbar jähzornig. Aber in mir müssen die Dinge gären. Da kommt manches langsam, aber ich muß den Charakter, den ich darstellen soll, ganz auseinandernehmen. Ich bin dafür verantwortlich, wie er läuft, aussieht, handelt und spricht. Das kann ich nicht mit mir alleine abmachen, denn ich langweile mich mit mir allein. Es muß einfach von außen kommen, denn sonst wäre ich ja wie eine Hyäne und fräße meine eigenen Eingeweide.«

Als französischer Maler Paul Gauguin in ›Lust for Life/Vincent van Gogh – Ein Leben in Leidenschaft‹, 1956, bekam Anthony Quinn seinen zweiten Oscar – wieder für die beste Nebenrolle.

Ein andermal definierte Quinn seinen Beruf, den er natürlich als Berufung ansieht, so: »Ich bin Schauspieler, weil ich innerlich eine bessere Welt vor mir sehe, weil ich dem Publikum sagen will: Seht her, die ihr da bequem in euren Stühlen sitzt, das

Katherine DeMille und Anthony Quinn bei der Oscar-Verleihung 1957.

ist die Wirklichkeit, das seid ihr! Ich will ein gefährlicher Schauspieler sein, ich will die Spießer zur Wahrheit aufrütteln.«

Freilich – gerade zu diesem Thema ist Anthony Quinn immer wieder von enormen Zweifeln geplagt worden: »Egal, ob ich nun ein guter Schauspieler bin oder nicht, ob ich gut aussehe oder nicht – wenn man sich überwinden muß, entsteht mehr Spannung. Ein scheuer Mann, ein Mann mit verletzten Gefüh-

Mit Katy Jurado in ›The Man from Del Rio/Der Mann von Del Rio‹, 1956.

len, ist ein besserer Schauspieler, weil er sich mehr abverlangen muß. Auch Ernest Hemingway fand, daß ein Stierkämpfer, der Angst hat, der beste ist.«

Und als es wieder einmal um seine Rolle in *Lust for Life/Vincent van Gogh – Ein Leben in Leidenschaft* ging, betonte er: »Als Gauguin hatte ich viel mehr zu tun, als nur Bilder in der Gegend herumzutragen.«

Anthony Quinn ist in dem Film ganze sechs Minuten als Gauguin zu sehen, und seine Rolle ist wohl eine der kürzesten, die je mit einem Oscar augezeichnet wurden. Bei der Verleihung des Academy-Award sagte er: »Auch auf die Gefahr hin, mißverstanden zu werden, möchte ich hier sagen, daß die Schauspielerei für mich nie ein Wettstreit mit meinen Kollegen gewesen ist. Es war vielmehr immer nur ein Kampf mit mir selbst. Und ich danke Ihnen allen, daß Sie mich diesen Kampf gewinnen ließen.«

Dann fügte er noch hinzu, daß er jede ausgefallene Rolle gerne spielen würde, auch wenn andere Schauspieler einen weit größeren Part in dem Film hätten.

Eine dieser ausgefallenen Rollen hatte er in *Man from Del Rio/Der Mann von Del Rio.* Später meinte Quinn über die Figur des mexikanischen Revolverhelden Dave Robles, daß ihm diese Rolle eine seiner liebsten gewesen sei. Der dunkelhäutige Mexikaner, der sich am Ende als Held erweist, ist für die braven Bürger einer texanischen Grenzstadt nur ein lästiges Mittel zum Zweck. Er soll ihnen mit dem schnellen Colt die Banditen vom Hals halten, aber als weiße, rassebewußte Nordamerikaner meiden sie seine Gesellschaft wie der Teufel das Weihwasser. Drehbuchautor Richard Carr hat sich deutlich von dem Western-Klassiker *High Noon/Zwölf Uhr mittags* inspirieren lassen, doch sein Film ist eine intelligentere Variante.

Das stellte auch die deutsche Kritik in den Vordergrund: »Die West-Sage vom Revolverhelden, der seines Könnens überdrüssig geworden ist, der gar zu gerne den Colt mit dem Hammer des biederen Hausvaters vertauschen möchte – und dann doch wieder zum Schießprügel greifen muß –, ist nicht neu.« Doch die Umsetzung des Themas wurde ebenso wie die schauspielerische Leistung gewürdigt: »Gewiß ist der Film hart, an einigen Stellen sogar zu hart. Aber er hat in seiner Art Format ... Die Kamera bricht aus der platten Fotografierroutine aus ...« Und: »Der Mann von Del Rio ist in Ordnung. Mit ihm sind Spannung und Aktion im Bunde – und was sonst noch im Schatten des großartigen Anthony Quinn schießt, rauft und liebt, hat redlichen Anteil am Gelingen dieses Films.« (*Kölner Rundschau,* 1958)

In Quinns wechselhafter Karriere folgte *The Wild Party/Wilde Nacht* und *The Ride Back/Der Ritt zurück,* der dem Fernsehstück The Long Trail, in dem Anthony Quinn kurz zuvor ge-

In ›The Man from Del Rio/Der Mann von Del Rio‹, 1956, wird Anthony Quinn vom Revolverhelden zum Sheriff der Stadt befördert.

spielt hatte, geradezu verblüffend ähnlich war. Zweifelsfrei war Quinn jetzt auf dem besten Weg, ein international anerkannter Top-Star zu werden. Zweimal war er für relativ kleine Rollen

Mit Lita Milan in ›The Ride Back/Der Ritt zurück‹, 1957.

mit dem Oscar ausgezeichnet worden, und seine fulminante Darstellung des großen Zampano in *La Strada/Das Lied der Straße* war besonders beim europäischen Kinopublikum noch lebhaft in Erinnerung.

Nach gut zwei Jahrzehnten spielte Anthony Quinn erstmals in einer französischen Produktion, in *Notre-Dame de Paris/Der Glöckner von Notre-Dame.* Der Film lief deshalb unter dem »Notre-Dame«-Titel, weil RKO-Pictures in Amerika immer noch weltweit die Filmrechte an dem Originaltitel hielt.

Doch anfangs sah die Sache nicht gut aus. Denn als Anthony Quinn den einäugigen, vernarbten, verwachsenen Quasimodo spielen sollte, wurde er krank. Wie sich im nachhinein herausstellen sollte, empfand er die faszinierende Figur nicht nur als Herausforderung, sondern lebte sich auch noch so sehr in die Gestalt des Monstrums ein, daß es auch nach außen hin deutlich sichtbar wurde. In seinem Buch *The Original Sin/Der Kampf mit dem Engel* hat er festgehalten, was ihm 1956 vor den Dreharbeiten fast um den Verstand gebracht hätte: »Auf dem Schiff nach Europa hatte ich schlechten Fisch gegessen und mir eine fürchterliche Allergie eingehandelt. Mein Gesicht war bis zur völligen Unkenntlichkeit angeschwollen. Ich sagte dem Produzenten, daß möglicherweise der Termin platzen könnte. Sie holten mich in Le Havre vom Schiff ab, um sich zu vergewissern, daß

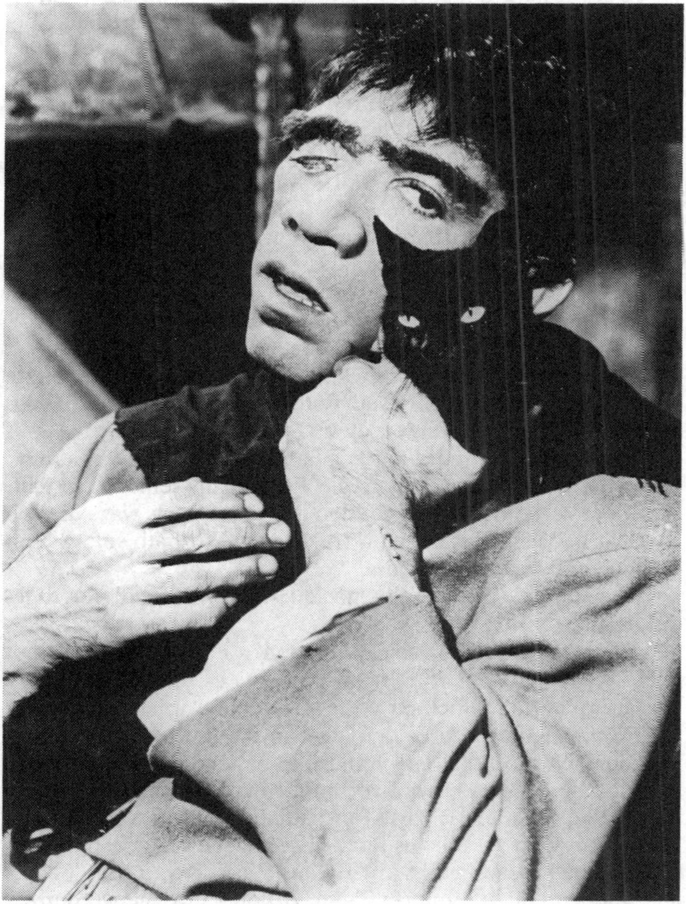

Das Monster Quasimodo! 1957 in ›Notre-Dame de Paris/Der Glöckner von Notre-Dame‹.

ich nicht vorhatte, mich aus der Verpflichtung herauszureden. Sie waren über meinen Anblick bestürzt und mußten mich an den Gesundheitsbehörden vorbeischmuggeln. Denn ich sah aus, als hätte ich eine ansteckende Krankheit.«

Als sie in Paris ankamen, mieteten sie Quinn eine Dachkammer in einem der besten Hotels. Sie riefen sämtliche Hautspezialisten Europas an, um eine Diagnose seines Zustandes zu bekommen. Alle möglichen Tests und Behandlungen wurden ausprobiert, von der Röntgentherapie bis zum Abschmirgeln seiner Haut, doch alles ohne Erfolg.

Anthony Quinn: »Ich lebte in meiner Mansarde mit einer Seidenmaske über dem Gesicht und ließ keinen Menschen zu mir.«

Die weibliche Hauptrolle spielte Gina Lollobrigida, die nicht zuließ, daß die Produzenten seinen Part neu besetzten.

Wochenlang hockte er in dieser Dachkammer, das Gesicht unter der Maske verborgen: »Ich saß nur noch da und starrte in den Himmel über Paris, überzeugt davon, an einer merkwürdigen unheilbaren Krankheit zu leiden.«

Die Produzenten stöberten einen Homöopathen als letzte Rettung auf. Der Spezialist saß hinter seinem Schreibtisch: »Also, Mister Quinn, wo fehlt es denn?«

Als ob das nicht jeder hätte sehen können! Anthony Quinn war wütend und deutete auf die Flecken in seinem Gesicht. Doch der Arzt zuckte nur mit den Achseln, so als wäre dies eigentlich nebensächlich. Dann fragte er: »Weshalb sind Sie eigentlich in Paris, Mister Quinn?«

»Ich wollte hier einen Film machen«, antwortete dieser ungeduldig.

»Ja, und was wollten Sie da spielen?« hakte der Mediziner nach.

»Ich sollte den Glöckner von Notre Dame spielen«, knurrte Quinn ungehalten, da er den Arzt in diesem Moment haßte, weil der sich wie ein alter Filmhase zu benehmen begann.

»Na, also«, kam es jovial-verbindlich von dem Doktor, »jetzt wissen Sie, wie man sich als Monstrum fühlt, nicht wahr?« Dazu lachte er. »Und weil Sie es jetzt wissen, gehen Sie nach Hause, waschen sich das Gesicht mit Evians-Wasser ab und reiben es anschließend mit kampferhaltigem Alkohol ein. Sie werden sehen, in wenigen Tagen sind Sie wieder gesund.«

Der Arzt behielt recht. Denn dieser Mann hatte intuitiv be-

Mut zur Häßlichkeit bewies Anthony Quinn in der Rolle der romantischen Schauerfigur Quasimodo in ›Notre-Dame de Paris/Der Glöckner von Notre-Dame‹, 1957.

griffen, daß sich Anthony Quinn zu sehr in die Rolle des Quasimodo hineingelebt hatte. Als auch dem Schauspieler die psychologische Ursache klar geworden war, konnte er den Quasimodo problemlos spielen – und wie er ihn spielte! Er brachte das

Kunststück fertig, diesem Monstrum trotz seines überzeugend schrecklichem Äußeren einen Zug von Menschlichkeit zu verleihen.

Um den buckligen, einäugigen Quasimodo, der sich hoffnungslos in die schöne, junge Zigeunerin Esmeralda verliebt, möglichst als Ausbund an Häßlichkeit herzurichten, wurde Anthony Quinn ein recht bizarres Make-up mit einem 25 Pfund schweren Buckel, falschen Zähnen und einer falschen Nase verpaßt. Sein Körper wurde durch orthopädische Stützen gekrümmt, und in jedem der Schuhe waren fünf Pfund schwere Gewichte eingearbeitet

Anthony Quinns grandiose Darstellung des Quasimodo brachte dem Film ebenso wie die schauspielerische Leistung von Gina Lollobrigida als verführerische Esmeralda rundum hohes Lob ein. Die Kritik verglich Quinns Darstellung mit der von Lon Chaney 1923 und der von Charles Laughton 1940 und kam zu dem Schluß: »Er spielt den Quasimodo mehr bemitleidenswert und weniger als ein Monster.«

Als Ende 1957 Cecil B. DeMille daran ging, *The Buccaneer/König der Freibeuter* mit Charlton Heston und Yul Brynner als Musical zu verfilmen, erklärte DeMille seinem Schwiegersohn, zu dem sich im Laufe der Jahre sowohl die familiären wie auch die beruflichen Beziehungen deutlich gebessert hatten, daß er nicht beabsichtige, bei diesem Projekt selbst Regie zu führen. Yul Brynner war bereits gefragt worden, ob er außer der Hauptrolle nicht auch noch die Regie übernehmen wolle. Doch er hatte abgelehnt.

Quinn schlug gesprächsweise vor, doch seinen Freund Budd Boetticher zu engagieren, doch DeMille konterte mit dem Angebot, er solle den Regiestuhl übernehmen. Später wurde die Idee, die Abenteuergeschichte in ein Musical umzufunktionieren, fallengelassen, und ein Kritiker bezeichnete das, was dann dabei herauskam, als »eine Abenteuer-Story ohne Abenteuer«.

Nach dem Vorspann erscheint auf der Leinwand ein freundlicher, älterer Herr und gibt dem hochverehrten Publikum ein paar einführende Worte mit auf den Weg: Cecil B. DeMille. Er zeichnet für die Gesamtleitung in diesem – seinem letzten Film – verantwortlich, der allemal noch die echten DeMille-Ausmaße hatte: Fünf Millionen Dollar Herstellungskosten (damals über 20 Millionen Mark) sowie Tausende von Mitwirkenden.

Anthony Quinn in den sechziger Jahren.

Vom Inhalt her ist *The Buccaneer/König der Freibeuter* ein Epos der frühen Geschichte der Vereinigten Staaten, als die Amerikaner ihre eben erst gewonnene Unabhängigkeit gegen die Engländer verteidigen mußten. Nachdem Starpirat Jean Lafitte erstens einen Blick auf die amerikanische Unabhängigkeitserklärung und zweitens auf die Gouverneurstochter geworfen hat, ist er entschlossen, ein anständiger Mensch zu werden, und das heißt in diesem Falle, Amerikaner. Zwar versuchen die New Orleans belagernden Briten den Staatenlosen mit Gold zu kaufen, aber der schlägt sich mit Pulver, Feuersteinen und Mannschaft auf die Seite des Bilderbuch-Generals Jackson. Schulter an Schulter mit dem Patrioten gewinnt er die Entscheidungsschlacht und wäre um ein Haar gesellschaftsfähig geworden, wenn da nicht unverhofft ein von seinen Leuten versenktes Schiff aufgetaucht wäre. Danach freilich bleibt ihm nichts anderes übrig, als blutenden Herzens und unerlöster als weiland der Fliegende Holländer aufs neue die Segel zu hissen.

Die *Süddeutsche Zeitung* nannte dies 1959 »alles eine traurige Ballade – fürwahr. Von Quinn als Kolossalgemälde in jenem Geist inszeniert, den man bei uns friederizianisch nennt.«

Der Schauspieler hat seine erste Regiearbeit so verteidigt: »Um Atmosphäre zu schaffen, habe ich versucht, die Action-Szenen etwas in den Hintergrund treten zu lassen, um dafür die Charaktere mehr hervorzuheben.«

Jedoch – allzuviel Einfluß scheint Anthony Quinn unter der Oberhoheit des alten Hollywood-Zaren DeMille nicht gehabt zu haben, denn: »Ich habe lediglich die Kameras aufstellen lassen und gesagt ›Fahrt sie‹. Darüber hinaus hat man mir nicht einmal Zutritt zum Schneideraum gestattet.«

Dem fügte Anthony Quinn prinzipiell Essentielles hinzu: »Das Filmgeschäft ist wohl das einzige, in dem der Geldgeber seine Investitionen fünfzigfach zurückhaben möchte. Bekommt er es nicht, so spricht er von einem Flop.«

Wenngleich auch unter erheblichem Murren, so erhielt Anthony Quinn von zahlreichen Kritikern doch Lob für die künstlerische Gestaltung der Kampfszenen. Quinn: »Ich hüllte die ganze Schlacht um New Orleans in künstlichen Nebel und brauchte deshalb nur fünfunddreißig Statisten. Das sind die wenigen Passagen in dem Film, in denen ich meine Kreativität ausdrücken konnte. Und ich glaube, das ist mir auch gelungen.«

Was die amerikanische Klatschkolumnistin Sheilah Graham am 11. Oktober 1957 zu einem bissigen Artikel mit der Schlagzeile veranlaßte: »Anthony Quinn hat sich als Schauspieler zurückgezogen.«

Denn er hatte auch zu selbstsicher getönt: »Nach über siebzig Filmen habe ich das Herumgehopse vor der Kamera satt. Ich finde es interessanter und aufregender, Regie zu führen. Ich habe noch zwei weitere Aufträge dieser Art in petto, und es müßte schon ein ganz außergewöhnliches Angebot kommen, um mich noch einmal zur Schauspielerei zu bewegen.«

Die Branche vernahm die Kunde wohl – allein ihr fehlte der Glaube.

Wie sich herausstellen sollte, zu Recht. Denn über die beiden Regieaufträge für Anthony Quinn breitete sich schnell der Nebel des Vergessens, schneller noch, als Quinn ihn in seinen Schlachtszenen heraufziehen ließ.

Endgültig Karriere

Als Anthony Quinn bereits kurz darauf zur Schauspielerei zurückkehrte und in rascher Folge *Wild is the Wind/Wild ist der Wind* mit Anna Magnani, *Hot Spell/Hitzewelle* und *Black Orchid/Die schwarze Orchidee* mit Sophia Loren drehte, kam die öffentliche Häme wie ein Sturmwind. »Mißerfolg scheint wohl ein sehr starker Beweggrund zu sein, um doch wieder vor die Kamera zu gehen«, ätzten die Schreiber unisono.

Dabei war er in diesen drei Filmen hervorragend, ja geradezu in Hochform, was auch die Kritik rundum anerkannte. Dieter

Quinn in ›The Black Orchid/Die schwarze Orchidee‹, 1959. Für die Rolle der Rose Bianco wurde Sophia Loren (vorne rechts) mit dem Preis der Filmfestspiele in Venedig als Beste Darstellerin ausgezeichnet.

Für ihre hervorragende Darstellung in ›Wild Is the Wind/Wild ist der Wind‹, 1957 (Regie: George Cukor) wurden sowohl Anna Magnani als auch Anthony Quinn für den Oscar nominiert.

Krusche im *Filmforum*, 1959: »Anthony Quinn als typisch liebevoller und liebenswerter Gino bot eine vollendete Studie ausgefeilter und wohldosierter Schauspielkunst und gab durch seine menschliche Interpretation dem Film über weite Strecken menschliche Bedeutsamkeit.«

Wild is the Wind/Wild ist der Wind war für die Italienerin An-

Mit Dolores Hart in ›Wild Is the Wind/Wild ist der Wind‹, 1957.

na Magnani der zweite ihrer insgesamt drei amerikanischen Filme, und die Oscar-Preisträgerin wurde erneut für den Academy-Award vorgeschlagen. Ebenso Anthony Quinn, der diesmal für die begehrte Trophäe als bester Hauptdarsteller nominiert wurde – sie aber nicht bekam. In *Hot Spell/Hitzewelle* spielte er mit Shirley MacLaine und in *Black Orchid/Die schwarze Orchidee* mit Sophia Loren. Die melodramatische, aber psychologisch verbrämte Geschichte, deren hoher moralischer Rang dem Film gewiß die Zustimmung aller konfessionellen Filmbehörden sicherte, wurde auf der Biennale in Venedig als Beitrag Hollywoods präsentiert – Sophia Loren wurde als beste Darstellerin ausgezeichnet.

Den Cineasten blieb nicht verborgen, daß Anthony Quinn hier weitgehend nur seine Rolle aus *Wild is the Wind/Wild ist der Wind* als Alltagsamerikaner mit inneren Konflikten rekapitulieren mußte. Dazu die *Filmkritik,* 1959: »Einen gewissen Reiz gewinnt der Film durch Anthony Quinn, und die Loren zeigt immerhin weniger Sex und mehr Talent, als man von ihr gewohnt ist.« Ihre Darstellung wurde auch in anderen Kritiken, ebenso wie die Regie von Martin Ritt gelobt: »In Sophia Loren hat er (der Regisseur) dabei eine Schauspielerin, die vom einstigen Kurvenstar nichts, aber auch nichts mehr ahnen läßt. Zart, herb, bitter und stolz sagt sie oft mit einem nur angedeuteten Lächeln mehr aus, als früher in einem ganzen Film.«

Für Anthony Quinn folgte *Last Train from Gun Hill/Der letzte Zug von Gun Hill* von John Sturges – ein lebendiger, und voll-

Auf dem Weg zum Show-Down: Anthony Quinn und Partner in dem John Sturges-Western ›Last Train from Gun Hill/Der letzte Zug von Gun-Hill‹, 1959.

endeter Western. Es ist eben einfach großartig gemacht, wenn Sheriff Kirk Douglas mit Handschellen einkassieren geht und dann im Hotel belagert wird. Die Spannung, die im Hintergrund die große Frage nach dem Gesetz beinhaltet, wächst von Minute zu Minute, und die Überraschungen knallen nur so durch die Gegend wie die zahlreichen Pistolenkugeln. Dann fährt der einsame Sheriff auf den Schienen eines unerbittlichen Gesetzes fort: Kein Gericht wird mehr zusammentreten, denn die Waffen haben bereits entschieden.

Dieser spannende Western wurde mit einem Seitenblick auf die Rassenprobleme der USA (und nicht nur Amerikas) gedreht: Zwei betrunkene junge Männer, Sohn und Angestellter eines reichen und einflußreichen Viehzüchters einer Grenzstadt, vergewaltigen und ermorden eine Indianerin. Wahrscheinlich wäre ihnen – der Film spielt gegen Ende des vorigen Jahrhunderts – nicht viel passiert, wenn die Tote nicht die Frau

Dorothy Malone, Anthony Quinn und Henry Fonda in ›Warlock/Der Mann mit den goldenen Colts‹, 1959.

eines Weißen und eines Sheriffs obendrein gewesen wäre. Obwohl sich eine ganze Stadt hinter die Mörder stellt, müssen sie für ihre Tat büßen. Das *Filmecho,* 1960: »Der farblich ausgezeichnete Film gehört zur besseren Hälfte seines Genres. Kirk Douglas hat alle Sympathien auf seiner Seite. Anthony Quinn erhielt die allgemein gültige Rolle als Vater des jungen Cowboys, der nicht die Kraft aufbringt, sich gegen seinen mißratenen Sohn zu stellen.«

Der nächste Western *Warlock/Der Mann mit den goldenen Colts* von Edward Dmytryk war mit Stars förmlich überladen: Henry Fonda, Richard Widmark, Dorothy Malone. Die Besonderheit an *Warlock/Der Mann mit den goldenen Colts* war jedoch der psychologische Aufbau mit homosexuellen Untertönen; Quinn spielt darin einen blonden Krüppel, der um die von Henry Fonda dargestellte Figur in einer eher nebulösen Beziehung herumscharwenzelt.

Dennoch lief der Film in den deutschen Kinos mit außerordentlichem Erfolg an, was er sowohl seiner Starbesetzung sowie seiner Spannung verdankte. Alvin H. Marill in *The Films of Anthony Quinn:* »Warlock bewegte sich mehr in jenen Schattenregionen, die das Publikum zu akzeptieren noch nicht bereit war, speziell nicht im konventionellen Reich des Bilderbuch-Western, und Quinns dahinschleichende Darstellung eines Mannes, der im Innersten verletzt ist, wurde vom Publikum ziemlich ablehnend aufgenommen.«

Anders im deutschen Sprachraum: *Der neue Film,* 1959, lobte: »Immerhin erreicht die Regie Edward Dmytryks eine starke Faszination, wobei sie sich vornehmlich auf die überragenden Schauspieler verläßt, von denen Richard Widmark seinem Hilfssheriff kalte Intensität, Henry Fonda seinem Revolverhelden beinahe melancholische Gelassenheit und Anthony Quinn dem Barbesitzer den brennenden Ehrgeiz des Verkrüppelten gibt.«

Gleich danach arbeitete Quinn wieder mit George Cukor und erneut mit Sophia Loren. *Heller in Pink Tights/Die Dame und der Killer* war übrigens das letzte Drehbuch, das Dudley Nichols schrieb und hat die Geschichte der amerikanischen Schauspielerin Adah Isaacs Menken, die im Wilden Westen mit einer Wanderbühne durch die Lande zog, zum Inhalt. Quinns Rolle ist die eines meist übel gelaunten Theatermanagers, der seine Schau-

Als Manager einer Schauspieltruppe im Wilden Westen: Anthony Quinn und Partner in ›Heller in Pink Tights/Die Dame und der Killer‹, 1960.

spieltruppe zusammenhalten muß. Obwohl für diesen Film seitens der Regie viel Sorgfalt aufgewandt wurde und auch die schauspielerischen Leistungen sehr gut sind, fand er beim breiten Publikum kaum Beachtung.

Quinn als Hausarzt eines reichen Reeders, der seinen Patienten ermordet. Mit Sandra Dee in ›Portrait in Black/Das Geheimnis der Dame in Schwarz‹, 1960.

In *Portrait in Black/Das Geheimnis der Schwarzen Dame* waren nach zwei Jahrzehnten die Schauspielkollegen der alten Paramount-Crew wieder zusammen: Lloyd Nolan und Anna May Wong, mit denen Anthony Quinn zu Beginn seiner Karriere mehrfach vor der Kamera gestanden hatte. Der Streifen ist das, was die Amerikaner ebenso elegant wie zutreffend als Soap-opera bezeichnen – Quinn als Hausarzt eines bettlägrigen Reeders, dessen Gattin (Lena Turner) ihn dazu bringt, ihren Mann zu ermorden.

In der englisch-italienisch-französischen Co-Produktion *The Savage Innocents/Im Land der langen Schatten* hatte dann Anthony Quinn eine seiner ungewöhnlichsten Rollen als Eskimo Inuk, der auf der Suche nach einer passenden Frau ist. In der filmischen Umsetzung von Hans Rueschs berühmten Roman »Im Land der langen Schatten« waren alle guten Ingredienzien eines Publikumfilms vereint: interessante Landschaft und Folklore, ein im Grunde genommen zwar einfaches, aber in der gezeigten Variante fesselndes menschliches Thema, große Schauwerte und beachtliches schauspielerisches Können.

Die deutsche Kritik fühlte sich herausgefordert: »... beschleichen den Kritiker ziemlich zwiespältige Empfindungen, denn hier wohnt das Treffliche und das Gekonnte ganz nahe neben offensichtlichem Versagen. Das liegt aber nicht an dem Eskimo Anthony Quinn, der eine bemerkenswerte schauspielerische Leistung liefert, obwohl er – physisch gesehen – gegen seinen Typ anspielen muß. Es liegt eher in dem Bestreben von Nicholas Ray, die Realität mit etwas Hollywood-Glamour aufzuhellen.«

Variety hingegen wies lediglich auf den sparsamen Dialog hin, der »durch das Pidgin-Englisch mit Eskimosprache von Anthony Quinn akzentuiert wurde«.

Dann kehrte Anthony Quinn wieder für kurze Zeit zur Bühne zurück. Am 5. Oktober 1960 hatte er mit Laurence Olivier am Broadway in dem Jean Anouilh-Stück *Becket* Premiere. Quinn als König Heinrich II. und Olivier als Kirchenfürst Thomas A. Becket, der 1170 ermordet worden war. Später gab Quinn in einem Interview offen zu: »Sir Laurence Olivier spielte mich glatt an die Wand, aber das war gut für mich. Dieser Mann ist einer meiner Giganten, an denen ich wuchs. Ich hoffe auch, in meinem weiteren Leben noch Giganten herauszufordern.«

Weil Produzent Sam Spiegel Anthony Quinn für die Rolle des hakennasigen Stammesfürsten Auda Abu Tayi in *Lawrence of Arabia/Lawrence von Arabien* unbedingt haben wollte, kaufte er den Kontrakt, und Quinn verließ die Bühne am 25. März

1961. Dann übernahm Sir Laurence Olivier die Rolle des Königs und Schauspielkollege Arthur Kennedy, mit dem Anthony Quinn schon mehrmals zusammen gespielt hatte – und auch noch spielen sollte – die Titelrolle des Kirchenfürsten.

Später kam auch Arthur Kennedy zu den Dreharbeiten von *Lawrence of Arabia/Lawrence von Arabien.* Er erinnert sich an folgende für das Wesen und den Charakter von Quinn sehr bezeichnende Episode, die sich an einem drehfreien Nachmittag ereignete.

»Wir waren in das Atlas-Gebirge gefahren und kamen im Berber-Gebiet in eine kleine Stadt. Ich glaube, in diesem Dörfchen hatten sie nicht einmal ein Radio, und ich bin sicher, daß niemand Tony dort kannte oder schon jemals von ihm gehört

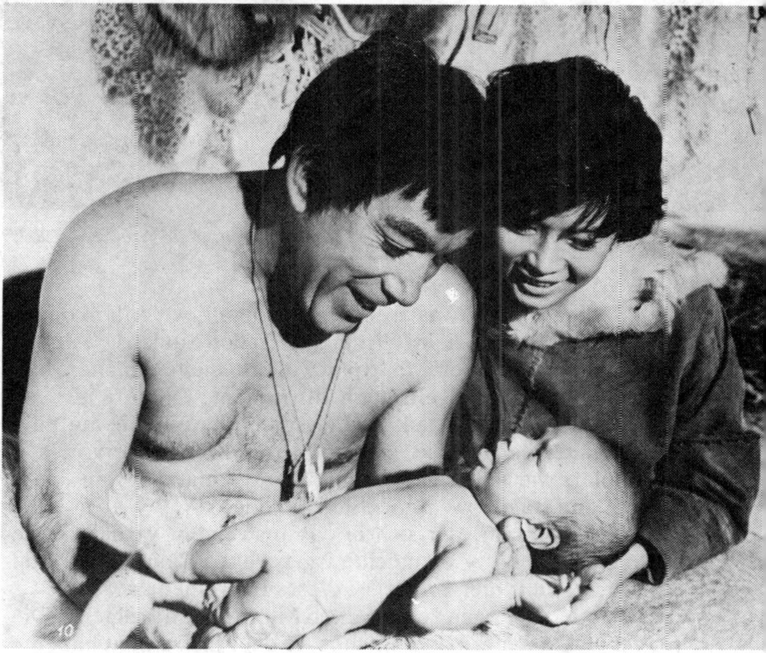

Eskimo Anthony Quinn mit Frau (Yoko Tani) und Kind in ›The Savage Innocents/Im Land der langen Schatten‹, 1960.

Mit Peter O'Toole in ›Lawrence of Arabia/Lawrence von Arabien‹, 1962.

hatte. Aber er hat etwas an sich, das überall, wo er hinkommt, sofort die Menge anzieht. Wir gingen in den Souk, die Altstadt mit einem malerischen Marktplatz. Dort spielte ein alter, blinder Mann auf einem seltsamen Instrument. Es hatte nur eine Saite, einen Lederriemen, und er spielte darauf wie auf einer Fiedel und brachte die eigenartigsten Klänge hervor. Der Marktplatz war voller Leute, und irgend jemand drehte sich zu uns um und fragte: ›Was möchten Sie denn?‹«

Anthony Quinn, der sich in das Instrument verliebt hatte, sagte so beiläufig: »Ich möchte irgend etwas kaufen, aber das einzige, was mir hier gefällt, ist dieses Instrument.«

Die anderen gingen zu dem alten Mann hin und sagten: »Dieser verrückte Amerikaner da möchte dein Instrument haben.«

Der alte Mann entgegnete: »Aber ich habe es mein ganzes Leben lang gehabt. Ich will es nicht verkaufen, ich lebe doch davon.« Da begannen sie alle auf den Musikanten einzureden. »Das ist ein reicher Amerikaner«, versuchten sie ihn zu überreden. »Der zahlt alles, was du verlangst. Verlang doch ...« und sie rieten ihm zu zweiundzwanzigtausend oder noch mehr Dinaren, und es machte in der Umrechnung etwa 35 Dollar aus.

Der alte Mann beharrte: »Nein, er kann doch nicht so verrückt sein und soviel dafür bezahlen.«

Das alles wurde Anthony Quinn übersetzt, der beifällig nickte: »Natürlich gebe ich ihm 35 Dollar dafür.«

Er zog das Geld aus der Tasche, ging auf den Mann zu, und hielt ihm die Scheine hin: »Hier ist das Geld. Wollen Sie es?«

Mit Omar Sharif in ›Lawrence of Arabia/Lawrence von Arabien‹, 1962. Die Sam Spiegel-Produktion wurde mit sieben Oscars ausgezeichnet.

»Aber in diesem Moment«, so Quinn, »fühlte ich mich unbehaglich, denn plötzlich wollte ich das Instrument gar nicht mehr. Der Mann verdiente damit seinen Lebensunterhalt, und irgendwie spürte ich, wie sehr er es liebte. Insgeheim hoffte ich, er würde nun ›Nein‹ sagen. Ja, ich hoffte wirklich, daß er stark genug wäre ›Nein‹ zu sagen.«

Aber die vielen umstehenden Leute redeten auf ihn ein und erzählten ihm, er wäre ein Narr, wenn er das gebotene Geld nicht annehme. Dafür könne er sich doch spielend ein neues Instrument machen.

Nach einigem Zögern übergab der alte Mann das Instrument, und Anthony Quinn gab ihm das Geld: »In diesem Moment hatten wir die Achtung voreinander verloren. Es ist aber für mich sehr wichtig, nicht nur die Achtung vor sich selbst, sondern auch gegenüber anderen zu bewahren.«

Deshalb lief Quinn gleich hinter ihm her und rief: »He, kommen Sie zurück! Hier haben Sie Ihr Instrument wieder.« Doch der Mann sagte: »Ich will lieber das Geld behalten.«

Da behielt Anthony Quinn die Fiedel. »Aber ich war traurig, obwohl ich den Mann verstand.«

Nachdem die wenigen Szenen von Quinns kurzer, aber deshalb nicht minder eindrucksvollen Rolle des arabischen Stammesfürsten in *Lawrence of Arabia/Lawrence von Arabien* abgedreht waren – Berichten zufolge soll er dafür 400.000 Dollar Gage bekommen haben –, ging er nach Griechenland, um dort in dem von Carl Foreman produzierten Abenteuerfilm *The Guns of Navarone/Die Kanonen von Navarone* mitzuwirken.

Die in diesem Film nach dem Roman von Alistair MacLean zugrunde gelegte Situation im Mittelmeer-Krieg 1943 ist folgende: Zweitausend englische Soldaten gehen auf der kleinen griechischen Insel Kheros der Vernichtung oder Gefangennahme durch die Achsenmächte entgegen, wenn nicht etwas zu ihrer Rettung unternommen wird. Die Kanonen von Navarone aber machen die Meerenge des Dodekanes unpassierbar für englische Kriegsschiffe, die den Männern Entsatz bringen könnten. Die Festung muß also zum Schweigen gebracht werden. Dieser Auftrag gilt zwar als nahezu undurchführbar, aber dennoch macht sich eine Gruppe von sechs Spezialisten in einem morschen Fischkutter auf den befohlenen Weg, den Kamera und Regie in unbarmherzigem, hartem Realismus nachzeichnen.

Als Colonel Andrea Stravos in ›The Guns of Navarone/Die Kanonen von Navarone‹, 1961.

Nur zwei Gesetze scheinen in dieser verschworenen Gemeinschaft zu gelten: Die Erfüllung des Befehles und Überleben – komme, was da wolle. In diesem Wunsch »Durchkommen« offenbart sich die stärkste Aussage dieses Films, enthüllt sich die

Sinnlosigkeit und der Wahnwitz jedes Krieges. Für Menschlichkeit bleibt kein Platz, allein der Befehl ist entscheidend. Da verrichten sechs Männer ihr aufgetragenes Werk – kalt, herzlos – fast wie Maschinen, uniformierte Roboter. Regisseur J. Lee Thompson war darauf bedacht, das unmenschliche Kriegsgeschehen über jegliches Heldentum zu stellen, um sich darüber hinaus um die Zeichnung der einzelnen Charaktere zu bemühen.

Das wurde einerseits gelobt: »Diese moderne Kriegslegende auf klassischem Boden fesselt durch die Einheit von Regie, Fotografie und Darstellung. Sie wird wohl jedem Publikum durch die Größenordnung des auf eine höhere Ebene gehobenen Reißers imponieren.« (*Film-Echo,* 1961)

Die *Süddeutsche Zeitung* war hingegen anderer Meinung: »Technisch ist das zwar alles exzellent gemacht, und das Publikum nimmt dieses Deutschen-Schlachtfest erstaunlich gelassen als Gaudi.« Doch sie kritisierte *The Guns of Navarone/Die Kanonen von Navarone* weiter: »In welchem Wildwestfilm die meisten Indianer erledigt werden, läßt sich kaum feststellen. Dies aber dürfte bislang der Film vom Zweiten Weltkrieg sein, in dem die meisten Deutschen abgeknallt werden. Sie stürzen von Felsen, purzeln von Dächern, lassen sich ins Wasser werfen oder ohne Deckung wie Hasen abschießen. Sie fallen nach vorn, nach hinten, seitwärts und benehmen sich außerdem noch wie ausgemachte Tölpel, die sich von einer Handvoll Engländern an der Nase herumführen lassen.«

Einigkeit herrschte jedoch bei den Kritikern über die darstellerischen Leistungen: »Dank so guter Schauspieler wie Gregory Peck, David Niven und Anthony Quinn wirken die alliierten Figuren einigermaßen glaubhaft.« *(Süddeutsche Zeitung, 1961)*

Während dieser Dreharbeiten hatte Anthony Quinn an Griechenland erhebliches Gefallen gefunden und einiges seiner Gage in Grund und Boden investiert: Er kaufte sich die Kleinigkeit von 600 Morgen Land auf der Insel Rhodos, und das »kleine Eigentum« bestand aus zwei Häfen und einer Landenge. Mit dieser Immobilie bereicherte er die Sammlung seiner Latifundien, die er bereits in Italien, Frankreich und an den beiden Küsten der USA hatte.

Gerade als die letzten Sequenzen für *The Guns of Navarone/Die Kanonen von Navarone* in Rhodos gedreht wurden, melde-

Colonel Stravos (Anthony Quinn) überwältigt einen deutschen Soldaten auf einem Patrouillenboot. Szene aus ›The Guns of Navarone/Die Kanonen von Navarone‹, 1961.

te sich die Dino de Laurentiis-Produktion aus Rom. Jahre zuvor hatte Quinn dort in der Cinecittà mit Filmen wie *La Strada/Das Lied der Straße* großen Erfolg gehabt. Jetzt wurde ihm die Titelrolle Barabbas aus dem gleichnamigen Roman des Schweden Pär Lagerkvist angeboten.

Bereits 1953 hatte der schwedische Regisseur Alf Sjöberg mit Ulf Palme in der Titelrolle versucht, das nobelpreisgekrönte Werk seines Landsmannes optisch auszudeuten. Zwar gelang es ihm – zusammen mit den Kameramännern Göran Strindberg und Sven Nykvist, die mit Hell-Dunkel-Kontrasten eine außergewöhnlich starke Bildwirkung erzielten –, das künstlerische Niveau der Vorlage zu halten. Doch der Film sprach nur Ästheten an und wanderte deshalb sehr schnell in die Kultkinos, weshalb er weitgehend unbekannt blieb. Jetzt aber, bei Dino de

Laurentiis 70-mm-Technirama-Produktion brach das biblische Spektakel förmlich unter dem Budget von zehn Millionen Dollar und dreißigtausend Statisten zusammen.

Quinn hingegen spielte in *Barabba/Barabbas* richtig jene unkomplizierte Reflektion eines naiven Rohlings, der – an Stelle von Christus begnadigt – sein ganzes zweifelndes Leben lang glauben will und nicht kann.

Sowohl »ein sehr fähiger Regisseur« (Richard Fleischer) als auch »eine Reihe überdurchschnittlicher Darsteller« wurden von der zeitgenössischen Kritik gelobt: »Allen voran Anthony Quinn als Barabbas. Sein schauspielerisches Können ermöglicht ihm, in schlicht-bärtiger Maske (und meist kraftprotznacktem Oberkörper) nicht nur die Kreuzigung (bei echter Sonnenfinsternis), Freudenhaus, Räuberleben, (abgewandelte) Schwefelgrube, (hinzugefügten) Gladiatorenrummel, Katakomben und Kreuzestode mit Anstand zu überstehen, sondern auch in einigen Augenblicken etwas von der elementaren Aussagekraft Lagerkvists glaubhaft zu machen.« Logische Schlußfolgerung: »Ein bohrendes Stück Weltliteratur, einem breiten Publikum (das es ja nicht mehr anders haben will) mundgerecht zuzubereiten.« (*Rheinische Post,* 1962)

In einem Gespräch hat Anthony Quinn die Rolle so beschrieben: »Ich habe versucht, in der Darstellung des Barabbas einen Gedanken aufgehen zu lassen, der mich besonders beschäftigt. Jeder von uns schuldet doch irgend jemandem irgend etwas – sei es auch nur der Dank dafür, in dieses Leben gebracht worden zu sein. Aber wir sind schließlich mit so vielen Schulden beladen, daß wir gar nicht mehr zu uns selbst finden. Barabbas indessen kannte seine Schuld und seinen Gläubiger. Er verdankt sein Leben einem anderen Menschen: ein völlig Unschuldiger war für ihn, den Gewaltverbrecher, gestorben. Von nun an bestand sein Leben aus der Qual und der Unruhe, die Wahrheit zu begreifen und in ihr Ruhe zu finden. Insofern ist Barabbas meiner Meinung nach das Drama des modernen Menschen.«

Während der Dreharbeiten zu *Barabba/Barabbas* lernte Anthony die Kostümassistentin Yolanda Addolori kennen und auch lieben, denn im März des folgenden Jahres brachte die 27jährige Italienerin einen Jungen zur Welt.

Anthony Quinn erreichte, daß das Kind in der Basilika St. Peter in Rom auf den Namen Francesco Daniele Quinn getauft

Kampf in der Arena: Titelrolle in ›Barabba/Barabbas‹, 1961.

wurde. Gegenüber den neugierigen Journalisten – er war immer noch mit Katherine de Mille verheiratet – sagte er:

»Der Junge ist mein Sohn, und ich habe ihn anerkannt. Es interessiert mich nicht, wie und was die Leute darüber denken. Ich möchte lediglich, daß mein Kind geliebt wird und will vor allem nicht, daß er mit vierzig einen Psychoanalytiker braucht (wie Quinn selbst, A. d. A.), weil er glaubt, ein ungewolltes Kind zu sein. Ich möchte, daß er meinen Namen trägt, und er wird dieselbe Liebe und Aufmerksamkeit erhalten wie alle meine anderen Kinder.«

Welterfolg als Grieche

In die Vereinigten Staaten zurückgekehrt, übernahm Anthony Quinn die Hauptrolle des Boxers Mountain Rivera in *Requiem for a Heavyweight*/*Die Faust im Gesicht*. Der deutsche Verleihtitel spielt fraglos und nicht einmal ungeschickt auf den so erfolgreichen Columbia-Film *Die Faust im Nacken* (Originaltitel *On the Waterfront,* mit Marlon Brando) an, der seinerzeit eine sozialkritische Anklage gegen die Auswüchse in den amerikanischen Gewerkschaften war.

Auch dieser Film hat ein sozialkritisches Thema: Er enthüllt schonungslos die skrupellosen Machenschaften amerikanischer Boxsport-Manager und schildert die Misere eines Schwergewichtlers, der einmal »Nummer 5« in der Weltrangliste war und nun nach siebzehn Jahren zermürbender Ringschlachten infolge einer Augenverletzung am Ende seiner Laufbahn ist. Er hat die Zeichen der gegnerischen Faust im Gesicht – während sein Manager, dem er stets blind als Freund vertraute, gleichzeitig die Faust im Nacken spürt – nämlich die gnadenlose Faust eines Gangsters und Erpressers, dem er viel Geld für eine verlorene Wette schuldet, die er gegen seinen Schützling abgeschlossen hatte.

Während der Boxer alles versucht, sein Leben neu zu gestalten und ihm das auch mit Hilfe einer idealistischen, aber schon etwas verwelkten Angestellten eines Arbeitsvermittlungsbüros fast gelingt – setzt sein gehetzter Manager alles daran, ihn als Ringer für eine Catcher-Show zu verkuppeln. Die Sache mit dem Mädchen und der reellen Arbeit geht schief – das Ganze endet mit dem Hohngelächter des Publikums, als der einst so geschätzte Schwergewichtler in der albernen Maske eines Indianerhäuptlings den Catcher-Ring betritt, um das Scheingefecht mit seinem Gegner zu beginnen.

Hatte man damals für die Schlüsselfigur von *Die Faust im Nacken* einen Marlon Brando, so fand sich für die jetzige Schlüsselfigur ein mindestens ebenso guter Darsteller: Anthony Quinn. Er wußte die Tragikomik, die in diesem umflorten Requiem auf einen Schwergewichtler in jeder Szene regiert, hervorragend herauszuarbeiten. Wie er diesen ungehobelten, tum-

In ›Requiem for a Heavyweight/Die Faust im Gesicht‹, 1962.

ben Toren mit dem reinen Herzen spielt, ist einfach großartig und erschütternd zugleich.

Auch der Vorspann bis zur Aufblendung des Titels *Requiem for a Heavyweight/Die Faust im Gesicht* ist klassisch. Kameramann Arthur J. Ornitz fotografierte den K. O. optisch aus dem verschwommenen Blickfeld des niedergeschlagenen und benommenen Boxers. Ebenso konsequent in der harten Realistik ist die Regie von Ralph Nelson.

Die Dreharbeiten zu diesem Film waren jedoch alles andere als einfach. Über die Schwierigkeiten, mit Anthony Quinn zu arbeiten, berichtete Regisseur Nelson: »Tony ist als Darsteller sehr selbstsüchtig. Er denkt nur daran, wie eine Szene ihm am besten dienlich sein kann. Gewiß, wenn er gut ist, ist er brillant. Aber er macht es allen um ihn herum sehr schwer.«

Anthony Quinn hatte dazu folgendes zu sagen: »Mich interessiert in erster Linie die Gesamtgestaltung eines Stücks. Die Atmosphäre von *Requiem for a Heavyweight* sollte wie bei einem Box-Match sein. Da muß es förmlich nach Leder und Schweiß riechen. Verläßt man diese Atmosphäre, sprich den Ring, so ergibt dies einen Mißton. Außerdem bin ich ein Schauspieler mit Methode, eine Art Virtuose, der sein Stück spielt und sich den Teufel drum schert, wenn alles um ihn herum zerbricht.«

Die deutsche Kritik war durchwegs der Ansicht, daß »dieser Film in erster Linie nur ein männliches und dem Boxsport aufgeschlossenes Publikum ansprechen wird« (*Film-Echo,* 1962). Die *Süddeutsche Zeitung* meinte: »Kein großer Film, aber in seiner Kongruenz von Anspruch und Verwirklichung eine gute, erfreuliche Leistung.«

Die amerikanische Kritik dagegen überschlug sich förmlich vor Begeisterung. Innerhalb weniger Tage hatten *Barabba/Barabbas* und *Requiem for a Heavyweight/Die Faust im Gesicht* Premiere, und die Kritiker hielten ein Festmahl beim Vergleich der schauspielerischen Leistungen. *The New Yorker:* »Quinn looks like one of the greatest actors on earth in Requiem«, und die meisten Kritiker prophezeiten dem »größten Schauspieler der Welt« für die Darstellung des Boxers Mountain Rivera einen Oscar.

Nun waren aber die Wege zu dieser begehrtesten Film-Trophäe immer schon verschlungen und wundersam – Anthony Quinn erhielt nicht einmal eine Nominierung.

Während in New York die beiden Filme mit großem Erfolg gezeigt wurden und der Start von *Lawrence of Arabia/Lawrence von Arabien* kurz bevor stand, übernahm Anthony Quinn am Broadway eine Bühnenrolle. Am 25. Oktober 1962 hatte er als Hauptdarsteller neben Margaret Leighton in *Tchin-Tchin* Premiere.

Das französische Avantgarde-Drama war von Sidney Michaels in eine dürre amerikanische Komödie umgepfuscht worden, und Quinn beklagte sich darüber in einem Interview: »Wenn ich einen Charakter verstehe, dann werde ich in der Darstellung förmlich zu diesem Menschen. Aber diesen Kerl, den ich hier spielen soll (ein gehörnter Ehemann, der mit der

Gattin des Liebhabers seiner Frau ein Techtelmechtel beginnt), existiert für mich nicht.«

Mehrfach wurde berichtet, daß Quinn die Interpretation dieses Caesario Grimaldi bei jeder Vorstellung veränderte. Und zwar von der schwachen Komödie hin zu einem düsteren Drama, und daß er wochenlang offensichtlich darüber brütete, ob er nun die Tiefe der Rolle betonen solle, indem er seinen Schnurrbart abrasiere oder nicht – was er schließlich auch tat.

Während dieses Broadway-Engagements sprach ihn der griechische Regisseur Michael Cacoyannis an. Die brillante Erzählung von Nikos Kazantzakis *Zorba the Greek* war als Filmstoff jahrelang in den verschiedenen Schubladen der Studios unbeachtet herumgelegen.

»Keiner wollte zugreifen, keiner hatte das geringste Interesse daran«, erinnert sich Quinn. »Burl Ives lehnte ebenso ab wie Burt Lancaster. Sie alle waren sich einig und meinten ›wen interessiert denn schon ein alter Mann, der sich in ein altes, abgetakeltes Weib verliebt hat.‹«

Doch Anthony Quinn dachte da anders. Ihm schien der Stoff zu gefallen, zumal er ja immer schon eine sichtliche Vorliebe für die interessanten Charaktere der Primitiven hatte.

Mit einer Empfehlung des Schauspielers machte sich Regisseur Cacoyannis auf nach Paris und kaufte dort die Filmrechte. »Wir waren alle prozentual beteiligt«, erinnert sich Quinn, »und wir hatten nur ein kleines Budget. Ich bekam weder eine Gage noch Spesenaufwand, aber dafür hatte ich eine entsprechend große Beteiligung.«

Wie mehrfach behauptet wird, soll Quinn an den Einspielergebnissen von *Zorba the Greek/Alexis Sorbas* mit gut einem Drittel beteiligt sein.

Alles schien soweit geregelt – doch kurz vor Beginn der Dreharbeiten auf Kreta reduzierte United Artists, die bislang die Finanzierung des Projektes übernommen hatte, das Gesamtbudget auf schlanke 400.000 Dollar. Dazu Quinn: »Michael war den Tränen nahe. Wir sagten denen von United Artists, daß eine Realisation nicht unter 750.000 Dollar zu machen sei. Da zogen sie ihr Geld zurück. Noch in der gleichen Nacht rief ich Darryl F. Zanuck an und erklärte ihm das Problem. Als ich ihm sagte, wieviel ich bräuchte, redete er nicht lange herum und sicherte mir zu ›Okay, du hast es!‹«

Der glatzköpfige Mongolenherrscher Kublai Khan im Gespräch mit Marco Polo. – Anthony Quinn und Horst Buchholz in ›La Fabuleuse Aventure de Marco Polo/Im Reich des Kublai Khan‹, 1965.

Durch die Finanzierungsschwierigkeiten hatte sich der Drehbeginn zu *Zorba the Greek/Alexis Sorbas* immer wieder verschoben, und Quinn arbeitete in der Zwischenzeit in der internationalen Coproduktion *La fabuleuse Aventure de Marco Polo/Marco the Magnificent/Im Reich des Kublai Khan.* Ursprünglich sollte er darin lediglich eine dreiminütige Minirolle des chinesischen glatzköpfigen Herrschers Kublai Kahn spielen. Wie Quinn selbst zu seinem Part sagte, wurde »die Rolle unglücklicherweise zu sehr überdreht, so daß sie eigentlich nicht mehr so recht zum Film paßte«.

Außerdem hatte er auch noch eine Nebenrolle in dem Fred-Zinnemann-Film *Behold a Pale Horse/Deine Zeit ist um.* Der

Streifen mit Gregory Peck und Omar Sharif nach dem Roman »Killing a Mouse on Sunday/deutsch: Komm nicht nach Pamplona« von Emeric Pressburger ist ein seltsames Dokument der Grobschlächtigkeit. *Die Zeit,* 1964, befand: »Die Provinzialität gewinnt die Oberhand und hält den Film eisern umklammert bis zum Schluß.«

Sie lobte lediglich eine Sequenz: » ... gibt es gleichwohl wenigstens eine Szene, die gut entworfen ist, und die, hätte sie ein Shakespeare in Atem gehalten, ins Große gewachsen wäre: Der Polizeichef Vinola geht in die Kirche, tritt mit ein paar brennenden Kerzen vor das Standbild der Mutter Gottes, selber ganz großflächiges, brutales, zerklüftetes Gaunergesicht (Anthony Quinn) und bittet sie darum, daß sein Rachedurst gestillt werden möge. Diese mehr ahnungslose als dreiste, aber groteske Perversion der christlichen Nächstenliebe vor dem Antlitz Mariae ist ein verblüffend dramatischer Moment.«

Weit weniger Beachtung fand Quinn in *The Visit/Der Besuch,*

Mit Ingrid Bergman in der Friedrich Dürrenmatt-Verfilmung ›The Visit/ Der Besuch‹, 1964.

in dem er das erste Mal zusammen mit Ingrid Bergman spielte. Der Film wurde ein künstlerisches und vor allem kommerzielles Desaster. Abgesehen von Bernhard Wickis unsicherer Regie war es ein entscheidender Fehler, Anthony Quinn als Serge Miller, Karlas (Ingrid Bergman) früheren Liebhaber einzusetzen. Als schwacher, wichtigtuerischer Ladenbesitzer, wirkt er absolut unglaubwürdig.

Doch diese Mißerfolge waren vergessen, als *Zorba the Greek/ Alexis Sorbas* in die Kinos kam. Weltweit wurde dieser Film, insbesondere aber die schauspielerische Spitzenleistung Anthony Quinns gelobt. Zwar hatte ein Kritiker in der US-Zeitschrift *Commonweal* richtig beobachtet: »Es ist eigentlich die gleiche Rolle, die Quinn ohnedies schon jahrelang hervorragend verkörpert, egal ob als mexikanischer Revoluzzer, französischer Maler, italienischer Kraftmensch oder als Barabbas.« Und *Newsweek* bemerkte: »Quinns Darstellung ist sehr überzeugend, kraftvoll und lebendig ..., aber wenn dieser Quinn einen Buchhalter irgendwo in Illinois spielen würde, so wäre er wohl genauso überzeugend, kraftvoll und lebendig.« Bosley Crowther nannte es »eine brillante Leistung«, Stanley Kauffmann schrieb in *The New Republic:* »Anthony Quinn spielte hier die Rolle seines Lebens«, und das *Time Magazine* schrieb über die Figur des Alexis Sorbas: »Es ist das personifizierte Feuer des Lebens, ein Stück der Sonne in der Gestalt eines Mannes.« Quinns eigener Ansicht nach »repräsentiert Sorbas jene Lebenskraft, über die George Bernhard Shaw schrieb.«

Als Vorlage für *Zorba the Greek/Alexis Sorbas* diente Regisseur Michael Cacoyannis der gleichnamige Bestseller seines Landsmannes Nikos Kazantzakis. Der englische Schriftsteller Basil (von Alan Bates mit passender Unterkühltheit und neugierigen Augen gespielt) kommt nach Griechenland, um sein Erbe, eine Braunkohlemine auf Kreta, zu übernehmen. In Piräus an der Fähre trifft er den Mazedonier Alexis Spaghetti (weil er so groß ist) California (weil er schon in Amerika war) Epidemic (weil er überall, wo er hinkommt, alles durcheinander bringt) Zorba/Sorbas, einen überschwenglichen, lebenslustigen Herumtreiber unbestimmten Alters. Sein unrasiertes, grobflächiges Gesicht über dem mächtigen Brustkorb kann ein Lächeln aufsetzen, das naiv, herzlich und spöttisch zugleich ist. Basil nimmt Sorbas mit nach Kreta, und gemeinsam werden sie Zeu-

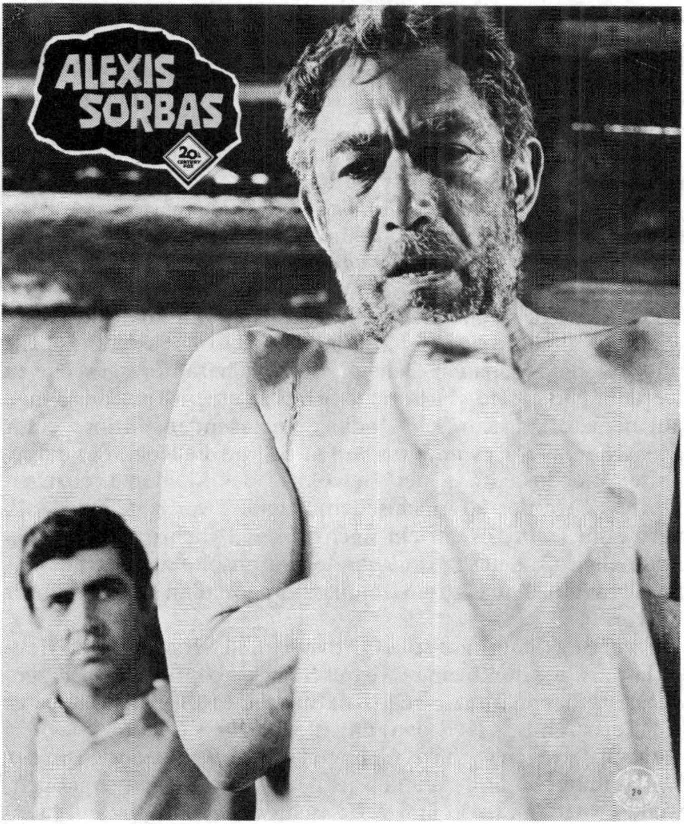

Was für ein Mann, dieser Alexis-Spaghetti-California-Epidemic-Zorba/ Sorbas!

gen der erschreckend einfältigen Bräuche der kretischen Dorfbewohner. Während Basil das alles abwartend und insgeheim kopfschüttelnd von seinem intellektuellen Podest herunter betrachtet, versucht Sorbas, ihn aus seiner Verkrampftheit zu lösen, ihn mit der »rauhen Wirklichkeit« in Kontakt zu bringen. Sorbas' handfeste Philosophie ist es, »sich mit dem Kopf voraus in die Arbeit zu stürzen, in den Wein, in die Liebe und weder

Gott noch Teufel zu fürchten«. Er ist ein unermüdlicher Optimist, voll Lebenslust, Kindlichkeit, Mut und vitaler Kraft. Das Leben hat ihn seine weisen Sprüche gelehrt. »Bücher? – das Leben schreibt viel bessere! Ein Beruf? – wozu, wenn man gesunde Arme und Beine hat!«

Doch Regisseur Cacoyannis ging es nicht nur um die Geschichte – die Gegenüberstellung des Intellektuellen und des gutmütigen Tumben, der aus allem das Beste macht –, sondern auch um das Aufzeigen der oft unverständlichen Sitten der griechischen Landbevölkerung. Bemerkenswert, welche Ausdruckskraft die Gesichter der Menschen in diesem Film haben und mit welcher Kunst sich die Kamera ihrer annimmt. Eine Kameraführung, die sich viel Zeit läßt, der Größe der Landschaft und der detailgenauen Zeichnung der Charaktere gerecht zu werden. Nur einige Male bricht sie aus zu einem Tanz der Dinge auf dem torkelnden Schiff oder zum rasenden Furioso einer Menschenjagd. Bewundernswert auch, wie die Regie der naturhaften Lebenshaltung der Bewohner des kleinen kretischen Dorfes Züge der altgriechischen Tragödie verleiht. Das Volk wird zum Chor, es spricht auch in der Synchronisation ausschließlich Griechisch und handelt in absoluter Geschlossenheit. Nur einzelne Figuren treten gewissermaßen als Chorführer hervor.

Zwei Bewohnerinnen des Ortes heben sich stark aus der Menge heraus: die durch ein bewegtes Schicksal dorthin verschlagene zerschlissene französische Kokotte (eine rührende Studie der wunderbaren Lila Kedrova) und die »Witwe« (Irene Papas).

Doch getragen wird das Gelingen des Films eindeutig von der Darstellung Anthony Quinns als Alexis Sorbas. Unvergeßlich, wenn er nach der von ihm verursachten Katastrophe mit langsam ansteigendem, ebenso breitem wie befreiendem Lachen entwaffnend prustet: »Boß, hast du schon je einmal etwas so bildschön zusammenstürzen sehen ...?« Und der Schriftsteller Basil kehrt, nachdem das Werk, das er aufbauen wollte, durch die abenteuerliche Einfalt von Alexis Sorbas zerstört ist, innerlich verändert nach England zurück. Zuvor aber tanzen sie noch gemeinsam am Strand den Sirtaki.

Der Film hinterließ – und hinterläßt immer noch – im Beschauer die Sehnsucht nach der griechischen Welt und ihrer Landschaft, mit ihren Menschen und einer Figur wie der des

Alexis Sorbas, die jeder gerne zum Freund hätte.

Zorba the Greek/Alexis Sorbas war ein Erfolg ersten Ranges, wurde mit mehreren Auszeichnungen bedacht und machte nicht nur die Musik von Mikis Theodorakis, sondern auch Anthony Quinn weltbekannt. Schon nach kurzer Zeit wurde er zum Kultfilm. Lila Kedrova bekam für die Darstellung der abgetakelten Hortense den Oscar für die beste Nebenrolle. Anthony Quinn wurde fortan immer – und wird dies auch heute noch, mehr als zwanzig Jahre danach – unter der Apostrophierung »Alexis Sorbas« gehandelt.

Nach Abschluß der zweimonatigen Dreharbeiten reiste Sorbas alias Quinn Ende Juni 1964 aus Griechenland ab und gab

›Komm, lehr mich das Tanzen!‹ – Mit Alan Bates in ›Zorba, the Greek/ Alexis Sorbas‹, 1964.

Weisung, sein Gepäck nach Amerika zu senden. Aber seine Koffer bargen nicht nur kleine Geschenke für Freunde in den Staaten, sondern auch ein paar stattliche Überraschungen für die Zollbeamten: ein Kruzifix auf einem Bronzesockel, zwei gewebte Triptycha, einen geschnitzten Holzrahmen, eine hölzerne Christusfigur, fünf Tonvasen, ein mit einem Gorgonenhaupt verziertes Holzgefäß, eine Öllampe und ein altes goldenes Schmuckstück. Die Zollabfertigung des Athener Flughafens hatte für den bekannten Schauspieler und Griechenlandverehrer leider wenig Verständnis, da die Ausfuhr von Antiquitäten aus dem Land der Hellenen strengstens verboten ist. Die Beamten schickten die Koffer mit unvollständigem Inhalt auf die Reise und übergaben die archäologischen Gegenstände den zuständigen griechischen Dienststellen zur Feststellung des Wertes wegen Festsetzung der – gewiß nicht geringen – Zollstrafe.

Hollywoods Superstar

Wenige Monate zuvor – im April 1964 – hatte Yolanda Addolori einen zweiten Sohn geboren. Anthony Quinn kaufte daraufhin eine Villa in Rom und nannte sie nach seinen Kindern »All my Children«. Er richtete das Haus mit kostbaren Antiquitäten ein.

Dann ließ er sich am 21. Januar 1965, nach mehr als 27 Jahren Ehe mit Katherine DeMille, von ihr in Juarez/Mexiko scheiden – »wegen gegenseitiger Unvereinbarkeit«, wie es so schön hieß. Abschließend sagte er über sein Leben mit der Tochter des Hollywood-Zaren: »Es war eine gute Ehe, doch ich war nie glücklich.«

Aber er sagte auch: »Ich liebe meine erste Frau Katherine als Mensch immer noch sehr. Wir haben vier Kinder. Wir respek-

Mit Kenneth J. Warren in ›A High Wind in Jamaica/Sturm über Jamaika‹, 1965.

tieren einander vollkommen. Ich finde, es ist ziemlich dumm, feindselig zu werden, nur weil man sich scheiden läßt und getrennte Wege geht. Katherine und ich gehen getrennte Wege, weil sich unsere Ziele geändert haben. Sie erwartete etwas anderes vom Leben als ich, ich respektiere ihre Wünsche und sie meine. So seltsam das auch klingen mag: Ich glaube, wir stehen uns jetzt näher als während unserer Ehe.«

Sprach's und flog wieder zu den Dreharbeiten von *A High Wind in Jamaica/Sturm über Jamaika* zurück. In diesem Film entern Anthony Quinn und Mitpirat James Coburn ein Schiff und finden sich plötzlich als Babysitter für einen Haufen Kinder wieder. Der Film wurde von den Kritikern selten einhellig verrissen, ebenso wie der folgende *Lost Command/Sie fürchten weder Tod noch Teufel,* in dem Quinn als französischer Oberst einer

Delon und Quinn in ›Lost Command/Sie fürchten weder Tod noch Teufel‹, 1966.

Mit Claudia Cardinale und Regisseur Mark Robson während einer Drehpause von ›Lost Command/Sie fürchten weder Tod noch Teufel‹, 1966.

Fallschirmspringer-Einheit, der 1954 nach Kämpfen in Indochina in Algerien eingesetzt wird, an der Seite von Alain Delon spielt.

Kurz nach Weihnachten 1965 heiratete Quinn im Hause seines Agenten, mit Sohn Cassavetes als Trauzeugen, Yolanda Addolori. Zu dieser Zeit war sie wieder schwanger, und ihr dritter Sohn Lawrence-Alexander kam im Mai 1966 in Italien zur Welt.

Nach der Hochzeit flog die Familie nach Florida, um dort zu überwintern. Quinn arbeitete dort in der Sam-Spiegel-Produktion *The Happening/Die Meute* mit Faye Dunaway. Er spielt darin einen erfolgreichen, wohlhabenden Geschäftsmann, der von einer Gruppe jugendlicher Strandgangster zum Schein entführt wird und erkennen muß, daß von all seinen Freunden und Verwandten niemand bereit ist, Lösegeld für ihn zu zahlen.

Sie ist recht amüsant und pointiert, diese Satire, in der ein paar Wohlstandsgammler Kidnapping spielen wollen und dann von ihrem Opfer gezwungen werden, aus dem fröhlich-makabe-

Der wohlhabende Geschäftsmann Delmonico ist von einer Gruppe junger Leute entführt worden. George Maharis, Anthony Quinn, Faye Dunaway und Partner in ›The Happening/Die Meute‹, 1967.

ren Scherz Ernst nach allen Regeln der Verbrecher-Kunst zu machen.

Die Kritik lobte Anthony Quinn: »Als gekidnappter Mafiosi im Ruhestand löst er sich völlig von seinem sonstigen Image des interessanten Helden in allen Lebenslagen und zeigt neues darstellerisches Profil.«

Noch während der Dreharbeiten gab Quinn bekannt, daß er an einem Drehbuch mit dem Titel *Great Guns* arbeite. Thema: Ein berüchtigter mexikanischer Revolverheld – den Quinn selbst spielen wollte – und ein sanftmütiger Milchmann, dessen Rolle der mexikanische Schauspieler Cantinflas übernehmen sollte, verbünden sich und machen eine kleine Revolution. In einem Interview beklagte sich Quinn: »Es ist eine Schande, das Cantinflas, der in vielen Filmen in zahllosen Ländern der größte Schauspieler war, in den USA nie akzeptiert wurde, und ich, ein Amerikaner, der in Mexiko geboren wurde, werde überall akzeptiert, nur nicht in Mexiko.« Soviel bekannt ist, muß *Great Guns* erst noch verfilmt werden, ebenso wie das von Quinn vorgeschlagene Projekt *Ceferino Namuncura,* das ebenfalls zu dieser Zeit angekündigt wurde.

Als nächstes folgte in Quinns Filmkalender die französisch-italienisch-jugoslawische Coproduktion *La 25e Heure/Die 25. Stunde.* In der Henri-Verneuil-Verfilmung des Romans des ru-

Mit Virna Lisi in ›La 25e Heure/Die 25. Stunde‹, 1967.

mänischen Schriftstellers C. Virgil Gheorghiu spielt Anthony Quinn den rumänischen Bauern Johann Moritz, der kurz nach Ausbruch des Zweiten Weltkriegs Opfer einer Intrige wird. Der Dorfgendarm Dobresco erklärt ihn zum Juden und teilt ihn zur Zwangsarbeit ein. Nach dem Einmarsch der deutschen Truppen in Rumänien läßt sich seine Frau Susanna auf Dobrescos Betreiben hin scheiden, um so Haus und Hof behalten zu können. Als Johann Moritz davon erfährt, flieht er mit einer Gruppe jüdischer Zwangsarbeiter nach Ungarn. Er wird von deutschen Soldaten gefangengenommen und durch einen Irrtum für einen Nachkommen ehemaliger deutscher Auswanderer gehalten – er bekommt eine SS-Uniform. Nach Kriegsende gerät Moritz in amerikanische Gefangenschaft und wird in Nürnberg als Nazi vor Gericht gestellt. Susanna hat inzwischen von seinem Schicksal erfahren und interveniert bei den amerikanischen Behörden …

Partnerin von Anthony Quinn war die blonde Italienerin Virna Lisi, mit der die letzten Minuten der 25. Stunde auf dem ausrangierten Münchner Isartalbahnhof gedreht wurden. Der eine Tag mit Happy-End-Szene kostete die Filmproduktion 50.000 Mark, was gemessen an dem 3-Millionen-Dollar-Gesamtbudget ohnedies verschwindend gering war.

Einige der Kritiker waren von der Handlung sichtlich verwirrt, und lediglich die bekannte amerikanische Kritikerin Judith Christ nannte Quinns Leistung »ein herrliches Porträt«.

Danach spielte er in Italien in *L'Avventuriero/Ich komme vom Ende der Welt* einen ältlichen Piraten, der versucht, die Blockade der britischen Flotte im Frankreich Napoleons zu brechen. Das Bemerkenswerteste daran war, daß er nach fünfundzwanzig Jahren wieder mit Rita Hayworth spielte, die seine Tangopartnerin in *Blood and Sand/König derToreros* gewesen war.

Danach übernahm Quinn in der amerikanisch-französisch-mexikanischen Coproduktion *Guns for San Sebastian/San Sebastian* die Rolle des Volkshelden Leon Alastray, der mithilft, ein mexikanisches Dorf vor der Vernichtung durch Yaqui-Indianer zu retten. Aber nicht einmal Quinns hervorragendes Spiel als Rebell konnte den Film über die Bedeutungslosigkeit hinwegretten.

Es folgte *The Magus/Teuflische Spiele* mit Michael Caine. An-

Erbitterte Kontrahenten: Anthony Quinn und Charles Bronson in ›Guns for San Sebastian/San Sebastian‹, 1968.

thony Quinn ist darin ein mit übersinnlichen Kräften ausgestatteter Intellektueller, der zurückgezogen auf einer griechischen Insel lebt. Der Film war ein sehr ehrgeiziges Projekt, in dem eine Menge Geld und auch viel künstlerisches Talent – leider vergebens – eingesetzt wurden.

Mittlerweile war jedoch Quinn ein Leckerbissen ganz besonderer Art angeboten worden: In der MGM-Verfilmung von Morris L. Wests Bucherfolg *The Shoes of the Fisherman/In den Schuhen des Fischers,* einem »fiktiven« Roman, sollte er den russischen Erzbischof Kyrill spielen, der nach zwanzig Jahren politischer Haft auf Drängen des Vatikans freigelassen wird und als erster Russe einstimmig zum Papst gewählt wird.

Nun erhält ein Schauspieler das Angebot, den Papst zu spie-

Volltreffer! – Anthony Quinn in ›Guns for San Sebastian/San Sebastian‹, 1968.

len, etwa so oft, wie einen Eskimo, abgesehen von dem Hunnenkönig Attila, dem Buckligen von Notre Dame oder dem großen Zampano.

Klar, daß Anthony Quinn begeistert zugriff. Doch bei der Vorbereitung auf die Papst-Rolle entwickelte er überaus gemischte Gefühle: »Ich geriet mit mir selbst in Konflikt. Ich machte eine schwere psychische Krise durch und war drei Wochen lang in einem Sanatorium, bis ich mich schließlich verzweifelt an den Regisseur Michael Anderson mit der Frage wandte: ›Wie, zum Teufel, spielt man einen Heiligen?‹ Dieser antwortete: »Ganz einfach, Tony. Ein Heiliger ist ein Mensch, der nur mit Gott wetteifert, niemals mit seinen Mitmenschen.«

»Humble, proud and overwhelmed – demütig, stolz und üi wältigt«, so beschrieb Anthony Quinn später das Gefühl, d ihn befiehl, als er die Aufgabe hatte, den Papst darzustellen.

Als Papst Kyrill Lakota in ›The Shoes of the Fisherman/In den Schuhen des Fischers‹, 1968.

»Demütig, in Anbetracht der gigantischen Aufgabe, das geistige Oberhaupt von 800 Millionen Menschen zu spielen, das auch noch von allen Nichtkatholiken respektiert wird. Und stolz darüber, daß man aus zahlreichen Schauspielern ausgewählt wurde, diese Rolle zu verkörpern. Manchmal fühlte ich mich auch überwältigt, denn ich habe immer versucht, eine Figur nicht nur zu spielen, sondern sie auch zu sein.«

Beim Studium des Drehbuches bedachte Anthony Quinn unter anderem »wie lange dieser Mann in einem sibirischen Arbeitslager gewesen war und wie er weiß gekleidet in einem Farbfilm aussehen würde. Denn dieser weiße Talar hätte meine massige Figur wie einen Elefanten aussehen lassen – also mußte ich abnehmen. Denn für mich ist immer, wenn ich spiele, auch das Gewicht der zu verkörpernden Figur von Bedeutung. Im übrigen war ich völlig frei in der Darstellung und konnte die Gestalt eines Papstes – den es ja nie gab – so formen, wie ich es empfand. Im Grunde genommen bin ich froh, daß ich keine bindende Vorlage zu beachten hatte. Es wäre gewiß weitaus schwieriger gewesen, einen bekannten Papst unserer Zeit oder der Geschichte zu spielen.«

Für *The Shoes of the Fisherman/In den Schuhen des Fischers* wurden in den Cinecittà Studios in Rom die Säle des Vatikans ebenso wie Papst-Suite und Audienz-Zimmer und sogar das Innere der Sixtinischen Kapelle maßstabgetreu in einer riesigen Studiohalle nachgebaut. Unter der Leitung namhafter Architekten arbeiteten über zweihundert Künstler und Arbeiter drei Monate daran. Für einige Szenen wurden auch die Büroräume des Kreml und Teile einer russischen Fabrik im Atelier nachgebaut.

Doch trotz Quinns hervorragender Darstellung, die der Gestalt des Kyrill einerseits kraftvolle Züge und andererseits passende Bescheidenheit verlieh, bekam er schlechte Kritiken. Eine davon: » ... eine Folge von frommen Posen und halbem Lächeln.«

Die verschwenderische Ausstattung konnte ebensowenig wie die hochkarätige Starbesetzung mit Sir Laurence Olivier, Vittorio de Sica, Sir John Gielgud und Oskar Werner den Kassenmißerfolg verhindern.

Das finanzielle Desaster von *The Shoes of the Fisherman/In den Schuhen des Fischers* war selbst für die mächtige Metro-

den deutschen Truppen zu entziehen. Ein Versteck läßt sich finden, es gilt nun nur noch den nicht unerheblichen Flaschenbestand gekonnt zu verleugnen. Die Hauptlast fällt dabei dem kurzerhand zum Bürgermeister ernannten Stadt-Original Bombolino zu. Er bewältigt sie mit allen Mitteln weinbäuerlicher Diplomatie und wächst dabei über den Clown, der er vorher war und der ihm immer noch anhängt, hinaus.

Stoppelbärtig und rauhstimmig spielt Anthony Quinn den schlauen Bürgermeister Bombolino, der vortäuscht, nichts zu

Bombenrolle als Italo-Bombolino in ›The Secret of Santa Vittoria/Das Geheimnis von Santa Vittoria‹, 1969.

Anthony Quinn und Hardy Krüger im Gespräch während einer Pause zu den Dreharbeiten für ›The Secret of Santa Vittoria/Das Geheimnis von Santa Vittoria‹, 1969.

verstehen, lächelt, scherzt und sich gänzlich dumm stellt, sobald die Deutschen den Wein requirieren möchten.

Kleines Bonmot am Rande: Bombolino überpinselt auch den Ausspruch »Besser einen Tag wie Löwen als hundert Jahre wie Schafe leben – Mussolini« und ändert ihn in »Besser hundert Jahre leben – Bombolino« um.

Mit großem Fingerspitzengefühl dirigierte Regisseur Stanley Kramer den allmählichen Übergang von der Komödie zum banal-blutigen Ende hin und machte dabei noch die Bevölkerung einer ganzen italienischen Ortschaft zu Filmprofis.

Die Kritik war des Lobes voll: »Bei Anna Magnani, der frustrierten Gattin Bombolinos, bedauert man, ihr donnerndes Gezeter nicht auf italienisch hören zu können. Auch Anthony

Quinn scheint sich in dieser halb komischen, halb bitterernsten Rolle selbst zu übertreffen.« (*Münchner Merkur*, 1970)

Die amerikanische Kritik lobte seinen Bombolino als fast ebenbürtig dem Alexis Sorbas, fünf Jahre zuvor. Und es war nicht die optische Erscheinung, die zu diesem Vergleich anregte.

Quinns nächster »Grieche« in *A Dream of Kings/Matsoukas, der Grieche* erhielt unweigerlich schlechte Kritiken, als der lebhafte, gutherzige, etwas beschränkte griechische Heirats-Vermittler in Chicago mit der Figur des Alexis Sorbas verglichen wurde.

Mit Irene Papas in ›A Dream of Kings/Matsoukas, der Grieche‹, 1969.

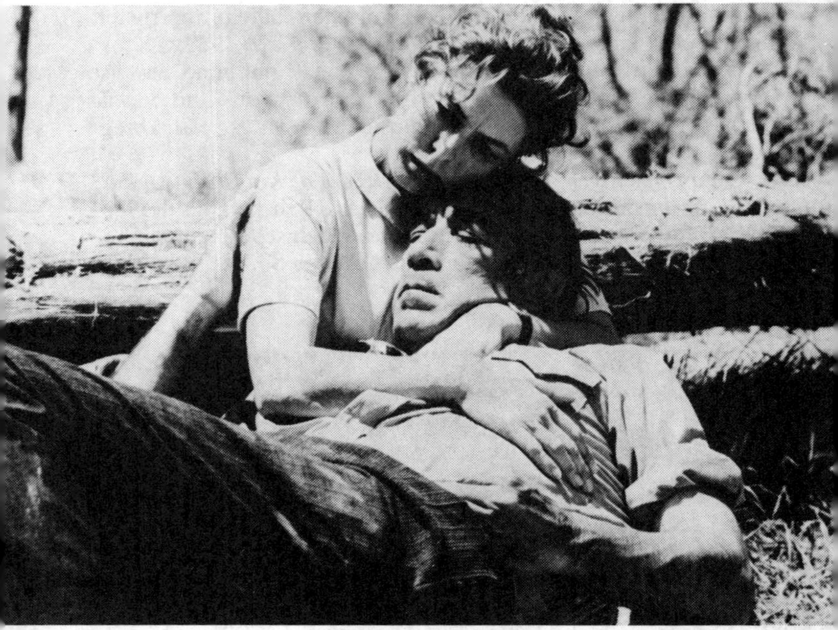

Mit Ingrid Bergman in ›A Walk in the Spring Rain/Die Frau des anderen‹, 1970.

Auch bei seinem nächsten Film *A Walk in the Spring Rain/Die Frau des anderen* mußte sich Quinn wieder den Vergleich mit Alexis Sorbas gefallen lassen. Nicht genug, daß die Kritiker hervorhoben » … gelingt es Ingrid Bergman, den gewöhnlich so vitalen, hier eher gehemmt wirkenden Anthony Quinn an die Wand zu spielen«, so betonten sie in ihren Besprechungen über das romantische Drama auch noch dies: »Quinn spielt einen hinterwäldlerischen Sorbas, der Eichhörnchen in seinen Taschen herumträgt und seine Nächte mit dem Aufziehen kleiner Ziegen verbringt.«

Nach einem Auftritt in *King: A Filmed Record … Montgomery to Memphis,* einer Dokumentation über das Leben Dr. Martin Luther Kings, wurde Anthony Quinn zu Plattenaufnahmen überredet. Das Album *In My own Way ... I Love You* von Capitol Records, in dem Anthony Quinn zu großem Chor und Orchester romantische Texte spricht, war weder in den Vereinigten Staaten noch in Europa besonders erfolgreich.

Zum zweiten Mal seit *Guadalcanal Diary,* 1943, spielte er in *R.P.M. (Revolutions Per Minute)* eine Chicano-Rolle (Mexiko-Amerikaner). Als puertorikanischer Soziologie-Professor, der sich an einem West Coast College mit Studentenführern, schwarzen Aktivisten und College-Aufsichtsräten verbal herumschlagen muß, errang Anthony Quinn ebensowenig Anerkennung bei der Kritik wie beim Publikum.

Als Flapping Eagle in ›Flap/Der Indianer‹, 1970.

Ebenso erfolglos war anschließend *Flap – The Last Warrior/Der Indianer.* Um es kurz zu machen: Flap war ein 6-Millionen-Dollar-Flop für Warner Brothers. Zwar war Quinn heftig empört, daß seine Darstellung des prahlerischen Flapping Eagle rundum verrissen wurde und *Variety* es lediglich »eine einfache indianische Reprise seiner Rolle in *The Secret of Santa Vittoria,* sprich des Bombolino« nannte. Gleich mehrere Zeitungsartikel fragten nahezu übereinstimmend, wie eine solche Charakterstudie denn helfen könne, die amerikanischen Indianer besser zu verstehen. Zuvor hatte es bereits Proteste gegeben, da der Film unter dem Originaltitel des Romans *Nobody Loves a Drunken Indian* geplant gewesen war. Auch wurde vielfach die Regie von Sir Carol Reed *(The Third Man/Der dritte Mann)* bemängelt. In einer Drehpause gab Anthony Quinn zu: »Flap ist wie der Abschied von meiner Jugend. Dieser Typ wird wahrscheinlich der letzte junge Mann sein, den ich spielen werde.«

Nach diesen wenig erfolgreichen Kinofilmen – die zwar alle für Anthony Quinn gewiß gutes Geld brachten – kehrte er nach rund fünfzehn Jahren zum Fernsehen zurück. Mit Peggy Lee zog er eine Zwei-Personen-Varieté-Show unter dem Titel *Mr. Anthony Quinn and Miss Peggy Lee* auf.

Kurz darauf begann er an der zweistündigen TV-Produktion *The City* zu arbeiten. Es war der Pilotfilm für mehrere Folgen einer TV-Serie, die sich dann später mehr auf die Präsentation von Prominenten als auf Programminhalte konzentrierte.

Im *TV-Guide* lobte Cleveland Amory dafür Anthony Quinn, »weil der Mann möglicherweise der Beste von allen sei. Im Film schon ein Bulle im Porzellangeschäft, ist er in dieser TV-Serie noch gewaltiger.« Und beschrieb Quinns Darstellungskraft: »Er spielt es wie Zorba the Quinn. Wie eine Barke geht er in den Fluß, und ehe du es merkst, hat er dich flußabwärts gebracht über alle Hindernisse hinweg.«

Und immer wieder Sorbas

Doch die Fernsehserie *The Man and the City,* zu der *The City* 1971/1972 praktisch das Pilotprojekt gewesen war, »wurde von Anthony Quinn in einer Art Overkill erdrückt« (Alvin H. Marill, 1974) und nach dreizehn Wochen eingestellt.

Bald nach der Premiere im September 1971 war Anthony Quinn zu Gast in der 90minütigen-Talkshow von Dick Cavett im Spätabend-Programm. Im Verlauf der Sendung erzählte er unter anderem von seinen Plänen, über den legendären schwarzen Kaiser Henri Christophe von Haiti einen langen Film mit dem Titel *Black Majesty* zu produzieren.

Die gesprächsweise Erwähnung in der Dick Cavett-Show löste jedoch eine unerwartete Reaktion aus. *Variety* stellte sich gegen das von Quinn schon lange geplante Projekt, bei dem er die Rolle des schwarzen Kaisers selbst spielen wollte, und schrieb: »Filmen in Haiti – Quinn wird schwarz!« Die Kampagne setzte sich in einer langatmigen Betrachtung Ellen Hollys in *The New York Times* fort. In einem »Offenen Brief« an den Schauspieler behauptete sie unter der Überschrift »Die Geschichte der Schwarzen benötigt keinen Anthony Quinn«, daß es völlig undenkbar sei, »daß er die Rolle des Christophe darstelle«. Einige Zeilen weiter forderte sie: »Alles, was man von Ihnen verlangen kann, ist, daß Sie die Sensibilität und die emotionalen Nöte der schwarzen Gemeinschaft respektieren und die Titelrolle einem schwarzen Schauspieler überlassen.«

Fairerweise druckte *The New York Times* darunter die Antwort von Anthony Quinn, die so begann: »Ich verabscheue die Vulgarität der Überschrift in Variety. Wenn ich den Ansichten jener Leute folge, die mich davon abhalten wollen Henri Christophe zu spielen, so wird wahrscheinlich die nächste Titelzeile lauten: ›Blacks Nix Flick With Mex‹ – Schwarze, laßt euch nicht mit Mexikanern ein! Und das wäre doch wirklich jämmerlich.« Dann fragte er die Autorin in seinem Brief weiter: »Warum wollen Sie mich unbedingt darauf festlegen, mexikanische Banditen und Indianer, die ins Gras beißen, zu spielen? Warum soll ich keinen Papst spielen oder einen Eskimo, einen Indianer, einen Griechen oder Italiener – einfach jede Rolle in der ich eine Aussage über mein Leben und diese Zeit machen kann. Mir ist sehr wohl die Gefährlichkeit des Terrains, das ich hier betrete, bekannt. Aber ich habe alle Ängste eines Künstlers vor einem leeren Stück Leinwand. Und das erweckt mehr Furcht, als einem Stier in der Arena gegenüberzustehen.«

Soviel bekannt ist, wurde *Black Majesty* bislang noch nicht realisiert.

Nachdem die TV-Serie *The Man and the City* vorzeitig abgesetzt worden war, gab sich Quinn eher philosophisch-gelassen und kehrte zum guten, alten Kinofilm zurück.

Die ersten vier Filme, die er nach seinem Abstecher zum TV machte, hatten jene typischen Inhalte, die in den späten sechziger und frühen siebziger Jahren stark in Mode waren: Schwarze Polizei, Mafia-Geschichten, Rauschgift-Schmuggel und Spaghetti-Western.

So begann er 1972 in Harlem *Across 110th Street/Straße zum Jenseits* zu produzieren und darin einen Polizeibeamten zu spielen, der in Harlem gegen Mafia und Negersyndikat kämpft. Obwohl er mit dem schwarzen Star Yaphet Kotto weit vorne im Vorspann erscheint, schienen die Rollen der beiden doch nicht ganz klar definiert, und die Kritiker murrten »daß ein Schauspieler von Quinns Qualität und Bedeutung mit so einem Drehbuch überhaupt in Berührung kommt, das ganz deutlich rassistisch und das gesamte Projekt so extrem gewalttätig, ist eine Schande.«

Es folgte der Italo-Western *Los Amigos/Das Lied von Mord und Totschlag* mit Franco Nero. Anthony Quinn als taubstummer, sattelmüder Cowboy der zum Revolverhelden wird, gab auch an dieser Rolle die bekannte überquellend detailgenaue Charakter-Zeichnung – diesmal jedoch ohne Worte. Der Film, ohnedies mit nur 1,2 Millionen Dollar in Italien produziert, spielte angeblich nicht einmal seine Herstellungskosten ein, und ein Herr Kritiker hämte: »Ich hoffe, sie haben wenigstens Mr. Quinn dafür anständig bezahlt.«

Zwischendurch bereicherte Anthony Quinn die facettenreiche Palette seiner Rollen um noch eine weitere: In der Produktion *The Assassination of Julius Caesar* für das mexikanische Fernsehen spielte er den römischen Imperator.

Wie viele seiner Schauspielerkollegen in jener Zeit ließ auch er sich – nach Marlon Brando, Lee J. Cobb und Kirk Douglas –

Mit Franco Nero (stehend) und Partner in ›Los Amigos/Das Lied von Mord und Totschlag‹, 1972.

seine Paten-Interpretation als alternder Mafia-Boß in *The Don is Dead/Der Don ist tot* nicht nehmen. Natürlich stand bei diesem Film *The Godfather/Der Pate* deutlich Pate, und auch hier wird wieder der kühle junge Mann, der ursprünglich im Unterweltgeschäft nur widerwillig mitmachte, der neue Boß. Doch in *The Don is Dead/Der Don ist tot* entbrennt der Krieg um eine schöne Helena, und schuld daran ist eine Lady Macbeth. Die böse Lady sorgt dafür, daß Don Angelo (Anthony Quinn) und Kronprinz Frank sich in das gleiche Mädchen verlieben und darüber in einen blutigen Streit geraten.

Anthony Quinn an der Todesmaschine in ›Los Amigos/Das Lied von Mord und Totschlag‹, 1972.

Mit dem Don-Film blieb Regisseur Richard Fleischer im Rahmen des Gewohnten. Der Mafia-Clan wird vorgeführt, wie er in sich selbst existiert. Würdige Patriarchen wählen den Nachfolger für den gestorbenen Don, junge Heißsporne müssen vorerst noch zurücktreten. Die Stadt bleibt in die bewährten Interessen-Zonen aufgeteilt. Doch dann entzweit die Liebe zu einem außenstehenden Mädchen den Chef und seinen designierten Thronfolger.

Ein Verräter schürt geschickt den Konflikt, und Regisseur Fleischer zeigt kühl, wie sich Aggressionen in einer Gruppe aufbauen, bis sie überschäumen und nicht mehr kontrollierbar sind. Der Bandenkrieg tobt erbarmungslos, und am Ende übernimmt ein Außenseiter das Erbe des gelähmten, an den Rollstuhl gefesselten Bosses.

Don »Anthony« Angelo, der Verlierer, bleibt bis zuletzt eine sympathische Patriarchen-Figur. Gelähmt vor Kummer über das Zerwürfnis mit seinem Kronprinzen, entsetzt über den Tod seiner Helfer und Freunde, unterwirft er sich als Almosen-Empfänger dem kalten jungen Killer.

Die Mitglieder des Verbrechersyndikats wählen Angelo DiMorra zu ihrem neuen Don. Anthony Quinn und Partner in ›The Don is Dead/Der Don ist tot‹, 1973.

Quinns nächster Film *The Marseille Contract/Fluchtpunkt Marseille* mit James Mason und Michael Caine war auch nicht realistischer oder gar hintergründiger als die meisten Rauschgift-Thriller dieser Zeit. Zwar ließ sich Regisseur Robert Parrish einige Klischee-Umkehrungen einfallen, aber dies war eher eine Anpassung ans Publikum, das ohnedies in diesem Genre meist das Unerwartete erwartet.

Anthony Quinn spielt einen amerikanischen Rauschgiftfahnder schlichten Gemüts, der gegen einen gerissenen Marseiller Bandenboß (James Mason) – Typ Edelgangster mit Rolls Royce – keine Beweise zusammenbringt. Deshalb heuert er mit Hilfe des legendären Spesen-Etats (den es ohnedies immer nur in Filmen gibt) einen mit allen trüben Wassern gewaschenen Profikiller an (Michael Caine). Dieser hat die Rolle des trickreichen Supermannes, der geschickt zwischen Gangstern und Polizei taktiert. Zwischen den drei Fronten entwickelt sich ein leichenreiches Pokerspiel, zumal der zwar vertragstreue, aber ansonsten ungebundene Söldner nicht nur zur Tarnung, sondern auch noch zwecks Nebenverdienst seinem auserwählten Opfer gefällig ist. Schlußendlich muß der US-Beamte doch selbst zum Colt greifen.

Freilich war das Thema, in dem ein Mann des Gesetzes in Versuchung gerät, Richter und Henker gleichzeitig zu spielen, alles andere als neu. »Aber daß nicht nur der Gangster, sondern auch der Fahnder einen Mörder dingt, paßt in eben dieses Problem. Anthony Quinn allerdings gibt ihm durch sein Gesicht einige eigenartige Züge. Es illustriert etwas naiv zürnend die Hilflosigkeit eines Betrunkenen; die ungelenke Gestalt drückt stummen Kummer aus oder zeigt überraschende Behendigkeit.« (*Rheinische Post,* 1974)

Im Jahr darauf holte sich Regisseur Sergio Corbucci, der durch Italo-Western wie *Django, Il grande silenzio* und *Il mercenario* bekannt geworden war, den kantigen Eigenbrötler Quinn für die Gaunerkomödie *Il grande bluff/Bluff.* In der Rolle eines genialen Schwindlers und Unterwelt-Dandys zeigt sich Anthony Quinn von der heiteren Seite: Er belügt und betrügt die anderen Gauner und Gauner-Liebchen wie Adriano Celentano, Corinne Clery sowie Capuchine nach Strich und Faden.

Mit *Al-Risalah/Mohammed, der Gesandte Gottes* kam Anthony Quinn bereits während der Dreharbeiten »als Arbeitsloser

Anthony Quinn mit seiner Frau Yolanda und den beiden Söhnen Francesco und Daniele 1975 in Rom.

mit königlicher Gage« weltweit ins Gespräch. Denn das von König Hassan von Marokko angeregte Kolossal-Epos über das Leben des islamischen Propheten war zwar vom marokkanischen König ebenso wie von Libyens General Gaddafi, König Hussein von Jordanien sowie Ägyptens Staatspräsident Sadat vertraglich garantiert worden – doch schon während der Dreharbeiten in Marakkesch traten die ersten Schwierigkeiten auf. Zunächst einmal erklärte König Feisal von Saudiarabien dem Mammutprojekt mit der Begründung den Krieg, daß im Islam die Darstellung nicht nur des Menschen, sondern erst recht Allahs und des Propheten streng verboten sei. An der Finanzierung des Riesenspektakels über das Leben Mohammeds von der ersten

Als Hamza in dem aufwendigen Film ›Al-Risalah/Mohammed, der Gesandte Gottes‹, 1976, über das Leben und Wirken des Propheten Mohammed.

Erscheinung des Erzengels Gabriel in der Höhle am Berg Hira bis zum Sieg der Weltreligion Islam im Jahre 630, hatten sich fast ein Dutzend islamischer Länder beteiligt. Nachdem sich schon zu Anfang die Verhandlungen mit Omar Sharif zerschlagen hatten, wurde Anthony Quinn für die Hauptrolle des Hamza verpflichtet. Diese Rolle sollte ein weiterer Höhepunkt in seiner breitgefächerten schauspielerischen Karriere werden. Doch mehrfach schien es, als ob dieser Film nie fertig würde.

Denn Libyens religiöses Oberhaupt, Scheich Taha El Sawy, drohte, General Gaddafi aus dem Islam auszustoßen, wenn dieser Film mit Anthony Quinn gedreht würde. »Denn«, so sein Argument, »der Islam hat es nicht nötig, von einem amerikanischen Ungläubigen auf die Leinwand gebracht zu werden.«

Nachdem die Dreharbeiten wieder einmal unterbrochen worden waren, hatte Quinn öffentlich verkündet: »Wahrscheinlich werde ich der einzige Schauspieler sein, der eine wahrhaft königliche Gage für einen Film erhält, der nie fertiggestellt wird.«

Er irrte. Nach zahllosen Schwierigkeiten und mindestens ebenso vielen Interventionen wurde der Film dann doch fertig. Aber Quinn war in seiner Rolle als Onkel des Propheten und Religionsstifters Mohammed nicht in arabischen Lichtspielhäusern zu sehen. Zwar hatten Religionswissenschaftler der Kairoer Al-Azhar-Universität noch vor Drehbeginn das Skript überprüft und gutgeheißen. Saudiarabische Sittenwächter empfanden es dennoch als Sakrileg: Heiliges Schriftgut sei ausgenutzt worden. Unvermeidliche Folge: Aufführungsboykott in den islamischen Ländern; für die Filmfinanziers eine herbe Enttäuschung, denn die 18 Millionen Dollar Produktionskosten waren von arabischen Geschäftsleuten aufgebracht worden.

Auch bei einem seiner nächsten Filme ging es nicht weniger aufregend zu: Als Drehbuchautor und Produzent Nico Mastorakis *The Greek Tycoon/Der große Grieche* machen wollte, bekam er sehr schnell zu spüren, was für ein heißes Eisen er da angefaßt hatte: »Ein New Yorker Anwalt bot mir im Namen eines nicht genannten Auftraggebers eine halbe Million Dollar, wenn ich diesen Film nicht drehe.«

Die Aufregung war verständlich, denn *The Greek Tycoon/Der große Grieche* brachte einige brisante Fakten aus dem Leben des legendären Tankerkönigs Onassis. Und obwohl aus Vorsicht und formaljuristischen Gründen Handlung und Namen verändert wurden – so heißt »Der große Grieche« nicht Onassis sondern Tomasis, die US-Präsidenten-Witwe nicht Kennedy, sondern Cassidy –, begann, sobald das Projekt bekannt wurde, in den USA ein großes Kesseltreiben.

Sie tanzen Sirtaki und stehlen den Show-Größen die Schau: Anthony Quinn und Helga von Radio Luxemburg 1976 bei der MIDEM-Gala in Cannes.

Jackie Kennedy-Onassis sowie Christina die geschäftstüchtige Tochter des Reeders, fanden die Filmidee nicht nur geschmacklos, sondern waren außer sich vor Empörung. Anfangs hatten die beiden Frauen zwar noch gemeint: »Die Leute können drehen, was sie wollen, solange sie nichts verfälschen. Aber auf unsere Insel Skorpios kommt keiner!« (Diese Insel war

Onassis' luxuriös ausgebautes Liebesnest und zugleich die raffiniert angelegte Befehlszentrale seines Reederei-Imperiums.) Doch kaum hatte Anthony Quinn den Vertrag unterschrieben, zog Christina Onassis mit den Anwälten in Athen vor Gericht, um ein Verbot des Films zu erwirken: »Die Ähnlichkeit des

1976 in Cannes mit Ehefrau Yolanda.

Hauptdarstellers mit meinem Vater springt förmlich ins Gesicht. Und ich dulde nicht, daß das Intimleben meines Vaters auf die Leinwand kommt!«

Später griff man sogar zu kriminellen Methoden, um den Film zu verhindern. Davon betroffen war auch Hauptdarsteller Quinn, der im Gespräch mit der deutschen Fernsehzeitschrift HÖR ZU gestand: »Zuerst hat man mir Geld geboten, dann gedroht. Ich solle die Rolle ablehnen oder man würde mich fertig-

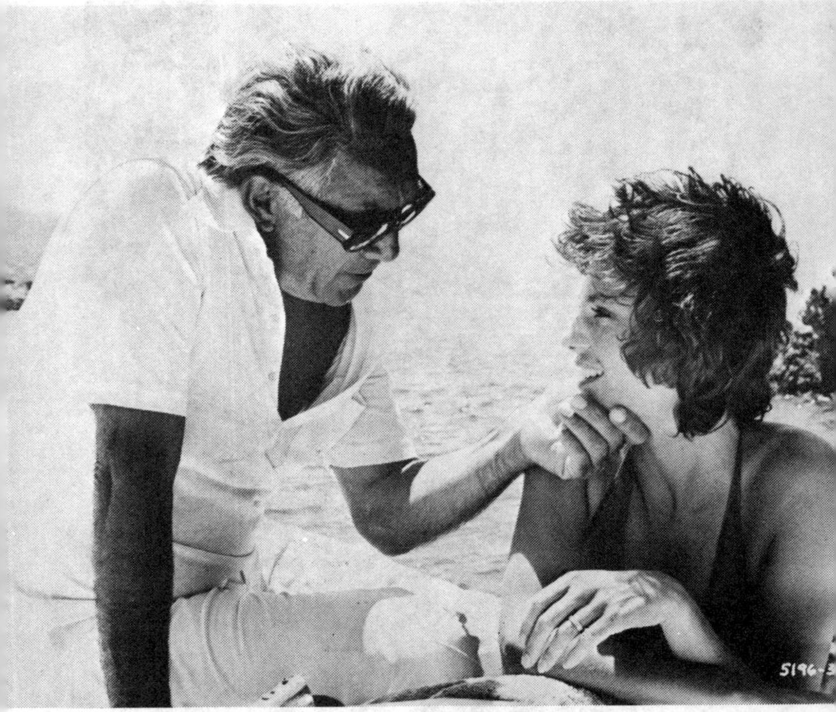

Anthony Quinn als Reederkönig Tomasis und Jacqueline Bisset als Liz Cassidy in ›The Greek Tycoon/Der große Grieche‹, 1978. Und weder die optische noch die Ähnlichkeit der Rollennamen mit einem weltbekannten Paar ist zufällig!

Anthony Quinn mit Ehefrau Yolanda und seinen drei Söhnen.

machen. Außerdem müsse ich damit rechnen, daß man mir mein Stück Land, das ich in Griechenland besitze, wegnimmt.«

Und warum hat Anthony Quinn dann diese Rolle nicht einfach abgelehnt? »Weil ich bereits zugesagt hatte und mein Wort halten wollte. Solche Drohungen sind einfach Berufsrisiko.«

Allerdings – nicht ganz zu Unrecht – wurde verschiedentlich der Kampf Quinns um diese Rolle so erklärt: Es muß ihm wie ein Spiegel seines Lebens und seiner eigenen Wünsche vorkommen, einen Mann darzustellen, der durch Nacht zum Licht kommt. Immer höher, immer erfolgreicher. Der Lebensweg geschmückt mit schönen Frauen, die gekommen sind und wieder Abschied nahmen, die gebraucht und wieder weggeworfen wurden. Einen Mann, dem dann doch am Ende seines Lebens die Zweifel kamen, ob er je das höchste Glück erlebt hat. So ein Leben nachzugestalten – durchaus möglich, daß das dieses »Urgestein von einem Schauspieler« sehr wohl gereizt hat.

Es mag Zufall sein oder auch nicht: Einige Zeit nach Abschluß der Dreharbeiten zu *The Greek Tycoon/Der große Grieche,* während die Rechtsanwälte noch unermüdlich um Erscheinen oder Nichterscheinen des Films stritten, begannen für Anthony Quinn die angedrohten Insel-Querelen.

1961 – während der Dreharbeiten zu *The Guns of Navarone/Die Kanonen von Navarone* – war Anthony Quinn nicht nur zum Ehrenbürger Griechenlands ernannt worden, sondern konnte auch für den symbolischen Preis von 120.000 Drachmen (damals etwa 5000 Mark) 16 Hektar Land auf Rhodos erwerben. Doch nun, nach fast zwei Jahrzehnten, bestand die griechische Regierung plötzlich auf Erfüllung einer Vertragsklausel, an die den Hollywood-Star jahrelang niemand erinnert hatte – und wohl auch nicht wollte.

Nach mehreren Gerichtsverhandlungen forderte die griechische Regierung jetzt plötzlich das Grundstück zurück. Angeblich weil Quinn die Vereinbarung, auf dem Land ein Kunst- und Filmzentrum zu errichten, nicht eingehalten hätte. Vielleicht kann das so besser verstanden werden: Der heutige Wert des Grundstückes wird auf über 4,5 Millionen Mark (!) geschätzt.

Filmisch folgte auf den »großen Griechen« die iranisch-amerikanische Coproduktion *Caravans,* in der Quinn einmal mehr als Beduinenführer im Burnus zu sehen war. Dann *The Passage* mit der Rolle eines baskischen Schafhirten, der im weitesten Sinne ein wenig der Figur des Alexis Sorbas glich.

Und dann ließ sich »einer der Großen Hollywoods« wieder einmal in die Wüste schicken. Denn der in Syrien geborene Regisseur Moustapha Akkad, der einige Jahre zuvor mit Quinn bereits *Al-Risalah/Mohammed, der Gesandte Gottes* gedreht hatte, begann im Sommer 1979 in Aujula in der libyschen Wüste, rund 650 Kilometer südlich von Benghasi, mit den Arbeiten zu *Lion of the Desert/Omar Mukhtar, Löwe der Wüste.* Der aufwendig produzierte Film beleuchtet ein dunkles Kapitel italienischer Kolonialgeschichte, eine Variante des jahrtausendealten, immer wiederkehrenden Problems der Knechtschaft.

Die Unterdrücker waren in diesem Falle Mussolinis Truppen, die Libyen ins faschistische Kolonialimperium einziehen wollten. In dem wenig bekannten libyschen Krieg (von 1922 bis 1932) starben über 270000 Beduinen in italienischen Konzentrationslagern. Der Schullehrer Omar Mukhtar (auch Umar al-Mukhtar geschrieben) führte einen gezielten und wirksamen Guerilla-Krieg gegen die überlegenen Italiener. Doch General Graziani erstickte schließlich den Widerstand der Beduinen brutal durch Giftgas und setzte erstmals im Wüstenkrieg Panzerfahrzeuge ein. Als es der faschistischen Besatzungsmacht gelang, den hochbetagten, längst zur Schlüsselfigur gewordenen Omar Mukhtar gefangenzunehmen, machten sie ihm einen Schauprozeß: im Alter von 72 Jahren wurde er vor den Augen von über zehntausend Beduinen gehängt. War sein Ruf schon zu Lebzeiten legendär, so wurde er dadurch zum Mythos.

Nicht nur die Besetzung des Filmes mit Anthony Quinn in der Titelrolle, Oliver Reed als General Graziani, Rod Steiger als Mussolini, Sir John Gielgud, Raf Vallone und Irene Papas war großdimensional.

Das Geld für die etwa 50-Millionen-Mark-Produktion stammte zu zwei Drittel aus arabischen Quellen, der Rest kam aus Deutschland, den Vereinigten Staaten und der Schweiz. Uniformen, Waffen, Tanks und Autos aus der Zeit wurden teils nachgebaut, teils kamen sie von Sammlern aus England, Italien und Malta.

Um die Dreharbeiten der 110 Mann starken Stamm-Crew bei Temperaturen zwischen 25 und 50 Grad im Schatten einigermaßen erträglich zu machen, wurden an den Drehorten Aujula und Shehat zwei Wüsten-Camps komplett mit Swimming-Pool, eigenen Elektrizitätswerken, Kinos, Spielhallen und Restaurants eingerichtet. Dem Vernehmen nach soll dies an die 20 Millionen Mark verschlungen haben.

Nicht von ungefähr hatte Regisseur Moustapha Akkad sich Libyen als Drehort ausgesucht: Dort wurden nicht nur die Vorbereitungen zu dem Film unterstützt, sondern im Lande ist Omar Mukhtar auch in jedem Schulbuch gewürdigt, sein Porträt ziert eine Banknote, und er gilt als Nationalheld.

Auch nicht von ungefähr wurde Anthony Quinn für diese Rolle ausgesucht. Denn er ist einer der wenigen Schauspieler, deren stärkstes Kapital nicht aus erlernter Routine, sondern aus Faszination eines Menschen mit unerhörtem Charisma besteht.

Die Kritik brachte seiner Darstellungskunst wahre Ovationen dar: »Die Welt hat von Marlon Brando geträumt, die Welt träumt jetzt von Anthony Quinn. Sein zwischen melancholischer Sanftmut und ungestüm aufbrausender Zornesbrandung vielfältig schillerndes Temperament überzeugt vor jeder gewünschten Kulisse.«

Doch von just jenen Kulissen »dieser Alptraum-Filmwelt« –

wie Anthony Quinn es selbst einmal nannte – will er nun nichts mehr wissen. Er nennt Hollywood »ein von Picasso gemaltes Schlafzimmer« und erklärt: »Ich habe mich früher prostituiert, um mir dumme Wünsche zu erfüllen – Swimmingpools, schöne Häuser und schnelle Autos. Jetzt weiß ich, daß ich das alles nicht brauche.« Die späte Erkenntnis, »das weniger oft mehr ist«, so verspricht er, will er seinen zahlreichen Kindern mit auf den weiteren Lebensweg geben. Doch so ganz kann und will er das alles doch nicht lassen: Im Mai 1983 spielte er wieder den Zorba/Sorbas, »seinen« Griechen, diesmal auf der Bühne in einer Musicalversion. Sein Kommentar: »Heute bin ich ein besserer Zorba denn je. Früher mußte ich mein Haar weiß färben, heute bin ich gerade richtig.«

Und Anthony Quinn, der eigentlich immer Alexis Sorbas war und dieses gewiß auch bleiben wird, brachte auf seiner Theatertournee volle Häuser in Detroit, Chicago, Denver sowie weiteren fünf amerikanischen Städten.

Etwas, was er bei dieser Tournee immer dabei hatte, war seine Kunst. Er transportierte Farben, Bildhauerwerkzeug und anderes Zubehör von Auftritt zu Auftritt. Den Vormittag verbrachte er in einer Hotelsuite in einem farbenbekleckstem Jogging-Anzug, malte, entwarf, meißelte, pinselte und kleckste. An so verschiedenen Stücken wie einem Selbstporträt, dem Bild eines Ensemble-Kollegen in Öl oder der Holzskulptur eines weiblichen Torsos.

Im Dezember 1982 stellte er in Honolulu seine Werke erstmals aus und präsentierte der Öffentlichkeit Ölgemälde, Holz- und Marmorskulpturen. Viele der Skulpturen waren abstrakte weibliche Formen und Gesichter. Einer Serie, genannt »Anthony Quinns Frauen«. Insgesamt 65 an der Zahl, aber wie er sich lachend brüstete, »das waren bei weitem noch nicht alle!« Die Werke verkauften sich zu stolzen Preisen – die Skulpturen brachten bis zu 35.000, die Ölgemälde (alle kubistisch und postimpressionistisch) bis zu 30.000 Dollar. Alles in allem – ein Gesamterlös von rund 2 Millionen Dollar.

Doch Anthony Quinn zeigte sich am Geld desinteressiert. »Ohne Kunst gibt das Leben keinen Sinn«, sagte er im Gespräch mit Julie Greenwald vom US-Magazin *people*. »Ich wäre ein Tier, würde ich nicht eine Art von Leben schaffen.«

»Zieht er etwa die Bildhauerei und Malerei der Schauspiele-

1984 am Broadway: Anthony Quinn (mit Frau Yolanda, links) und Vivian Blaine, seiner Partnerin in dem Bühnenstück ›Zorba, the Greek‹.

rei vor?« »Schreckliche Frage«, schnappte er da zurück, »Es ist wie die Frage, welches Kind man über die Krippe stoßen soll!«

Während in den Kunstgalerien von New York und San Francisco die Bilder und Skulpturen des Malers Quinn bereits für Tausende von Dollars gehandelt werden, jubelte im Oktober 1983 *The International Herald Tribune:* »Zorba the Quinn – One of the World's Best-Known ›Greeks‹ Brings His Role to Broadway.« Vor ausverkauftem Haus lief das Musical *Zorba* monatelang mit großem Erfolg. Die Gage für »Anthony Superstar« (nach gutinformierten Quellen 25.000 Dollar in der Woche) war dabei ebenso gut wie die ungewöhnlichen Ovationen. »Aber ich glaube«, meinte Anthony Quinn dazu, »daß sie nicht einer besonderen Darstellung gelten. Die Leute fühlen vielmehr, daß dieser arme Teufel da oben 50 Jahre lang sein Bestes gegeben hat. Das freut mich, denn es zeigt, daß mein Leben wohl kein totaler Fehlschlag war.«

Und philosophierte schließlich: »Ich hoffe, ich gehöre zu denen, die wenigstens versuchen, nach dem zu leben, was sie predigen. Ich glaube nicht, daß die Menschen sehr verschieden voneinander sind. Uns alle treibt das gleiche, wir haben die gleichen Wünsche und Launen, den gleichen Lebenswillen und das gleiche Bedürfnis nach Liebe. Es ist nicht gut, noch mit Flitter und falschem Glanz angetan, vor seinen Schöpfer zu treten. Ich hoffe, daß ich – wenn die Stunde schlägt – für mich in Anspruch nehmen kann, weniger feige als die meisten und männlicher als manche gewesen zu sein.«

Anthony Quinn und seine Filme

Die folgende Filmographie weist nur dann deutsche Titel aus, wenn dies offizielle Verleih- oder Sendetitel sind und enthält somit keine wort- oder sinngemäßen Übersetzungen der Originaltitel. Die Zusammenstellung umfaßt Kinofilme (Spiel- und Dokumentarfilme) sowie Fernsehfilme mit Spielhandlung.

1936 – **PAROLE!** (USA)

Deutscher Titel **Mord in Sing-Sing** *auch* **Bedingt begnadigt**
Produktion Universal. *Regie* Louis Friedlander [Lew Landers]. *Dialogregie* Charles K. Freeman. *Buch* Kubec Glasmon, Joel Sayre, Horace McCoy (nach einer Story von Kubec Glasmon, Joel Sayre, und nach einer Idee von Robert Dillon und Kay Morris). *Kamera* George Robinson. *Musikalische Leitung* Charles Previn. *Production Design* Albert S. D'Agostino. *Schnitt* Philip Cahn. *Regieassistenz* Phil Karlstein [Phil Karlson]. *Ton* Homer G. Tasker. *Associate Producer* Robert Presnell.
Darsteller Henry Hunter (Russ Whelan), Ann Preston (Frances Crawford), Noah Beery jr. (Bobby Freeman), Grant Mitchell (Marty Crawford), Alan Hale sr. (John Borchard), Alan Dinehart (Richard Mallard), Berton Churchill (Rex Gavin), Alan Baxter (Percy »Okay« Smith), Bernadene Hayes (Joyce Daniels), Jonathan Hale (John Driscoll), John Miltern (Gouverneur), Selmer Jackson (Earl Bigbee), Clifford Jones [Philip Trent] (Reporter Gregory), Frank Mills (Dummy Watts), Wallis Clark (Wächter), Zeffie Tilbury (Molly Smith), Billy Gilbert (Salvatore Arriolo), ANTHONY QUINN (Zingo Browning), Edward Keane (Distriktsanwalt), Douglas Wood (Vorsitzender der Gefängniskommission), Christian Rub (John), John Kennedy (Polizeichef), Frank McGlynn sr. (Patton), Landers Stevens (Staatsanwalt), Stanley Andrews (Williams), Tom Moore (Carmody), Arthur Loft (Vertreter der Anklage), Guy Usher (Polizeileutnant), Walter Miller (Manager), Thomas Curran (Ausschußvorsitzender), Ed Reinoch (Psychiater), Arnold Gray (Sekretär), Harry C. Bradley (Dr. Arthur Carroll).
Anthony Quinn als inhaftierter Mörder, der im Zuchthaus von Mitgefangenen erstochen wird – ein Auftritt von 45 Sekunden!
Länge 67 bzw. 65 Minuten.

1936 – **SWORN ENEMY** (USA)

Produktion Metro-Goldwyn-Mayer (Lucien Hubbard). *Regie* Edwin L. Marin. *Buch* Wells Root (nach einer Story von Richard Wormser). *Ka-*

mera Lester White. *Musik* Edward Ward. *Production Design* Frederic Hope. *Schnitt* Frank Hull.
Darsteller Robert Young (Hank Sherman), Florence Rice (Margaret Gattle), Joseph Calleia (Joe Emerald), Lewis Stone (Dr. Simon Gattle), Samuel S. Hinds (Eli Decker), Nat Pendleton (Steamer Krupp), William Orlamond (Kreel), George Chandler (Mann am Imbißstand), Harvey Stephens (Paul Scott), Edward Pawley (Dutch McTurk), John Wray (Lang), Cy Kendall (Simmons), Leslie Fenton (Steve Sherman), Robert Gleckler (Hinkle), George Regas (Grieche), Duke York (Al), Lillian Harmer (Gutsbesitzerin), King Mojave (Gibbons), Guy Kingsford, Wallace Gregory, Ed Hart, ANTHONY QUINN (Gangster), Harry Tyler (Nick), Charley Keppen (Kampfansager), George Guhl (Wächter), Al Hill (Morris), Norman Aisnley (Bergen), Jack Daley, Tom Mahoney, Robert E. Homans (Polizisten).
Anthony Quinn als Mitglied einer Gangsterbande, die Boxwettkämpfe kontrolliert.
Länge 72 Minuten.

1936 – **NIGHT WAITRESS** (USA)

Produktion RKO. *Regie* Lew Landers. *Buch* Marcus Goodrich (nach einer Story von Golda Draper). *Kamera* Russell Metty. *Production Design* Van Nest Polglase. *Schnitt* Desmond Marquette. *Associate Producer* Joseph Henry Steele.
Darsteller Gordon Jones (Martin Rhodes), Margot Grahame (Helen Roberts), Marc Lawrence (Dorn), Billy Gilbert (Torre), Don »Red« Barry (Mario Rigo), Vinton Haworth (Vinton), Otto Yamaoka (Fong), Paul Stanton (Distriktsanwalt), Arthur Loft (Borgum), Walter Miller (Inspektor), Frank Faylen, Dick Miller (Polizisten), ANTHONY QUINN, Charles Murphy. Ernie S. Adams (Gauner), Barbara Pepper (blondes Mädchen).
Anthony Quinn als von Gangstern bezahlter Schläger im Hafenviertel von San Francisco.
Länge 57 Minuten.

1936 – **THE PLAINSMAN** (USA)

Deutscher Titel **Verrat** *auch* **Der Held der Prärie** *auch* **Die Abenteuer des Buffalo Bill**
Produktion Paramount (Cecil B. DeMille, William H. Pine). *Regie* Cecil B. DeMille. *Buch* Waldemar Young, Harold Lamb, Lynn Riggs (nach »The Prince of Pistoleers« von Courtney Ryley Cooper und Grover

Als böser Bube mit Partner Donald Barry und Charles Murphy in ›Night Waitress‹, 1936.

Jones, und »Wild Bill Hickok« von Frank J. Wilstach, adaptiert von Jeanie MacPherson). *Kamera* Victor Milner, George Robinson. *Musik* George Antheil. *Musikalische Leitung* Boris Morros. *Production Design* Hans Dreier, Roland Anderson. *Bauten* A. E. Freudeman. *Schnitt* Anne Bauchens. *Second Unit-Regie* Arthur Rosson. *Regieassistenz* Richard Harlan. *Special effects* Gordon Jennings, Farciot Edouart, Dewey Wrigley. *Kostüme* Natalie Visart, Dwight Franklin, Joe De Young. *Ton* Harry M. Lindgren. *Executive Producer* William LeBaron.
Darsteller Gary Cooper (Wild Bill Hickok), Jean Arthur (Calamity

Jane), James Ellison (Buffalo Bill Cody), Charles Bickford (John Lattimer), Porter Hall (Jack McCall), Helen Burgess (Louisa Cody), John Miljan (General Custer), Victor Varconi (Painted Horse), George »Gabby« Hayes (Breezy), Fuzzy Knight (Dave), Granville Bates (Van Ellyn), Pat Moriarty (Sgt. McGinnis), ANTHONY QUINN (Cheyenne-Krieger), Paul Harvey (Häuptling Yellow Hand), Frank McGlynn sr. (Abraham Lincoln), Purnell Pratt (Captain Wood), Charles Judels (Friseur Tony), George MacQuarrie (General Merritt), Frank Albertson (junger Trapper), Fred Kohler sr. (Jake), Harry Woods (Quartiermeister-Sergeant), Francis J. McDonald (Spieler), George Ernest (Junge am Hafen), Edgar Dearing (Custers Kurier), Edwin Maxwell (Sekretär von War Stanton), Bruce Warren (Zahlmeister auf der »Lizzie Gill«), Charley Stevens (Injun Charley), Francis Ford (alter Veterane), Irving Bacon (hysterischer Trapper), Leila McIntyre (Mary Todd Lincoln), Harry Stubbs (John F. Usher), Davison Clark (James Speed), Charles W. Herzinger (William H. Seward), William Humphries (Hugh McCulloch), Sidney Jarvis (Giddeon Wells), Hank Worden, George Cleveland, Noble Johnson, Lane Chandler, Bud Flannigan [Dennis O'Keefe], Jonathan Hale, John Hyams, Mark Strong, Arthur Aylesworth, Douglas Wood, Lona André, Wadsworth Harris, Stanhope Wheatcroft, Ted Oliver, James Mason, Bud Osborne, Franklyn Farnum, Louise Stuart, Gail Sheridan, Blackjack Ward, Jane Keckley, Cora Shumway, Tex Driscoll, Wilbur Mack, Francis Sayles.
Anthony Quinn als Cheyenne-Indianer, der Wild Bill Hickok und Buffalo Bill vom Massaker General Custers an den Sioux unterrichtet.
Länge 113 Minuten.

1937 – **WAIKIKI WEDDING** (USA)

Produktion Paramount (Arthur Hornblow jr.). *Regie* Frank Tuttle. *Buch* Frank Butler, Don Hartman, Walter DeLeon, Francis Martin (nach einer Story von Frank Butler und Don Hartman). *Kamera* Karl Struss. *Musikalische Leitung* Boris Morros. *Orchestrierung* Victor Young. *Songs* Leo Robin, Ralph Rainger, Harry Owens. *Schnitt* Paul Weatherwax. *Special effects* Farciot Edouart. *Choreographie* LeRoy Prinz.
Darsteller Bing Crosby (Tony Martin), Martha Raye (Myrtle Finch), Bob Burns (Shad Buggle), Shirley Ross (Georgia Smith), George Barbier (J. B. Todhunter), Leif Erickson (Dr. Victor Quimby), Grady Sutton (Everett Todhunter), Granville Bates (Onkel Herman), ANTHONY QUINN (Kimo), George Regas (Muamua), Harry Stubbs (Keith), Pierre

Watkin (John Durkin), Mitchell Lewis (Koalani), Nick Lukats (Gehilfe des Zahlmeisters), Prince Lei Lani (Priester), Maurice Liu (Kaiaka), Raquel Echeverria (Mahina), Nalani De Clercq (Maile), Kuulei De Clercq (Lani), Miri Rei (Tänzerin), Spencer Charters (Frame), Alexander Leftwich (Harrison), Ralph Remley (Tomlin), Augie Goupil (Tänzerin), Iris Yamaoka (Sekretärin), David Newell (Radiosprecher), Emma Dunn (Mrs. Marvin), Robert Emmet O'Connor, Lalo Encinas (Polizisten), Sojin jr. (Page), Ray Kinney (Sänger).
Anthony Quinn als Eingeborener, der von einem Hotelmanager engagiert wird, und dessen Geliebte zum Schein entführen und von den Schönheiten Hawaiis überzeugen soll.
Länge 89 Minuten.

1937 – **SWING HIGH, SWING LOW** (USA)

Deutscher Titel **Liebe in Panama**
Produktion Paramount (Arthur Hornblow jr.). *Regie* Mitchell Leisen. *Buch* Oscar Hammerstein II, Virginia Van Upp (nach dem Theaterstück »Burlesque« von George Manker Walters und Arthur Hopkins). *Kamera* Ted Tetzlaff. *Musikalische Leitung* Boris Morros. *Orchestrierung* Victor Young, Phil Boutelje. *Songs* Leo Robin, Ralph Rainger, Sam Coslow, Ralph Freed, Al Siegel, Burton Lane. *Production Design* Hans Dreier, Ernst Fegte. *Schnitt* Eda Warren. *Special effects* Farciot Edouart.
Darsteller Carole Lombard (Maggie King), Fred MacMurray (Skid Johnson), Dorothy Lamour (Anita Alvarez), Charles Butterworth (Harry), Franklin Pangborn (Henri), Cecil Cunningham (Murphy), Jean Dixon (Ella), Bud Flanagan [Dennis O'Keefe] (Zahlmeister), Charles Judels (Tony), ANTHONY QUINN (Don), Chris Pin Martin (Steward), Harvey Stephens (Harvey Howell), Charles Arnt (Georgie), Harry Semels (Polizeichef), Ricardo Mandia (Dolmetscher), Enrique De Rosas (Richter), Charles Stevens (Zuschauer beim Hahnenkampf), Ralph Remley (Muselwhite), Oscar Rudolph (Liftboy), George Sorel (Manager), George M. Jimenez (Friedensrichter), Nick Lukats, Lee Bowman (Männer im Club), Lee Cooley (Ansager), Richard Kipling (Stabsarzt), Esther Howard (Kundin), Donald Kerr (Radiotechniker), William Wright (Begleiter), Spencer Chan (Koch), Darby Jones (»Weihnachtsmann«), Jack Daley (Polizist).
Anthony Quinn als panamesischer Müßiggänger, der bei einer amerikanischen Nachtklubsängerin einen Annäherungsversuch startet.
Länge 97 Minuten.

1937 – **THE LAST TRAIN FROM MADRID** (USA)

Deutscher Titel **Der letzte Zug aus Madrid**

Produktion Paramount (George M. Arthur). *Regie* James P. Hogan. *Buch* Robert Wyler, Louis Stevens (nach einer Story von Elsie und Paul Harvey Fox). *Kamera* Harry Fischbeck. *Musikalische Leitung* Boris Morros. *Schnitt* Everett Douglas. *Associate Producer* Hugh Bennett.

Darsteller Dorothy Lamour (Carmelita Castillo), Gilbert Roland (Eduardo de Soto), Lew Ayres (Bill Dexter), Lionel Atwill (Colonel Vigo), Robert Cummings (Juan Ramos), Karen Morley (Baronin Helene Rafitte), Helen Mack (Lola), ANTHONY QUINN (Captain Ricardo Alvarez), Olympe Bradna (Maria Ferrer), Lee Bowman (Michael Balk), Evelyn Brent (Bataillonsoffizier), Harry Semels (Wache), Francis McDonald (Mora), Francis Ford (Pedro Elias), Charles Middleton, Sam Appel (Wächter), Henry Brandon (Ankündiger), Bess Flowers (Verkäuferin), Harry Woods (Regierungsbeauftragter), Alan Ladd (Soldat), Jack Perrin (Wachtposten), Frank Leyva (Chauffeur), Roland Rego, George Lloyd (Offiziere), Ralf Harolde (Lolas Freund), Hooper Atchley (Martin), Louise Carter (Rosa Delgado), Stanley Price (Sekretär), Otto Hoffman (Fernando), Maurice Cass (Kellner), Harry Worth (Gomez), Paul »Tiny« Newland (Schließer), Rollo Lloyd (Hernandez), Charles Stevens (entsprungener Häftling), Cecil B. DeMille (Mann, der aus dem Bungalow kommt).

Anthony Quinn als selbstloser Offizier, der einen Zug mit vor dem Spanischen Bürgerkrieg fliehenden Persönlichkeiten aus dem Kampfgebiet eskortiert. *Länge* 85 bzw. 77 Minuten.

1937 – **PARTNERS IN CRIME** (USA)

Produktion Paramount (Harold Hurley). *Regie* Ralph Murphy. *Buch* Garnett Weston, Gladys Unger (nach dem Roman »Murder Goes to College« von Kurt Steel). *Kamera* Henry Sharp. *Musik* Boris Morros. *Production Design* Hans Dreier, Robert Odell. *Schnitt* Eda Warren.

Darsteller Lynne Overman (Hank Hyer), Roscoe Karns (Sim Perkins), Muriel Hutchison (Odette Le Vin), ANTHONY QUINN (Nicholas Mazaney), Russell Hicks (Bürgermeister Callahan), Inez Courtney (Lillian Tate), Lucien Littlefield (Mr. Twitchell), Charles Halton (Silas Wagon), Esther Howard (Mrs. Wagon), Arthur Hoyt (Callahans Sekretär), Charles Wilson (Inspektor Simpson), June Brewster (Mabel), Nora Cecil (Haushälterin), Don Brodie (Reporter), Archie Twitchell [Michael Branden] (Photograph), Oscar »Dutch« Hendrian (Taxifahrer), Ruth Warren (Miss Brown), Dick Rush, Howard Mitchell.

Anthony Quinn als von einem korrupten Bürgermeister bezahlter Erpresser, der dessen Gegenkandidaten im Wahlkampf unmöglich machen soll.
Länge 66 Minuten.

1937 – **DAUGHTER OF SHANGHAI** (USA)

Produktion Paramount (Harold Hurley). *Regie* Robert Florey. *Buch* Garnett Weston, Gladys Unger. *Kamera* Charles Schoenbaum. *Musikalische Leitung* Boris Morros. *Production Design* Hans Dreier, Robert Odell. *Schnitt* Ellsworth Hoagland.
Darsteller Anna May Wong (Lan Ying Lin), Charles Bickford (Otto Hartman), Larry »Buster« Crabbe (Andrew Sleete), J. Carrol Naish (Frank Barden), Philip Ahn (Kim Lee), Evelyn Brent (Olga Derey), Paul Fix (Miles), Mae Busch (Lil), ANTHONY QUINN (Harry Morgan), Cecil Cunningham (Mrs. Mary Hunt), Fred Kohler (Captain Gulner) Pierre Watkin (L. T. Yorkland), Charles Wilson (Captain Schwartz), Gino Corrado (Dolmetscher), John Patterson (James Lang), Guy Bates Post (Lloyd Burkett), Virginia Dabney (Rita), Archie Twitchell [Michael Branden] (Sekretär), Ching Wah Lee (Quan Lin), Frank Sully (Jake Kelly), Ernest Whitman (Sam Blike), Maurice Liu (Ah Feng), Wong Wing (Amah), John Hart (Seemann), Lee Shumway (Schiffsoffizier).
Anthony Quinn als Mitglied einer Gangsterbande, die in San Franciscos Chinatown Sklavenhandel betreibt.
Länge 67 bzw. 61 Minuten.

1938 – **THE BUCCANEER** (USA)

Deutscher Titel **Bucaneer** *auch* **Der Freibeuter von Louisiana**
Produktion Paramount (Cecil B. DeMille/Adolph Zukor Presentation). *Regie* Cecil B. DeMille. *Buch* Edwin Justus Mayer, Harold Lamb, C. Gardner Sullivan (nach Jeanie Macphersons Adaption von »Lafitte the Pirate« von Lyle Saxon). *Kamera* Victor Milner. *Musik* George Antheil. *Musikalische Leitung* Boris Morros. *Production Design* Hans Dreier. *Schnitt* Anne Bauchens. *Second Unit-Regie* Harold Rosson. *Special effects* Farciot Edouart, Dewey Wrigley. *Executive Producer* William LeBaron. *Associate Producer* William H. Pine.
Darsteller Fredric March (Jean Lafitte), Franziska Gaal (Gretchen), Margot Grahame (Annette de Remy), Akim Tamiroff (Dominique You), Walter Brennan (Ezra Peavey), Ian Keith (Senator Crawford), Beulah Bondi (Tante Charlotte), Douglas Dumbrille (Gouverneur Claiborne), ANTHONY QUINN (Beluche), Fred Kohler sr. (Gramby), Spring

Als Seeräuber Beluche in ›The Buccaneer/Der Freibeuter von Louisiana‹, 1938.

Byington (Dolly Madison), Montagu Love (Admiral Cockburn), Evelyn Keyes (Madeleine), Robert Barrat (Captain Brown), Hugh Sothern (Andrew Jackson), Holmes Herbert (Captain McWilliams), Francis J. McDonald (Camden Blount), Richard Denning (Captain Reid), John

Rogers (Mouse), Hans Steinke (Tarsus), Louise Campbell (Marie de Remy), Eric Stanley (General Ross), Gilbert Emery (Captain Lockyer), Frank Melton (Leutnant Shreve), John Hubbard (Charles), Lina Basquette (Roxane), John Patterson (junger Mann), Stanley Andrews, Paul Fix, Mae Busch, Stanhope Wheatcroft, Charles Trowbridge, Terry Ray [Ellen Drew], Reginald Sheffield, John Sutton, Barry Norton, Crawford Kent, Ed Brady, James Craig, Maude Fealy, Philo McCullough, Ralph Lewis, Charlotte Wynters, Charles Morton.
Anthony Quinn als Seeräuber in der Mannschaft eines Freibeuterkapitäns, der 1812 in der Schlacht um New Orleans gegen die Franzosen kämpft.
Länge 128 bzw. 124 Minuten.

1938 – **DANGEROUS TO KNOW** (USA)

Deutscher Titel **Gefährliche Mitwisser**
Produktion Paramount (William LeBaron). *Regie* Robert Florey. *Buch* William R. Lipman, Horace McCoy (nach dem Bühnenstück »On the

Mit Porter Hall (rechts) in ›Dangerous to Know/Gefährliche Mitwisser‹, 1938.

Spot« von Edgar Wallace). *Kamera* Theodor Sparkuhl. *Musik* Boris Morros. *Production Design* Hans Dreier, John Goodman. *Schnitt* Arthur Schmidt. *Associate Producer* Edward T. Lowe.
Darsteller Akim Tamiroff (Stephen Recka), Anna May Wong (Lan Ying), Gail Patrick (Margaret Van Kase/Margaret von Klein), Lloyd Nolan (Inspektor Brandon), Harvey Stephens (Philip Easton/Fred Hell), ANTHONY QUINN (Nicholas »Nicki« Kusnoff), Hedda Hopper (Mrs. Carson/Frau Kersten), Roscoe Karns (Duncan/Düring), Porter Hall (Bürgermeister Bradley/Brandes), Hugh Sothern (Harvey Greggson/Erwin Krüger), Edward Pawley (John Rance/Renz), Barlowe Borland (Butler), Pierre Watkin (Senator Carson), Terry Ray [Ellen Drew] (Sekretärin), Rita LaRoy (Mrs. Barnett), Gino Corrado (Oberkellner), Eddie Marr (Crouch), Harry Worth (Haley), Robert Brister (Mr. Murkil), Garry Owen (Mike Tookey), John Hart (Mann), Donald Brian (Richter Parker), Stanley Blystone (Motorradstreife), Harvey Clark (Mr. Barnett), Jack Knoche (Bote).
Anthony Quinn als Rechte Hand eines Verbrechers, der den gesamten Verwaltungsapparat einer amerikanischen Stadt kontrolliert.
Länge 70 Minuten.

1938 – **TIP-OFF GIRLS** (USA)

Produktion Paramount. *Regie* Louis King. *Buch* Maxwell Shane, Robert Yost, Stuart Anthony. *Kamera* Theodor Sparkuhl. *Musik* Boris Morros. *Production Design* Hans Dreier, Robert Odell. *Schnitt* Ellsworth Hoagland. *Associate Producer* Edward T. Lowe.
Darsteller Lloyd Nolan (Bob Anders), Mary Carlisle (Marjorie Rogers), Larry »Buster« Crabbe (Red Deegan), Roscoe Karns (Tom Benson), J. Carrol Naish (Joseph Valkus), Evelyn Brent (Rena Terry), Harvey Stephens (Jason Baardue), Irving Bacon (Sam), ANTHONY QUINN (Marty), Benny Baker (Scotty), Gertrude Short (»Boots« Milburn), Archie Twitchell [Michael Branden] (Hensler), Pierre Watkin (George Murkil), Wade Boteler (Pete), Barlowe Borland (Blacky), Stanley Price (Louis), John Patterson (Jim), Oscar »Dutch« Hendrian (Entführer), Jack Pennick, John Hart, Harry Templeton, Vic Demourelle jr., Ethan Laidlaw, Stanley King (Fahrer), Phillip Warren (Steve), Frank Austin (Gus), Richard E. Allen (Polizeileutnant), Stanley Andrews (Polizeisergeant), Barbara Jackson (Nurse), Joyce Mathews (Tessie), Ruth Rogers, Laurie Lane, Margaret Randell, Cheryl Walker (Kellnerinnen).
Anthony Quinn als Mitglied einer Gangsterbande, die Überlandtransporter überfällt und ausraubt. *Länge* 62 Minuten.

1938 – **HUNTED MEN** (USA)

Produktion Paramount (Harold Hurley). *Regie* Louis King. *Buch* Horace McCoy, William R. Lipman (nach einem Theaterstück von Albert Duffy und Marian Grant). *Kamera* Victor Milner. *Musik* Boris Morros. *Production Design* Hans Dreier, Franz Bachelin. *Schnitt* Anne Bauchens. *Associate Producer* Stuart Walker.

Darsteller Lloyd Nolan (Joe Albany), Mary Carlisle (Jane Harris), Lynne Overman (Peter Harris), J. Carrol Naish (Henry Rice), Larry »Buster« Crabbe (James Flowers), Dorothy Peterson (Mary Harris), Regis Toomey (Donovan), Delmar Watson (Robert Harris), ANTHONY QUINN (Legs), Hooper Atchley (Oberkellner), Wallis Clark (Polizeichef), Zeffie Tilbury (Blumenfrau), Stanley Price (Cabbie), Johnny Downs (Frank Martin), Louise Miller (Virgie), Fern Emmett (Miss Quinn), George Davis (Kellner), Dick Rich (Tiny), Dick Rush, J. P. McGowan (Polizisten), John Elliott (Detektiv), John Hamilton (Commissioner), Mitchell Ingraham (Chef des Morddezernats), Ivan Miller (Polizei-Captain), Howard Mitchell (Türsteher), Philip Warren (Gangster), Scott Groves, Edwin Brian, John Hart (Partygäste), Laurie Lane, Ruth Rogers, Janet Waldo, Mary Parker (Mädchen).

Anthony Quinn hat einen kurzen Auftritt, wieder einmal als Gangster.

Länge 65 Minuten.

1938 – **BULLDOG DRUMMOND IN AFRICA** (USA)

Deutscher Titel **Scotland Yard auf falscher Spur**

Produktion Paramount (Harold Hurley). *Regie* Louis King. *Buch* Garnett Weston (nach dem Roman »Challenge« von H. C. McNeile). *Kamera* William C. Mellor. *Musik* Boris Morros. *Production Design* Hans Dreier, Earl Hedrick. *Schnitt* Anne Bauchens. *Associate Producer* Edward T. Lowe.

Darsteller John Howard (Captain Hugh Drummond), Heather Angel (Phyllis Clavering), H. B. Warner (Colonel Nielson), J. Carrol Naish (Richard Lane), Reginald Denny (Algy Longworth) E. E. Clive (Tenny), ANTHONY QUINN (Dean Fordine), William von Brincken (Dr. Stern), Fortunio Bonanova (Erster Offizier), Paul Porcasi (Hotelmanager), Leonard Carey (Phillips), Rollo Dix (Acris), Mathew Boulton (Major Grey), Michael Brooke (Baron Nevsky), Forrester Harvey (Konstabler Jenkins), Neil Fitzgerald (McTurk), Jean De Briac (Kellner), Konstantin Shayne, Rudolf Myzet, Michael Vallon (Männer), Evan Thomas (Sergeant).

Anthony Quinn als zwielichtiger Erpresser, der einen Scotland-Yard-

Colonel nach Afrika entführt, um von der britischen Regierung die Pläne für eine technische Erfindung zu bekommen.
Länge 60 Minuten.

1938 – **KING OF ALCATRAZ** (USA)

Produktion Paramount. *Regie* Robert Florey. *Buch* Irving Reis. *Kamera* Harry Fischbeck. *Musik* Boris Morros. *Production Design* Hans Dreier, Earl Hedrick. *Schnitt* Eda Warren. *Associate Producer* William C. Thomas.
Darsteller Lloyd Nolan (Raymond Grayson), Gail Patrick (Dale Borden), Harry Carey sr. (Kapitän Glennan), J. Carrol Naish (Steve Murkil), Robert Preston (Robert MacArthur), Richard Denning (Harry Vay), Porter Hall (Matthew Talbot), ANTHONY QUINN (Lou Gedney), Richard Stanley [Dennis Morgan] (1. Maat Rogers), Tom Tyler (Gus Banshek), Monte Blue (Offizier), Gustav von Seyffertitz (Bill Lustig), Paul Fix (»Nails« Miller), Pierre Watkin (Schiffsarzt), Virginia Dabney (Bonnie Larkin), Nora Cecil (Nora Kane), Emory Parnell (Olaf), Dorothy Howe (Dixie), John Hart, Phillip Warren (Funker), Konstantin Shayne (Murok), Harry Worth (Piotr Mozda), Eddie Marr (Dave Carter), Clay Clement (Fred Cateny), John Harmon (Silver), Jack Knoche (Ed Vierick), Jack Norton, Stanley Blystone, George Anderson (Officers), Eddie Acuff (Steward).
Anthony Quinn als Mitglied einer Bande um einen entflohenen Sträfling, der ein Passagierschiff kapern und nach Zentralamerika entführen will.
Länge 58 bzw. 56 Minuten.

1939 – **KING OF CHINATOWN** (USA)

Deutscher Titel **Überfall im Chinesenviertel**
Produktion Paramount (Harold Hurley). *Regie* Nick Grinde. *Buch* Lillie Hayward, Irving Reis (nach einer Story von Herbert Biberman). *Kamera* Leo Tover. *Musikalische Leitung* Boris Morros. *Production Design* Hans Dreier, Robert Odell. *Schnitt* Eda Warren.
Darsteller Anna May Wong (Dr. Mary Ling), Akim Tamiroff (Frank Baturin), J. Carrol Naish (der Professor), Sidney Toler (Dr. Chang Ling), Philip Ahn (Robert Li), ANTHONY QUINN (Mike Gordon), Roscoe Karns (Harrigan), Richard Denning (Internist), Charles Trowbridge (Dr. Jones), Pierre Watkin (Distriktsanwalt Phillips), Bernadene Hayes (Dolly Warren), Ray Mayer(»Potatoes«), George Anderson (Detektiv), Archie Twitchell [Michael Branden] (Zweiter Internist), Eddie Marr (Bart), Pat West (Kampfansager), Guy Usher (Forscher), Alex Pollard

(Heath), Sam Ash (Barbier), Jimmy Vaughn (Grady), Charles B. Wood, George Magrill (Gangster), Chester Gan (Mr. Foo).
Anthony Quinn als Eintreiber von Schutzgeldern, der seinem Boß das kontrollierte Territorium abspenstig macht.
Länge 57 Minuten.

1939 – UNION PACIFIC (USA)

Deutscher Titel **Die Frau gehört mir** *auch* **Union Pazific**
Produktion Paramount (Cecil B. DeMille). *Regie* Cecil B. DeMille. *Buch* Walter DeLeon, C. Gardner Sullivan, Jesse Lasky jr. (nach Jack Cunninghams Adaption des Romans »Trouble Shooter« von Ernest Haycox). *Kamera* Victor Milner, Dewey Wrigley. *Musik* Sigmund Krumgold, John Leipold, George Antheil. *Production Design* Hans Dreier, Roland Anderson. *Schnitt* Anne Bauchens. *Executive Producer* William LeBaron. *Associate Producer* William H. Pine.
Darsteller Barbara Stanwyck (Mollie Monahan), Joel McCrea (Jeff Butler), Akim Tamiroff (Fiesta), Robert Preston (Dick Allen), Lynne Overman (Leach Overmile), Brian Donlevy (Sid Campeau), ANTHONY QUINN (Jack Cordray), Evelyn Keyes (Mrs. Calvin), Robert Barrat

Als Jack Cordray in dem Cecil B. DeMille-Klassiker ›Union Pacific/ Die Frau gehört mir‹, 1939

(Duke Ring), Stanley C. Ridges (General Casement), Henry Kolker (Asa M. Barrows), Francis J. McDonald (General Grenville Dodge), Regis Toomey (Paddy O'Rourke), J. M. Kerrigan (Monahan), Fuzzy Knight (Cookie), Lon Chaney (Dollarhide), Joe Sawyer (Shamus), Harold Goodwin (Calvin), William Haade (Dusky Clayton), Harry Woods (Al Brett), Guy Usher (Gouverneur Leland Stanford), Russell Hicks (Sargent), Stanley Andrews (Dr. Harkness), Willard Robertson (Oakes Ames), Richard Lane (Sam Reed), Joseph Crehan (General Ulysses S. Grant), Julia Faye (Mame), Sheila Darcy (Rose), Earl Askam (Bluett), John Marston (Dr. Durant), Byron Foulger (Andrew Whipple), Selmer Jackson (Jerome), Morgan Wallace (Senator Smith), May Beatty (Mrs. Morgan), Ernie Adams (General Sheridan), William J. Worthington (Oliver Ames), James McNamara (Mr. Mills), Gus Glassmire (Gouverneur Stafford), Paul Everton (Reverend Dr. Tadd), Jack Pennick (Harmonikaspieler), Richard Denning, Monte Blue, Elmo Lincoln, Noble Johnson, Nestor Paiva, Lane Chandler, Stanhope Wheatcroft, Max Davidson, William Pawley, Emory Parnell, David Newell, Maude Fealy, Blackie Whiteford.
Anthony Quinn als rechte Hand eines hinterhältigen Spielers, der den Bau einer Eisenbahnlinie sabotiert.
Länge 133 bzw. 125 Minuten.

1939 – **ISLAND OF LOST MEN** (USA)

Produktion Paramount. *Regie* Kurt Neumann. *Buch* William R. Lipman, Horace McCoy (nach dem Stück »Hangman's Whip« von Norman Reilly Paine und Frank Butler). *Kamera* Karl Struss. *Musikalische Leitung* Boris Morros. *Song* »Music on the Shore« von Friedrich Hollaender und Frank Loesser. *Production Design* Hans Dreier, Franz Bachelin. *Schnitt* Ellsworth Hoagland. *Associate Producer* Eugene Zukor.
Darsteller Anna May Wong (Kim Ling), J. Carrol Naish (Gregory Prin), ANTHONY QUINN (Chang Tai), Broderick Crawford (Tex Ballister), Richard Loo (General Ahn Ling), Eric Blore (Herbert), Ernest Truex (Frobenius), Philip Ahn (Sam Ring), Torben Meyer (Café-Besitzer), William Haade (Hambly), Rudolf Forster (Prof. Sen), Lal Chand Mehra (Hindu), George Kirby (Kellner), Vivien Oakland (Blondine), Jack Perry (ihr Begleiter), Ruth Rickaby, Ethyl May Halls (Touristinnen), Bruce Mitchell (Schiffsoffizier).
Anthony Quinn als chinesischer Geheimagent, der zusammen mit dessen Tochter einen verschollenen General sucht.
Länge 64 Minuten.

1939 – **TELEVISION SPY** (USA)

Produktion Paramount. *Regie* Edward Dmytryk. *Buch* William R. Lipman, Horace McCoy, Lillian Hayward (nach einer Story von Endre Bohem). *Kamera* Harry Fischbeck. *Musik* Boris Morros. Production Design Hans Dreier, Franz Bachelin. *Schnitt* Anne Bauchens. *Associate Producer* Edward T. Lowe.

Darsteller William Henry (Douglas Cameron), Judith Barrett (Gwen Lawson), Richard Denning (Dick Randolph), Dorothy Tree (Reni Vonich), ANTHONY QUINN (Forbes), William Collier sr. (James Llewellyn), John Eldredge (Boris), Minor Watson (Burton Lawson), Morgan Conway (Carl Venner), Wolfgang Zilzer [Paul Andor] (Frome), Charles Lane (Adler), Byron Foulger (William Sheldon), Chester Clute (Harry Payne), Hilda Plowright (Amelia Sheldon), Wade Boteler (Polizeisergeant), Archie Twitchell [Michael Branden] (Jim Winton), Olaf Hytten (Wagner), Ottola Nesmith (Caroline Sheldon), Clem Wilenchick [Crane Whitley] (Tamley), Monte Vandergrift (Grinton), Eric Wilton (Edgar), E. J. LeSaint (Richter), Ivan Miller (Senator).

Anthony Quinn als Spion einer ausländischen Macht, der die Pläne einer für das Fernsehen revolutionären Erfindung stiehlt.

Länge 60 Minuten.

1940 – **EMERGENCY SQUAD** (USA)

Produktion Paramount. *Regie* Edward Dmytryk. *Buch* Garnett Weston, Stuart Palmer (nach einer Idee von Robert Musel und Michael Raymond). *Kamera* Stuart Thompson. *Musik* Boris Morros. *Production Design* Hans Dreier, Franz Bachelin. *Schnitt* Everett Douglas. *Associate Producer* Stuart Walker.

Darsteller William Henry (Pete Barton), Louise Campbell (Betty Bryant), Richard Denning (Dan Barton), John Miljan (Slade Wiley), John Marston (Leutnant Murdock), Robert Paige (Chester Miller), ANTHONY QUINN (Nick Buller), Joseph Crehan (Verleger Joyce), Stanley Blystone (Mack), J. Pat O'Malley (Feuerwehrhauptmann), Darryl Hickman (Bob), Zeffie Tilbury (Mrs. Cobb), Catherine Proctor (Emily), James Seay (Slim), Walter Tetley (Matt), Lillian Elliott (Wirtin), Jack Kennedy (Callahan), Weldon Heyburn (Lennie), Kenneth Duncan (Jack), Jimmie Dundee (Jimmy), Wilfred Roberts (Wally), Barbara Barondess (Ada), Henry Blair (Adas Sohn).

Anthony Quinn als ein von einem Spekulanten angeheuerter Gauner, der durch Explosionen den Bau eines Tunnels sabotiert.

Länge 58 Minuten.

1940 – **ROAD TO SINGAPORE** (USA)

Deutscher Titel **Der Weg nach Singapur**

Produktion Paramount (Harlan Thompson). *Regie* Victor Schertzinger. *Buch* Frank Butler, Don Hartman (nach einer Story von Harry Hervey). *Kamera* William C. Mellor. *Musikalische Leitung* Victor Young. *Songs* Johnny Burke, James Monaco, Victor Schertzinger. *Production Design* Hans Dreier, Robert Odell. *Schnitt* Paul Weatherwax. *Special effects* Farciot Edouart. *Choreographie* LeRoy Prinz.

Darsteller Bing Crosby (Josh Mallon), Bop Hope (Ace Lannigan), Dorothy Lamour (Mima), Charles Coburn (Joshua Mallon IV), Judith Barrett (Gloria Wycott), ANTHONY QUINN (Caesar), Jerry Colonna (Achilles Bombanassa), Pierre Watkin (Morgan Wycott), Miles Mander (Sir Malcolm Drake), Monte Blue (Hohepriester), Johnny Arthur (Timothy Willow), Steve Pendleton (Gordon Wycott), Pedro Regas (Zato), Greta Grandstedt (Babe), Edward Gargan (Bill), Don Brodie (Fred), John Kelly (Matrose), Kitty Kelly (seine Frau), Roger Gray (Pater), Harry C. Bradley (Sekretär), Richard Keene (Kameramann), Cyril Ring (Schiffsoffizier), Gloria Franklin (Ninky Poo), Carmen D'Antonio (Tänzerin), Helen Lynd (Mädchen), Jack Pepper (Zeitungsreporter), Arthur Q. Bryan (Barkeeper), Benny Innocencio, Fred Malatesia, Bob St. Angelo.

Anthony Quinn als rasend eifersüchtiger Verlobter und Tanzpartner von Dorothy Lamour.

Länge 85 Minuten.

1940 – **PAROLE FIXER** (USA)

Produktion Paramount. *Regie* Robert Florey. *Buch* William R. Lipman, Horace McCoy (nach dem Roman »Persons in Hiding« von J. Edgar Hoover). *Kamera* Harry Fischbeck. *Musik* Boris Morros. *Production Design* Hans Dreier, John Goodman. *Schnitt* Harvey Johnston. *Associate Producer* Edward T. Lowe.

Darsteller William Henry (Scott Britton), Virginia Dale (Enid Casserly), Robert Paige (Steve Eddson), Jack Carson (George Mattison), Gertrude Michael (Colette Menthe), Richard Denning (Bruce Eaton), ANTHONY QUINN (Francis »Big Boy« Bradmore), Marjorie Gateson (Mrs. Thornton Casserly), Lyle Talbot (Ross Waring), Harvey Stephens (Bartley Hanford), Louise Beavers (Tante Lindy), Richard Carle (Gustave Kalkus), Olaf Hytten (Carter), Byron Foulger (Blumenhändler), Doodles Weaver (Edward, dessen Gehilfe), Paul McGrath (Tyler Craden), Charlotte Wynters (Nellie), Wilfred Roberts (Frank Preston), John Gal-

laudet (Edward Bradshaw), Eddie Marr (Edward »Slim« Racky), Morgan Wallace (Ben), Sonny Bupp (Bobby Mattison), Billy Lee (Jimmy Mattison), Edwin Maxwell (Edward Murkil), Mary Hart (Mrs. Tilden), Ed Mortimer (Mr. Tilden).
Anthony Quinn als ein aus dem Staatsgefängnis entflohener Häftling, der auf der Flucht zwei FBI-Beamte ermordet.
Länge 60 bzw. 57 Minuten.

1940 – **THE GHOST BREAKERS** (USA)

Deutscher Titel **Erbschaft um Mitternacht**
Produktion Paramount (Arthur Hornblow jr.). *Regie* George Marshall. *Buch* Walter DeLeon (nach dem Theaterstück von Paul Dickey und Charles W. Goddard). *Kamera* Charles Lang. *Musik* Ernst Toch. *Production Design* Hans Dreier, Robert Usher. *Schnitt* Ellsworth Hoagland. *Special effects* Farciot Edouart.
Darsteller Bob Hope (Larry Lawrence), Paulette Goddard (Mary Carter), Paul Lukas (Parada), Richard Carlson (Geoff Montgomery), ANTHONY QUINN (Ramon Maderos), ANTHONY QUINN (Francisco Maderos), Willie Best (Alex), Pedro de Cordoba (Havez), Paul Fix (Frenchy Duval), Robert Ryan (Internist), Tom Dugan (Raspy Kelly), Lloyd Corrigan (Martin), Noble Johnson (Zombie), Virginia Brissac (Zombie-Mutter), James Flavin (Hotelportier), Robert Elliott (Leutnant Murray), Emmett Vogan (Ankündiger), Kay Stewart (Telephonfräulein), Douglas Kennedy (Arzt), Jack Hatfield (Liftboy), Grace Hayle (schreiende Frau), James Blaine (Polizeisergeant), David Durand (Hotelpage), Max Wagner (Gepäckträger), Leonard Sues (Zeitungsjunge), Jack Edwards (Schiffspage), Jack Norton (Betrunkener), Paul Newland (Träger), Francisco Maran (Oberkellner), Blanca Vischer (Dolores).
Anthony Quinn in der Doppelrolle eines kubanischen Zwillingspaares, das in einem Spukschloß nach einem Schatz sucht.
Länge 83 Minuten.

1940 – **CITY FOR CONQUEST** (USA)

Deutscher Titel **Im Taumel der Weltstadt**
Produktion Warner Brothers/First National (Anatole Litvak). *Regie* Anatole Litvak. *Dialogregie* Irving Rapper. *Buch* John Wexley (nach dem Roman von Aben Kandel). *Kamera* Sol Polito, James Wong Howe. *Musik* Max Steiner. *Musikalische Leitung* Leo F. Forbstein. *Orchestrierung* Hugo Friedhofer, Ray Heindorf. *Production Design* Robert Haas. *Schnitt* William Holmes. *Special effects* Byron Haskin, Rex Wimpy. *Cho-*

Mit Ann Sheridan in ›City for Conquest/Im Taumel der Weltstadt‹, 1940.

reographie Robert Vreeland. *Associate Producer* William Cagney. *Darsteller* James Cagney (Danny Kenny), Ann Sheridan (Peggy Nash), Donald Crisp (Scotty MacPherson), Arthur Kennedy (Eddie Kenny), Elia Kazan (Googi Zucco), Lee Patrick (Gladys), Frank Craven (alter Mann), Frank McHugh (Mutt), George Tobias (Pinky), Jerome Cowan (Dutch), ANTHONY QUINN (Murray Burns), Blanche Yurka (Mrs. Nash), Joyce Compton (Lily), Charles Lane (Buchmacher), Thurston Hall (Max Leonard), George Lloyd (Goldie), Ben Welden (Cobb), John Arledge (Vertreter), Ed Keane (Gaul), Selmer Jackson, Joseph Crehan (Ärzte), Bob Steele (Callahan), Billy Wayne (Killer), Pat Flaherty (Wa-

che), Sidney Miller (»M. C.«), Ethelreda Leopold (Blondine), Dick Wessel, Lee Phelps, Charles Wilson, Edward Gargan, Howard Hickman, Murray Alper, Edward Pawley, Bernice Pilot, William Newell, Lucia Carroll, Dana Dale [Margaret Hayes].
Anthony Quinn als geschniegelter, egoistischer Eintänzer, der nach dem Sieg bei einem Preistanzen mit seiner Partnerin zu einem bekannten Showteam wird.
Länge 103 Minuten.

1940 – **TEXAS RANGERS RIDE AGAIN** (USA)

Produktion Paramount. *Regie* James P. Hogan. *Buch* William R. Lipman, Horace McCoy. *Kamera* Archie Stout. *Musikalische Leitung Boris Morros. Production Design* Hans Dreier, Earl Hedrick. *Schnitt* Arthur Schmidt. *Associate Producer* Edward T. Lowe.
Darsteller Ellen Drew (Ellen »Slats« Dangerfield), John Howard (Jim Kingston), Akim Tamiroff (Mio Pio), Broderick Crawford (Mace Townsley), May Robson (Cecilia Dangerfield), Charles Grapewin (Ben Caldwater), John Miljan (Carter Dangerfield), ANTHONY QUINN (Joe Yuma), Harvey Stephens (Ranger Blair), Monte Blue (Slide Along), Tom Tyler (Ranger Gilpin), Eddie Foy jr. (Mandolin), Robert Ryan (Eddie), Harold Goodwin (Ranger Comstock), Gordon Jones (Ankündiger), William Duncan (Captain Inglis), Eva Puig (Maria), Edward Pawley (Palo Pete), Joseph Crehan (Johnson), Jim Pierce (Highboots), Stanley Price (Nevers), Donald Curtis (Ranger Stafford), Eddie Acuff (Telegraphist), Ruth Rogers (Mädchen), John Howard.
Anthony Quinn als Halbblut-Vormann einer Ranch, der mit dem Neffen der Besitzerin Rinder stiehlt.
Länge 67 Minuten.

1941 – **BLOOD AND SAND** (USA)

Deutscher Titel **König der Toreros**
Produktion 20th Century-Fox (Darryl F. Zanuck). *Regie* Rouben Mamoulian. *Buch* Joe Swerling, unter unerwähnter Mitarbeit von Budd Boetticher (nach dem Roman »Sangre y Arene« von Vincente Blasco Ibañez). *Kamera* (Technicolor) Ray Rennahan, Ernest Palmer. *Musikalische Leitung* Alfred Newman. *Production Design* Richard Day, Joseph C. Wright. *Schnitt* Robert Bischoff. *Choreographie* Geneva Sawyer. *Associate Producer* Robert T. Kane.
Darsteller Tyrone Power (Juan Gallardo), Linda Darnell (Carmen Espinosa), Rita Hayworth (Doña Sol), Alla Nazimova (Señora Augustias),

Mit Partnern in ›Blood and Sand/König der Toreros‹, 1941.

ANTHONY QUINN (Manolo de Palma), John Carradine (Nacional), J. Carrol Naish (Garabato), Laird Cregar (Natalio Curro), Lynn Bari (Encarnacion), William Montague [Monty Banks] (Antonio Lopez), George Reeves (Capt. Pierre Lauren), Vicente Gomez (Gitarrist), Fortunio Bonanova (Pedro Espinosa), Russell Hicks (Marquis), Pedro de Cordoba (Don José Alvarez), Victor Kilian (Priester), Ann Todd (Carmen als Kind), Elena Verdugo (Flamenco-Tänzerin), Francis McDonald (Freund), Adrian »Michael« Morris (La Pulga), Charles Stevens (Pablo Gomez), Cora Sue Collins (Encarnacion als Kind), Rex Downing (Juan als Kind), Maurice Cass (El Milquetoast), John Wallace (Francisco), Jacqueline Dalya (Gachi), Larry Harris (Manolo als Kind), Schuyler Standish (Nacional als Kind), Paco Moreno (Kapellmeister), Harry Burns (Maschinist).

Anthony Quinn als Jugendfreund eines bekannten spanischen Stierkämpfers, der dem großen Vorbild nacheifert bis er den Freund letztlich überflügelt.

Länge 123 Minuten.

1941 – **THIEVES FALL OUT** (USA)

Produktion Warner Brothers (Edmund Grainger). *Regie* Ray Enright. *Buch* Charles Grayson, Ben Markson (nach dem Bühnenstück »Thirty Days Hath September« von Irving Gaumont und Jack Sobel). *Kamera* Sid Hickox. *Musik* Heinz Roemheld. *Schnitt* Clarence Kolster.

Darsteller Eddie Albert (Eddie Barnes), Joan Leslie (Mary Matthews), Jane Darwell (Großmutter Allen), Alan Hale sr. (Robert Barnes), Edward Brophy (Rork), Frank Faylen (Pick), John Litel (Tim Gordon), William T. Orr (George Gormsby), ANTHONY QUINN (Chic Collins), Minna Gombell (Ella Barnes), Hobart Cavanaugh (David Tipton), Etta McDaniel (Blossom), Walter Soderling (Friedensrichter), Edward Gargan (Kane), Vaughan Glaser (Charles Matthews), Nana Bryant (Martha Matthews), William Davidson (Harry Eckles), Tom Kennedy (Taxifahrer), Ann Edmonds (Sekretärin), Jack Wise (Pförtner) Cliff Clark (Polizist).

Anthony Quinn als kleiner Gauner, der mit dem Schuldschein auf eine Erbschaft eine Familie erpreßt, die Großmutter kidnappt und von dieser schließlich ausgetrickst wird.

Länge 72 Minuten.

1941 – **KNOCKOUT** (USA)

Produktion Warner Brothers (Edmund Grainger). *Regie* William Clemens. *Buch* M. Coates Webster (nach einer Story von Michael Fessier). *Kamera* Ted McCord. *Musik* Heinz Roemheld. *Schnitt* Doug Gould.

Darsteller Arthur Kennedy (Johnny Rocket), Olympe Bradna (Angela Grinnelli), Virginia Field (Gloria Van Ness), ANTHONY QUINN (Trego), Cliff Edwards (Pinky), Cornel Wilde (Tom Rossi), Ben Welden (Polky), Creighton Hale, DeWolfe Hopper (Reporter), Lee Phelps (Kampfansager), William Edmunds (Louis Grinnelli), Richard Ainley (Allison), John Ridgely (Pat Martin), Frank Wilcox (Denning), Vera Lewis (Mrs. Turner), Charles Wilson (Monigan), Edwin Stanley (Doktor), Al Seymour (Schiedsrichter), John Kellogg (Murphy), Bill Phillips (Kovacs), David Clarke (Peters), Steve Pendleton (Stanley), Kid Chissell (Hawkins), Grace Hayle (Mrs. Smithers), Frank Faylen, Paul Phillips, Jack Herrick (Boxer), Joe Grey (Kent), Tom Garland (Ringbetreuer).

Anthony Quinn als skrupelloser Manager eines Boxers, der verhindern will, daß sich dieser ins Privatleben zurückzieht, da er mit dem Mann noch viel Geld verdienen will.

Länge 74 Minuten.

1941 – BULLETS FOR O'HARA (USA)
Produktion Warner Brothers. *Regie* William K. Howard. *Buch* Raymond Schrock (nach einer Story von P. J. Wolfson und David O. Selznick). *Kamera* Ted McCord. *Musik* Heinz Roemheld. *Schnitt* James Gibbons. *Associate Producer* William Jacobs.
Darsteller Joan Perry (Patricia Van Dyne), Roger Pryor (Mike O'Hara), ANTHONY QUINN (Tony Van Dyne), Maris Wrixon (Elaine Standish), DeWolfe Hopper (Richard Palmer), Dick Purcell (Wicks), Hobart Bosworth (Richter), Frank Ferguson (Ankläger), Creighton Hale (Jury-Vorsitzender), Richard Ainley (McKay Standish), Joan Winfield (Marjorie Palmer), Roland Drew (Bradford), Joseph King (Maxwell), Victor Zimmerman (Steve), Hank Mann (Swartzman), Sidney Bracy (Lamson), Kenneth Harlan (Jim), Frank Mayo (Weldon), Jack Mower (G-Man), Leah Baird (Polizistenfrau), Jean Maddox (Mayme), Alexander Leftwich (Kettering), George Irving (Minister), William Roberts (Page), Murray Alper, Billy Wayne (Boten).
Anthony Quinn als Anführer einer Gangsterbande, dessen Exfrau einen Privatdetektiv heiratet.
Länge 50 Minuten.

1941 – THE PERFECT SNOB (USA)
Produktion 20th Century-Fox (Walter Morosco für Sol Wurtzel). *Regie* Ray McCarey. *Buch* Lee Loeb, Harold Buchman. *Kamera* Charles Clarke. *Musikalische Leitung* Emil Newman. *Production Design* Richard Day, Albert Hogsett. *Schnitt* J. Watson Webb.
Darsteller Charlie Ruggles (Dr. Mason), Charlotte Greenwood (Martha Mason), Lynn Bari (Chris Mason), Cornel Wilde (Mike Lord), ANTHONY QUINN (Alex Moreno), Alan Mowbray (Freddie Browning), Chester Clute (Nibsie Nicholson), Matt McHugh (Gepäckträger), LeRoy Mason (Doktor), Jack Chefe (Kellner), Biddle Dorsey (Fahrer), Charles Tannen (Chauffeur).
Anthony Quinn als Geschäftsfreund eines Millionärs, der sich für diesen ausgibt, um die Treue seiner Angebeteten auf die Probe zu stellen.
Länge 63 Minuten.

1941 – THEY DIED WITH THEIR BOOTS ON (USA)
Deutscher Titel **Sein letztes Kommando**
Produktion Warner Brothers (Hal B. Wallis)/First National *Regie* Raoul Walsh. *Buch* Aeneas MacKenzie, Wally Kline. *Kamera* Bert Glennon. *Musik* Max Steiner. *Production Design* John Hughes. *Schnitt* William

Als Gangsterboß mit Partnerin Joan Perry in ›Bullets for O'Hara‹, 1941.

Holmes. *Associate Producer* Robert Fellows.
Darsteller Errol Flynn (General George Armstrong Custer), Olivia de Havilland (Elizabeth Custer), Arthur Kennedy (Ned Sharp), Sidney Greenstreet (General Winfield Scott), Gene Lockhart (Samuel Brown), ANTHONY QUINN (Crazy Horse), Charles Grapewin (California Joe), Stanley C. Ridges (Major Romulus Taipe), John Litel (General Philip Sheridan), Walter Hampden (William Sharp), Regis Toomey (Fitzhugh Lee), Hattie McDaniel (Callie), Frank Wilcox (Captain Webb), Minor Watson (Senator Smith), Joe Sawyer (Sergeant Doolittle), Irving Bacon (Händler), Spencer Charters (Stationsvorstand), Hobart Bosworth (Pre-

diger), Russel Hicks (Colonel der 1st Michigan), Gig Young (Leutnant Roberts), Anna Q. Nilsson (Mrs. Taipe), Frank Ferguson (Grants Sekretär), G. P. Huntley jr. (Leutnant Butler), Joseph Crehan (Präsident Ulysses S. Grant), Selmer Jackson (Captain McCook), Eddie Acuff (Corporal Smith), George Eldredge (Captain Riley), Hugh Sothern (Major Smith), John Ridgely (Leutnant Davis), Aileen Pringle (Mrs. Sharp), Eleanor Parker (Filmdebüt als Statistin).
Anthony Quinn als legendärer Sioux-Häuptling Crazy Horse, der mit seinem Stamm in der Schlacht am Little Big Horn auf die Truppen General Custers trifft.
Länge 140 Minuten.

1942 – **LARCENY, INC.** (USA)

Produktion Warner Brothers (Hal B. Wallis)/First National. *Regie* Lloyd Bacon. *Buch* Everett Freeman, Edwin Gilbert (nach dem Stück »The Night Before Christmas« von Laura und S. J. Perelman). *Kamera* Tony Gaudio. *Musikalische Leitung* Adolph Deutsch. *Production Design* John Hughes. *Schnitt* Ralph Dawson. *Associate Producer* Jerry Wald, Jack Saper.
Darsteller Edward G. Robinson (Pressure Maxwell), Jane Wyman (Denny Costello), Broderick Crawford (Jug Martin), Jack Carson (Jeff Randolph), ANTHONY QUINN (Leo Dexter), Harry Davenport (Homer Bigelow), Edward Brophy (Weepy Davis), Jackie Gleason (Hobart), John Qualen (Sam Bachrach), Barbara Jo Allen (Gloria), Grant Mitchell (Aspinwell), Fortunio Bonanova (Anton Copoulos), Joseph Crehan (Warden), Chester Clute (Buchanan), Creighton Hale (Carmichael), Emory Parnell (Officer O'Casey), Oscar »Dutch« Hendrian (Chuck), Lucien Littlefield, DeWolfe Hopper (Kunden), J. Pat O'Malley (Polizist), Andrew Tombes (Oscar Engelhart), Joseph Downing (Smitty), George Meeker (Mr. Jackson), Jean Ames (Florence), William Davidson (McCarthy), Joe Devlin (Schiedsrichter), John Kelly (Schläger), Jimmy O'Gatty, Jack Kennedy (Gefangene), Eddy Chandler, James Flavin (Wachtposten), Bill Phillips (Mugsy), Hank Mann, Eddie Foster, Cliff Saum, Charles Sullivan (Ballspieler), Charles Drake (Fahrer), Vera Lewis (Frau), Ray Montgomery (junger Mann), Grace Stafford (Sekretärin), Harry Strang (Polizist).
Anthony Quinn als Häftling, der in der Gefangenschaft einen raffinierten Bankraub plant und hören muß, daß ihm einige bereits entlassene Kumpels zuvorkommen wollen.
Länge 95 Minuten

1942 – **ROAD TO MOROCCO** (USA)

Deutscher Titel **Der Weg nach Marokko**

Produktion Paramount. *Regie* David Butler. *Buch* Frank Butler, Don Hartman. *Kamera* William C. Mellor. *Musikalische Leitung* Victor Young. *Songs* Johnny Burke, Jimmy Van Heusen. *Production Design* Hans Dreier, Robert Usher. *Schnitt* Irene Morra. *Associate Producer* Paul Jones.

Darsteller Bing Crosby (Jeff Peters), Bob Hope (Turkey Jackson), Dorothy Lamour (Prinzessin Shalmar), ANTHONY QUINN (Mullay Kasim), Vladimir Sokoloff (Hyder Khan), Dona Drake (Mihirmah), Mikhail Rasumny (Ahmed Fey), Leon Belasco (Yusef), Monte Blue, Jamiel Hasson (Kasims Diener), Nestor Paiva (Würstchenverkäufer), George Givot (Neb Jolla), Andrew Tombes (Oso Bucco), Yvonne De Carlo, Louise LaPlanche, Theo de Voe, Brooke Evans, Suzanne Ridgeway, Patsy Mace, Poppy Wilde (Sklavinnen), Ralph Penney (arabischer Kellner), Dan Seymour (arabischer Käufer), Brandon Hurst (englischer Ansager), Richard Loo (chinesischer Ansager), Leo Mostovoy (russischer Ansager), Sylvia Opert, Rita Christiani (Tänzerinnen), Blue Washington (nubischer Sklave), Michael Mark (Topfhändler), Stanley Price (Idiot), Robert Barron (arabischer Riese), Harry Cording, Dick Botiller (Krieger), George Lloyd, Sammy Stein (Wächter), Vic Groves, Joe Jewett (Säbeltänzer), Cy Kendall (Obsthändler) und die Stimmen von Sara Berner und Kent Rogers (Kamele).

Anthony Quinn als marokkanischer Scheich, dem die Prinzessin kurz vor der Hochzeit von zwei Amerikanern weggeschnappt wird.

Länge 83 Minuten.

1942 – **THE BLACK SWAN** (USA)

Deutscher Titel **Der Seeräuber** *auch* **Der schwarze Schwan**

Produktion 20th Century-Fox (Robert Bassler). *Regie* Henry King. *Buch* Ben Hecht, Seton I. Miller (nach dem Roman von Rafael Sabatini). *Kamera* (Technicolor) Leon Shamroy. *Musik* Alfred Newman. *Production Design* Richard Day, James Basevi. *Schnitt* Barbara McLean.

Darsteller Tyrone Power (James Waring), Maureen O'Hara (Margaret Denby), George Sanders (Billy Leech), Thomas Mitchell (Tommy Blue), Laird Cregar (Kapitän Henry Morgan), George Zucco (Lord Denby), ANTHONY QUINN (Wogan), Fortunio Bonanova (Don Miguel), Frederick Worlock (Sprecher), Willie Fung (chinesischer Koch), Arthur Shields (Bischof), Olaf Hytten (Schreiber), Edward Ashley (Roger Ingram), Stuart Robertson (Captain Graham), Charles McNaughton (Fen-

Der Gegner wird unschädlich gemacht: Tyrone Power, Maureen O'Hara, Anthony Quinn (mit Augenklappe), George Sanders und Partner in ›The Black Swan/Der Seeräuber‹, 1942.

ner), Charles Francis (Higgs), Keith Hitchcock (Majordomo), John Burton (Captain Blaine), Cyril McLaglen (Captain Jones), Clarence Muse (Daniel), Charles Irwin, David Thursby, Frank Leigh (Kapitäne), John Carradine.
Anthony Quinn als schurkischer, einäugiger Pirat, der mit seinem nicht minder niederträchtigen Kapitän in der Karibik englische Handelsschiffe kapert.
Länge 85, 82 bzw. 76 Minuten.
Deutsche Erstaufführung 14. November 1950, München, Schiller-Theater.

1943 – THE OX-BOW INCIDENT (USA)

Deutscher Titel **Ritt zum Ox-Bow**
Produktion 20th Century-Fox (Lamar Trotti). *Regie* William A. Wellman. *Buch* Lamar Trotti (nach dem Roman von Walter Van Tilburg Clark). *Kamera* Arthur Miller. *Musikalische Leitung* Cyril J. Mockridge.

Production Design Richard Day, James Basevi. *Schnitt* Allen McNeil. *Darsteller* Henry Fonda (Gil Carter), Dana Andrews (Donald Martin), Henry »Harry« Morgan (Art Croft), Mary Beth Hughes (Rose Mapes), ANTHONY QUINN (Mexikaner), William Eythe (Gerald Tetley), Jane Darwell (Ma Grier), Francis Ford (alter Mann), Harry Davenport (Arthur Davies), Frank Conroy (Major Tetley), Marc Lawrence (Jeff), Victor Kilian (Darby), Chris Pin Martin (Pancho), George Meeker (Mr. Swanson), Rondo Hatton (Gabe Hart), Almira Sessions (Miss Swanson), Margaret Hamilton (Mrs. Larch), Billy Benedict (Greene), George Chandler (Jimmy Cairnes), Matt Briggs (Richter Tyler), Paul Hurst (Monty Smith), Michael »Ted« North (Joyce), Dick Rich (Butch Mapes), Stanley Andrews (Bartlett), Paul Burns (Winder), Leigh Whipper

Unschuldig des Mordes verdächtigt: Anthony Quinn mit Partner in ›The Ox-Bow Incident/Ritt zum Ox-Bow‹, 1943.

(Sparks), George Lloyd (Moore), Hank Bell (Red), Forrest Dillon (Mark), George Plues (Alec Small), Willard Robertson (Sheriff), Tom London (Hilfssheriff).
Anthony Quinn als mexikanischer Cowboy, der – fälschlich beschuldigt, einen Rancher ermordet zu haben – von der Menge gelyncht wird.
Länge 75 Minuten.

1943 – **GUADALCANAL DIARY** (USA)

Deutscher Titel **Guadalcanal – Die Hölle im Pazifik**
Produktion 20th Century-Fox (Bryan Foy). *Regie* Lewis Seiler. *Buch* Lamar Trotti (nach Jerry Cadys Adaption des Romans von Richard Tregaskis). *Kamera* Charles Clarke. *Musik* David Buttolph. *Musikalische Leitung* Emil Newman. *Production Design* James Basevi, Leland Fuller. *Schnitt* Fred Allen. *Associate Producer* Islin Auster.
Darsteller Preston Foster (Pater Donnelly) Lloyd Nolan (Sergeant Hunk Malone), Richard Conte (Captain Davis), William Bendix (Taxi Potts), ANTHONY QUINN (Soose), Richard Jaeckel (Johnny Anderson), Lionel Stander (Butch), Roy Roberts (Captain Cross), Reed Hadley (Korrespondent), Ralph Byrd (Red Rowman), John Archer (Leutnant Thurmond), Miles Mander (Weatherby), Minor Watson (Colonel Grayson), Eddie Acuff (Tex), Selmer Jackson (Colonel Thompson), Robert Rose (Sammy), Harry Carter (Meldegänger), Jack Luden (Major), Louis Hart (Leutnant), Tom Dawson (Captain), Allen Jung (japanischer Offizier), Paul Fung (Gefangener).
Anthony Quinn als furchtloser mexikanischer US-Navy-Gefreiter, der als einziger ein gefährliches Sonderkommando im Pazifik überlebt.
Länge 93 Minuten.

1944 – **BUFFALO BILL** (USA)

Deutscher Titel **Buffalo Bill** *auch* **Buffalo Bill, der weiße Indianer**
Produktion 20th Century-Fox (Harry A. Sherman/Darryl F. Zanuck Presentation). *Regie* William A. Wellman. *Buch* Aeneas MacKenzie, Clements Ripley, Cecile Kramer (nach einer Story von Frank Winch). *Kamera* (Technicolor) Leon Shamroy. *Musik* David Buttolph. *Musikalische Leitung* Emil Newman. *Production Design* James Basevi, Lewis Creber. *Schnitt* James B. Clark. *Special effects* Fred Sersen.
Darsteller Joel McCrea (Colonel William Frederick Cody, genannt Buffalo Bill), Maureen O'Hara (Louisa Cody), Linda Darnell (Dawn Starlight), Thomas Mitchell (Ned Buntline), Edgar Buchanan (Sergeant Chips), Sidney Blackmer (Präsident Theodore Roosevelt), ANTHONY

Als Häuptling Yellow Hand in ›Buffalo Bill/Buffalo Bill, der weiße Indianer‹, 1944.

QUINN (Yellow Hand), Moroni Olsen (Senator Frederici), George Chandler (Trapper Clancy), Chief Thundercloud (Crazy Horse), William Haade (Barber), Frank Fenton (Murdo Carvell), Matt Briggs (General Blazier), George Lessey (Mr. Vandervere), Frank Orth (Sherman), Chief Many Treaties (Tall Bull), Nick Thompson (Medizinmann), Evelyn Beresford (Königin Victoria), Edwin Stanley (Doktor), John Dilson (Präsident Hayes), Cecil Weston (Mad), Merrill Rodin (Page), Vincent Graeff (verkrüppelter Junge), Fred Graham (Verleger).
Anthony Quinn als junger Indianerhäuptling, der mit Buffalo Bill über einen dauerhaften Frieden für seinen Stamm verhandelt.
Länge 92 bzw. 90 Minuten.

1944 – **LADIES OF WASHINGTON** (USA)

Produktion 20th Century-Fox (William Girard). *Regie* Louis King. *Buch* Wanda Tuchock. *Kamera* Charles Clarke. *Musik* Cyril J. Mockridge. *Musikalische Leitung* Emil Newman. *Production Design* James Basevi, Leland Fuller. *Schnitt* Nick DiMaggio. *Special effects* Fred Sersen.

Darsteller Trudy Marshall (Carol), Ronald Graham (Dr. Mayberry), ANTHONY QUINN (Michael Romanescue), Sheila Ryan (Jerry), Carleton Young (Wissenschaftler), Robert Bailey (Stephen), Beverly Whitney (Helen), Jo-Carroll Dennison (Frieda), Ruby Dandridge (Nellie), John Philliber (»Mother Henry«), Harry Shannon (Lt. Lake), Pierre Watkin (Mr. Crane), J. Farrell MacDonald (Beobachter), Byron Foulger (Sekretär), Bess Flowers (Frau), Lee Shumway (Sergeant Martin), Jackie Paley (Adelaide), Robin Raymond (Vicky O'Reilly), Doris Merrick (Amy), Barbara Booth (Betty), Lillian Porter (Marjorie), Charles D. Brown (Inspektor Saunders), Nella Walker (Mrs. Crane), Inna Gest (Dorothy), Rosalind Keith, Mary Field (Nurses) Edna Mae Jones (Susan), Bert McClay (Fähnrich), Harry Depp (Mr. Wethering).

Anthony Quinn als Nazi-Spion, der über eine Frau versucht, an kriegswichtige Geheimdokumente zu gelangen.

Länge 61 Minuten.

1944 – **ROGER TOUHY, GANGSTER** (USA)

Produktion 20th Century-Fox (Lee Marcus). *Regie* Robert Florey. *Buch* Crane Wilbur, Jerry Cady. *Kamera* Glen MacWilliams. *Musik* Hugo Friedhofer. *Musikalische Leitung* Emil Newman. *Production Design* James Basevi, Lewis Creber. *Schnitt* Harry Reynolds. *Special effects* Fred Sersen.

Darsteller Preston Foster (Roger Touhy), Victor McLaglen (Basil »The Owl« Banghart), Lois Andrews (Daisy), Kent Taylor (Captain Steve Warren), ANTHONY QUINN (George Carroll), Henry »Harry« Morgan (Smoke Reardon), Reed Hadley (Anwalt Drake), Trudy Marshall (Gloria), John Archer (Anwalt Kerrigan), Frank Jenks (Troubles O'Connor), Horace McMahon (Maxie Sharkey), Moroni Olsen (Riley), Cy Kendall (Edward Latham), George E. Stone (Ice Box Hamilton), Frank Orth (Bühnenkomiker), Murray Alper (Ralph Burke), Selmer Jackson (Oberaufseher), Joseph Crehan (Wache), Byron Foulger (Gerichtsschreiber), Addison Richards (Priester), Arthur Aylesworth (Farmer), William Post jr. (Joe Sutton), Matt Briggs (Cameron), Charles Lang (Anwalt Boyden), Kane Richmond (Mason), George Holmes (McNair), Ralph Peters (Clanahan), Roy Roberts (Frank Williams), John Harmon

(Lefty Rowden), Edmund MacDonald (Barnes), William Pawley (Gefängniswache Briggs), George Lessey (Richter), Ralph Dunn (Patrouille), Grant Withers, William Haade, Dick Rich, Joey Ray, Ferris Taylor, Jim Farley, William Ruhl, Thomas Jackson, Stanley Blystone, Charles Wilson, Ralf Harolde, Herbert Ashley, Ivan Miller.
Anthony Quinn als Zellengenosse des authentischen Verbrechers Touhy, dessen Leben von der Prohibitionszeit bis zu dem von ihm 1942 geplanten Massenausbruch der Film nachzeichnet.
Länge 65 Minuten.

Als Al Jackson in ›Irish Eyes Are Smiling‹, 1944.

1944 – **IRISH EYES ARE SMILING** (USA)

Produktion 20th Century-Fox (Damon Runyon). *Regie* Gregory Ratoff. *Buch* Earl Baldwin, John Tucker Battle (nach einer Story von E. A. Ellington). *Kamera* (Technicolor) Harry Jackson. *Musikalische Leitung* Alfred Newman. *Songs* Mack Gordon, James Monaco, Ernest R. Ball. *Production Design* Lyle Wheeler, Joseph C. Wright. *Schnitt* Harmon Jones. *Special effects* Fred Sersen. *Choreographie* Hermes Pan.

Darsteller Monty Woolley (Edgar Brawley), June Haver (Mary »Irish« O'Brien), Dick Haymes (Ernest R. Ball), ANTHONY QUINN (Al Jackson), Maxie Rosenbloom (Stanley Ketchel), Veda Ann Borg (Belle La Tour), Blanche Thebom, Leonard Warren (Opernsänger), Chick Chandler (Bühnenmanager), Emmett Vogan (Zahlmeister), J. Pat O'Malley (Steward), Arthur Hohl (Barker), J. Farrell MacDonald (Türsteher), Eddie Acuff (Harry), Beverly Whitney (Lucille Lacey), Kenny Williams (Tanzeinlage), Michael Dalmatoff (Oberkellner), Marian Martin (Primadonna), Art Foster (Sparring Partner), Mary Gordon (Irin), Minerva Urecal (aufgeregte Frau), Charles Williams.

Anthony Quinn als Rechte Hand eines Broadway-Managers.

Länge 90 Minuten.

1945 – **WHERE DO WE GO FROM HERE ?** (USA)

Produktion 20th Century-Fox (William Perlberg). *Regie* Gregory Ratoff. *Buch* Morrie Ryskind (nach einer Story von Sig Herzig und Morrie Ryskind). *Kamera* (Technicolor) Leon Shamroy. *Musik* David Raksin. *Musikalische Leitung* Emil Newman, Charles Henderson. *Songs* Ira Gershwin, Kurt Weill. *Production Design* Lyle Wheeler, Leland Fuller. *Schnitt* J. Watson Webb. *Special effects* Fred Sersen.

Darsteller Fred MacMurray (Bill), Joan Leslie (Sally), June Haver (Lucilla), Gene Sheldon (Genie/Ali), Alan Mowbray (General George Washington), ANTHONY QUINN (Häuptling), Carlos Ramirez (Benito), Herman Bing (hessischer Oberst), Otto L. Preminger (General Rahl), Fortunio Bonanova (Christoph Columbus), Howard Freeman (Kreiger), Cyril Ring (Armeearzt), Max Wagner (Sergeant), John Davidson (Benedict Arnold), Rosina Galli (alte Dame), Fred Essler (Holländer), Hope Landin (alte Ehefrau), Joe Bernard (Burgher), Walter Bonn (2. Holländer), Arno Frey (deutscher Leutnant), Larry Thompson (Soldat), Norman Field (Minister).

Anthony Quinn als Indianerhäuptling, der einem Fremden die Insel von Manhattan um 24 Dollar verkauft! – ein satirisch gemeintes Episoden-Musical. *Länge* 77 Minuten.

1945 – **CHINA SKY** (USA)

Deutscher Titel **Am Himmel von China**

Produktion RKO (Maurice Geraghty). *Regie* Ray Enright. *Buch* Brenda Weisberg, Joseph Hoffman (nach dem Roman von Pearl S. Buck). *Kamera* Nicholas Musuraca. *Musik* Roy Webb. *Musikalische Leitung* Constantin Bakaleinikoff. *Production Design* Albert S. D'Agostino, Ralph Berger. *Schnitt* Gene Milford, Marvin Coil. *Special effects* Vernon L. Walker. *Executive Producer* Jack L. Gross.

Darsteller Randolph Scott (Dr. Gray Thompson), Ruth Warrick (Dr. Sara Durand), Ellen Drew (Louise Thompson), ANTHONY QUINN (Chen Ta), Richard Loo (Colonel Yasuda), Philip Ahn (Dr. Kim), Benson Fong (Chung), Carol Thurston (Siu Mei), Ducky Louie (Little Goat), H. T. Tsiang (Polizeirichter), Chin Kuang Chow (Charlie), Harold Fong, Kermit Maynard, James Leong, Jimmy Lono, Owen Song, Gerald Lee, George Chung, Bob Chinn, Layne Tom jr., Jung Lim, Moy Ming, Audrey Chow, Weaver Levy, Charles Lung, Albert Law.

Anthony Quinn als chinesischer Guerilla-Anführer, der im Zweiten Weltkrieg ein Bergdorf gegen japanische Fliegerangriffe verteidigt.

Länge 78 Minuten.

1945 – **BACK TO BATAAN** (USA)

Deutscher Titel **Stahlgewitter** *auch* **Zwei schlagen zurück**

Produktion RKO (Robert Fellows). *Regie* Edward Dmytryk. *Buch* Ben Barzman, Richard H. Landau (nach einer Story von Aeneas MacKenzie und William Gordon). *Kamera* Nicholas Musuraca. *Musik* Roy Webb. *Musikalische Leitung* Constantin Bakaleinikoff. *Production Design* Albert S. D'Agostino, Ralph Berger. *Schnitt* Marston Fay. *Special effects* Vernon L. Walker. *Associate Producer* Theron Warth.

Darsteller John Wayne (Col. Joseph Madden), ANTHONY QUINN (Capt. Andres Bonifacio), Beulah Bondi (Bertha Barnes), Richard Loo (Maj. Hasko), Philip Ahn (Col. Kuroki), Abner Biberman (japanischer Captain), Paul Fix (Spindle Jackson), Vladimir Sokoloff (Buenaventura J. Bello), Fely Franquelli (Dalisay Delgado), Lawrence Tierney (Lt. Comm. Waite), Leonard Strong (Gen. Homma), Ducky Louie (Maximo Cuenca), John Miljan (Gen. Wainwright), Benson Fong (japanischer Melder), Ray Teal (Lt. Col. Roberts), J. Alex Havier (Sgt. Biernesa), Angel Cruz (Corp. Cruz), Ken McDonald (Maj. McKinley), Erville Alderson (Lehrer), Bill Williams, H. W. Gim, Edmund Glover.

Anthony Quinn als philippinischer Guerilla-Kämpfer, der seine Truppe

Mit Angel Cruz, John Wayne und Lawrence Tierney (von links) in ›Back to Bataan/Stahlgewitter‹, 1945.

unter den Befehl eines US-Colonels stellt und mit diesem gegen die Japaner weiterkämpft.
Länge 97 bzw. 95 Minuten
Uraufführung 31. Mai 1945.

1946 – **CALIFORNIA** (USA)

Deutscher Titel **California**
Produktion Paramount (Seton I. Miller). *Regie* John Farrow. *Buch* Theodore Strauss, Frank Butler (nach einer Story von Boris Ingster). *Kamera* (Technicolor) Ray Rennahan. *Musikalische Leitung* Victor Young. *Songs* Earl Robinson. *Liedtexte* E. Y. Harburg. *Production Design*

Hans Dreier, Roland Anderson. *Schnitt* Eda Warren. *Regieassistenz* Herbert Coleman. *Special effects* Gordon Jennings. *Kostüme* Edith Head, Gile Steel. *Ton* Stanley Cooley, John Cope. *Farbberatung* Natalie Kalmus, Robert Brower.

Darsteller Ray Milland (Jonathan Trumbo), Barbara Stanwyck (Lily Bishop), Barry Fitzgerald (Michael Fabian), George Coulouris (Pharaoh Coffin), Albert Decker (Mr. Pike), Frank Faylen (Whitey), ANTHONY QUINN (Don Luis Rivera y Hernandez), Roman Bohnen (Colonel Stuart), Eduardo Ciannelli (Pater), Gavin Muir (Booth Pennock), James Burke (Pokey), Argentina Brunetti (Elvira), Minerva Urecal, Virginia Farmer (Dorfälteste), Don Beddoe (Starks), Ian Wolfe (Präsident Polk), Francis Ford (Jessie), Howard Freeman (Senator Creel), Julia Faye (Frau am Wagen), Alan Bridge (Marshal), Bud Geary (Schmied), Pepito Perez (Klavierspieler), Crane Whitley (Abe Clinton), Joey Ray (Pennocks Partner), Tommy Tucker (Elwyn Smith), Frances Morris (seine Mutter), Sam Flint (Higgins), Stanley Andrews (Willoughby), Harry Hayden (Barrett), Phil Tead (Kassier Eddie), Ethan Laidlaw (Reb), Gertrude Hoffman (alte Frau), Lester Dorr (Mike), Rex Lease (Fremder).

Anthony Quinn als würdevoller spanischer Graf, der zur Zeit des Goldrausches in territoriale Machtkämpfe um Kaliforniens Unabhängigkeit verstrickt wird.

Länge 97 Minuten.

1947 – **SINBAD THE SAILOR** (USA)

Deutscher Titel **Sindbad, der Seefahrer**

Produktion RKO (Stephen Ames). *Regie* Richard Wallace. *Buch* John Twist, George Worthington Yates. *Kamera* (Technicolor) George Barnes. *Musik* Roy Webb. *Musikalische Leitung* Constantin Bakaleinikoff. *Production Design* Albert S. D'Agostino, Carroll Clark. *Schnitt* Sherman Todd, Frank Doyle. *Special effects* Vernon L. Walker, Harold Wellman.

Darsteller Douglas Fairbanks jr. (Sinbad), Maureen O'Hara (Shireen), Walter Slezak (Melik), ANTHONY QUINN (Emir), Mike Mazurki (Yusuf), George Tobias (Abbu), Sheldon Leonard (Auktionator), Jane Greer (Pirouze), John Miljan (Moga), Alan Napier (Aga), Glenn Strange (Sklavenhändler), George Chandler (Bürger), Cy Kendall (Khan von Basra), Paul Guilfoyle (Kameltreiber), Barry Mitchell (Muallin), Louis-Jean Heydt (Söldner), Hugh Prosser (Vorsteher der Leibwache), Harry

In ›Sinbad the Sailor/Sindbad, der Seefahrer‹, 1947, mit Walter Slezak und Douglas Fairbanks jr.

Harvey (Ausrufer bei der Hinrichtung), George Lloyd (Lanzenträger), Jean Lind, Mary Bradley, Norma Creiger, Vonne Lester (Tänzerinnen), Norbert Schiller, Ben Welden, Jamiel Hasson, Max Wagner, Phil Warren, Nick Thompson, Billy Bletcher, Lida Durova, Dolores Costelli, Milly Reauclaire, Teri Toy, Joan Webster, Leslie Charles, Norma Brown, Ann Cameron, Al Murphy, Bill Shannon, Dave Kashner, Eddie Abdo, Wade Crosby, Charles Stevens, Gordon Clark.
Anthony Quinn als verschlagener Emir von Daibul, der Sindbads Schiff versenkt und ihn töten will.
Länge 117 Minuten.

1947 – **THE IMPERFECT LADY** (USA)

Produktion Paramount (Karl Tunberg). *Regie* Lewis Allen. *Buch* Karl Tunberg (nach einer Story von Ladislas Fodor). *Kamera* John F. Seitz. *Musik* Victor Young. *Song* »Piccadilly Lily« von Jay Livingston und Ray Evans. *Production Design* Hans Dreier, Franz Bachelin. *Schnitt* Duncan Mansfield. *Special effects* Farciot Edouart. *Choreographie* Billy Daniels, Josephine Earl.

Darsteller Ray Milland (Clive Loring), Teresa Wright (Millicent Hopkins), Sir Cedric Hardwicke (Lord Belmont), Virginia Field (Rose Bridges), ANTHONY QUINN (José Martinez), Reginald Owen (Mr. Hopkins), Melville Cooper (Lord Montglyn), Rhys Williams (Inspektor Carston), George Zucco (Mr. Mallam), Miles Mander (Mr. Rogan), Frederick Worlock (Henderson), Olaf Hytten (Butler), Charles Coleman (Sam Travers), Gordon Richards (Gladstone), Edmond Breon (Oberstaatsanwalt), Michael Dyne (Malcolm Gadby), Joan Winfield (Lucy), Lilian Fontaine (Mrs. Gunner), Leyland Hodgson (Bobby), Jack H. Lee, Sam Harris (Rechtsanwälte), Gavin Muir (Kelvin), Ted Billings (Rauchfangkehrer).

Anthony Quinn als sensibler spanischer Konzertpianist, der im viktorianischen England unschuldig des Mordes angeklagt wird.

Länge 97 Minuten.

1947 – **BLACK GOLD** (USA)

Produktion Allied Artists (Jeffrey Bernard). *Regie* Phil Karlson. *Buch* Agnes Christine Johnson (nach einer Story von Caryl Coleman). *Kamera* (Cinecolor) Harry Neumann. *Musikalische Leitung* Edward J. Kay. *Production Design* E. R. Hickson. *Schnitt* Roy Livingston.

Darsteller ANTHONY QUINN (Charley Eagle), Katherine DeMille (Sarah Eagle), Duckey Louie (Davey), Raymond Hatton (Bucky), Thurston Hall (Colonel Caldwell), Moroni Olsen (Dan Toland), Elyse Knox (Ruth Frazer), Kane Richmond (Stanley Lowell), Darryl Hickman (Schuljunge), Charles Trowbridge (Richter Wilson), Alan Bridge (Jonas), H. T. Tsiang (Daveys Vater), Jack Norman [Norman Willis] (Monty), Clem McCarthy, Joe Hernandez (als sie selbst).

Anthony Quinn als moderner Indianer, der einen Chinesenjungen adoptiert, auf seinem Grundstück Öl findet und schließlich Rennpferde züchtet.

Länge 90 Minuten.

1947 – **TYCOON** (USA)

Deutscher Titel **Tycoon**

Produktion RKO (Stephen Ames). *Regie* Richard Wallace. *Buch* Borden Chase, John Twist (nach dem gleichnamigen Roman von C. E. Scoggins). *Kamera* (Technicolor) Harry J. Wild, W. Howard Greene. *Musik* Leigh Harline. *Production Design* Albert S. D'Agostino, Carroll Clark. *Schnitt* Frank Doyle. *Special effects* Vernon L. Walker.

Darsteller John Wayne (Johnny Munroe), Laraine Day (Maura Alexander), Sir Cedric Hardwicke (Frederick Alexander), Dame Judith Anderson (Miss Braithwhaite), ANTHONY QUINN (Enrique »Ricky« Vargas), Grant Withers (Fog Harris), Paul Fix (Joe), Fernando Alvarado (Chico), Harry Woods (Holden), Charles Trowbridge (Señor Tobar), Michael Harvey (Bote), Martin Garralaga (Chavez), Argentina Brunetti, Trevor Bardette, Max Wagner, Blanca Vischer, Sam Lufkin, Wayne McCoy, Frank Leyva, Joe Dominguez, Tom Coffey, John Eberts, Sheila Raven, Diane Stewart, Clarise Murphy, Fred Aldrich, Brick Sullivan, Jane Adrian, Rudolph Medina, Al Murphy, Lucio Villegas.

Anthony Quinn als Chefingenieur, der in den Anden für seinen reichen Onkel eine Eisenbahnlinie baut.

Länge 128 Minuten.

Uraufführung 27. Dezember 1947.

1951 – **THE BRAVE BULLS** (USA)

Deutscher Titel **Frauen und Toreros**

Produktion Columbia (Robert Rossen). *Regie* Robert Rossen. *Buch* John Bright (nach dem Roman von Tom Lea). *Kamera* James Wong Howe, Floyd Crosby. *Production Design* Frank Tuttle, Cary Odell. *Schnitt* Henry Batista. *Kostüme* Jean Louis. *Associate Producer* Shirley Miller.

Darsteller Mel Ferrer (Luis Bello), ANTHONY QUINN (Raul Fuentes), Miroslava (Linda de Calderon), Eugene Iglesias (Pepe Bello), José Torvay (Eladio Gomez), Charlita (Raquelita), José Luis Vasquez (Yank Delgado), Alfredo Aguilar (Loco Ruiz), Francisco Balderas (Monkey Garcia), Felipe Mota (Jackdaw), Pepe Lopez (Enrique), José Meza (Little White), Vicente Gardenas (Goyo Salinas), Manuel Orozco (Abundio de Lao), Esteve Dominguez (Tacho), Silviano Sanchez (Policarpe Cana), Fanny Schiller (Mamacita), Francisco Reigura (Lara), E. Arozamena (Don Alberto Iriate), Luis Corona (Rufino Vega), Esther Laquin (Señora Bello), M. del P. Castillo (Chona), Juan Assaei (Alfredo Bello), Delfino Morales (Indio), Rita Conde (Lala), Roman Diaz Meza (Don

Tiburcio Balbuenna), Fernando del Valle (Don Felix Aldemas).
Anthony Quinn als cleverer Manager und Freund eines berühmten mexikanischen Stierkämpfers.
Länge 112 bzw. 108 Minuten.

1951 – **MASK OF THE AVENGER** (USA)

Deutscher Titel **Der Rächer von Casamare**
Produktion Columbia (Hunt Stromberg). *Regie* Phil Karlson. *Buch* Jesse Lasky jr. (nach einer Story von George Bruce, adaptiert von Ralph Bettinson und Philip MacDonald, nach dem Roman »Der Graf von Monte Cristo« von Alexandre Dumas). *Kamera* (Technicolor) Charles Lawton jr. *Musik* Mario Castelnuovo-Tedesco. *Musikalische Leitung* Morris Stoloff. *Production Design* Harold MacArthur. *Schnitt* Jerome Thoms. *Kostüme* Jean Louis.
Darsteller John Derek (Capitano Renato Dimorna), ANTHONY QUINN (Viovanni Larocca), Jody Lawrance (Maria D'Orsini), Arnold Moss (Colardi), Eugene Iglesias (Rollo D'Anterras), Philip Van Zandt (Artilleriemajor), Ian Wolfe (Signore Donner), Harry Cording (Zio), Tristram Coffin (Offizier), Minerva Urecal (Marktfrau), Trevor Bardette (Bauer), Dickie LeRoy (Jacopo), Wilton Graff (Graf Dimorna), Carlo Tricoli (Baron Marchese), David Bond (Marco), Ric Roman (Erste Wache), Chuck Hamilton (Offizier), Mickey Simpson (Rudolfo), Belle Mitchell (Klatschweib), Lester Sharpe (Majordomus), Gregory Gaye (Oberst von Falker).
Anthony Quinn als schurkischer italienischer Militärgouverneur, der in seiner Provinz eine Schreckensherrschaft führt.
Länge 83 Minuten.

1952 – **THE BRIGAND** (USA)

Deutscher Titel **Der Brigant**
Produktion Columbia (Edward Small). *Regie* Phil Karlson. *Buch* Jesse Lasky jr. (nach einer Story von George Bruce). *Kamera* (Technicolor) W. Howard Greene. *Musik* Mario Castelnuovo-Tedesco. *Musikalische Leitung* Morris Stoloff. *Production Design* Robert Peterson. *Schnitt* Jerome Thoms. *Regieassistenz* Carter DeHaven jr. *Kostüme* Jean Louis. *Choreographie* Eugene Loring.
Darsteller Anthony Dexter (Carlos Delargo/König Lorenzo), ANTHONY QUINN (Prinz Ramon), Jody Lawrance (Prinzessin Teresa), Carl Benton Reid (Triano), Carleton Young (Carnot), Fay Roope (De LaForce), Gale Robbins (Gräfin Flora), Ron Randell (Capitano Ruiz), Mari Blan-

Anthony Quinn als intriganter Cousin des Königs von Spanien, mit Ian MacDonald und Anthony Dexter (rechts) in ›The Brigand/Der Brigant‹, 1952.

chard (Doña Dolores Castro), Ian MacDonald (Major Schreck), Walter Kingsford (Sultan), Holmes Herbert (Erzbischof), Dale Van Sickel (Mustapha), Lester Matthews (Dr. Lopez), Barbara Brown (Baronin Isabella), Donald Randolph (Don Felipe Castro), David Bond (Sekretär des Königs), George Melford (Majordomus), Eduardo Cansino jr. (Page).
Anthony Quinn als ehrgeiziger Cousin des spanischen Königs, der seinen Onkel vom Thron stoßen will.
Länge 94 Minuten.

1952 – VIVA ZAPATA ! (USA)

Deutscher Titel **Viva Zapata!**
Produktion 20th Century-Fox (Darryl F. Zanuck). *Regie* Elia Kazan. *Buch* John Steinbeck (nach dem Roman »Zapata the Unconquered« von

Edgcumb Pinchon). *Kamera* Joseph MacDonald. *Musik* Alex North. *Musikalische Leitung* Alfred Newman. *Production Design* Lyle Wheeler, Leland Fuller. *Schnitt* Barbara McLean. *Kostüme* Charles LeMaire. *Make-up* Ben Nye.

Darsteller Marlon Brando (Emiliano Zapata), Jean Peters (Josefa Espejo), ANTHONY QUINN (Eufemio Zapata), Joseph Wiseman (Fernando Aguirre), Arnold Moss (Don Nacio), Alan Reed (Pancho Villa), Margo (La Soldadera), Mildred Dunnock (Señora Espejo), Frank Silvera (Huerta), Lou Gilbert (Pablo), Harold Gordon (Don Francisco Madero), Philip Van Zandt (Kommandierender Offizier), Henry Silva (Hernandez), Nestor Paiva (neuer General), Frank De Kova (Colonel Guajarado), Fay Roope (Diaz), Ross Bagdasarian, Henry Corden (Offiziere), Abner Biberman, Robert Filmer (Captains), Nina Varela (Tante), Flo-

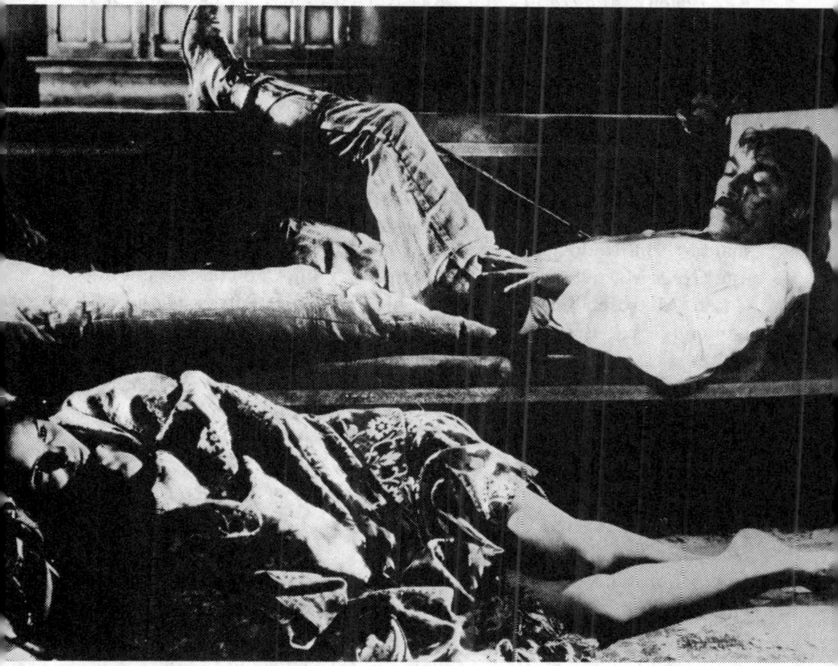

Als mexikanischer Macho in dem Elia Kazan-Film ›Viva Zapata!‹, 1952 – hier mit Jean Peters.

renz Ames (Señor Espejo), Bernie Gozier (Zapatista), Joseph Granby (General Fuentes), Pedro Regas (Innocente), Will Kuluva (Lazaro), Richard Garrick (alter General), Harry Kingston (Don Garcia), Leonard George (Ehemann), Fernanda Eliscu (Fuentes' Frau), Ric Roman (Aufseher), Guy Thomajan (Eduardo), George J. Lewis (Rurale).
Anthony Quinn als wankelmütiger Bruder des mexikanischen Revolutionärs Zapata.
Länge 113 Minuten.

1952 – **THE WORLD IN HIS ARMS** (USA)

Deutscher Titel **Sturmfahrt nach Alaska**
Produktion Universal-International (Aaron Rosenberg). *Regie* Raoul Walsh. *Buch* Borden Chase, Horace McCoy (nach einem Roman von Rex Beach). *Kamera* (Technicolor) Russell Metty. *Musik* Frank Skinner. *Production Design* Alexander Golitzen, Bernard Herzbrun. *Schnitt* Frank Gross.
Darsteller Gregory Peck (Jonathan Clark), Ann Blyth (Gräfin Marina Selanova), ANTHONY QUINN (Portugee), Carl Esmond [Willy Eichberger] (Prinz Semyon), John McIntire (Deacon Greathouse), Andrea King (Mamie), Sig Ruman (General Ivan Vorashilov), Hans Conreid (Eustace), Bryan Forbes (William Cleggett), Eugenie Leontovich (Mme. Anna Selanova), Rhys Williams (Eben Cleggett), Gregory Gaye (Paul Shushaldin), Bill Radovich (Ogeechuk), Henry Kulky (Peter), Gregg Barton, Gregg Martell, Carl Andre, George Scanlon, Carl Harbaugh, Frank Chase (Matrosen), Eve Whitney (Lilly), Millicent Patrick (Lena), Syl Lamont (José), Leo Mostovoy (Nicholas), Wee Willie Davis (Shanghai Kelly).
Anthony Quinn als portugiesischer Kapitän eines Robbenfängers, der dem Schiff eines Amerikaners im Alaska des 19. Jahrhunderts einen erbitterten Konkurrenzkampf liefert.
Länge 104 Minuten.

1952 – **AGAINST ALL FLAGS** (USA)

Deutscher Titel **Gegen alle Flaggen**
Produktion Universal-International (Howard Christie). *Regie* George Sherman. *Buch* Joseph Hoffman, Aeneas MacKenzie. *Kamera* (Technicolor) Russell Metty. *Musikalische Leitung* Hans J. Salter. *Production Design* Alexander Golitzen, Bernard Herzbrun. *Schnitt* Frank Gross.
Darsteller Errol Flynn (Brian Hawke), Maureen O'Hara (Spitfire Stevens), ANTHONY QUINN (Roc Brasiliano), Alice Kelley (Prinzessin Pat-

Als ungestümer Seeräuberkapitän möchte er die rothaarige Piratenkönigin Spitfire Stevens (Maureen O'Hara) erobern. 1952 in ›Against All Flags/Gegen alle Flaggen‹.

ma), Mildred Natwick (Molvina MacGregor), John Alderson (Harris), Phil Tully (Jones), Tudor Owen (Williams), Maurice Marsac (Captain Moisson), Harry Cording (Gow), Robert Warwick (Captain Kidd), Lester Matthews (Sir Cloudsley), James Fairfax (Barbier), James Craven (Captain Hornsby), Bill Radovich (Hassan), Michael Ross (Swaine), Paul Newland (Crop-Ear Collins).
Anthony Quinn als Seeräuberkapitän auf Madagaskar, dessen Piratennest von einem Kapitän der englischen Flotte ausgeräuchert wird.
Länge 83 Minuten.

1953 – **SEMINOLE** (USA)

Deutscher Titel **Seminola** *auch* **Die Rache der Seminolen**

Produktion Universal-International (Howard Christie). *Regie* Budd Boetticher. *Buch* Charles K. Peck jr. *Kamera* (Technicolor) Russell Metty. *Musikalische Leitung* Joseph Gershenson. *Production Design* Alexander Golitzen, Emrich Nicholson. *Schnitt* Virgil Vogel.

Darsteller Rock Hudson (Lt. Lance Caldwell), Barbara Hale (Revere Muldoon), ANTHONY QUINN (Osceola), Hugh O'Brian (Kajeck), Lee Marvin (Sergeant Magruder), Russell Johnson (Lt. Hamilton), Richard Carlson (Major Harlan Degan), Ralph Moody (Kulak), James Best (Corporal Gerad), Fay Roope (Zachary Taylor), Howard Erskine (Corporal Smiley), Don Gibson (Captain Streller), John Day (Scott), Frank Chase (Trapper), Duane Thorsen (Hendricks), Robert Dane (Trader Taft), John Phillips (Major Lawrence), Soledad Jimenez (Mattie Sue Thomas), Bob Bray (Captain Sibley).

Als Indianerhäuptling (mit Barbara Hale) in ›Seminole/Die Rache der Seminolen‹, 1953.

Anthony Quinn als Indianerhäuptling der Seminolen, der vergebens versucht, seinen Stamm zum Frieden mit den Weißen zu überreden.
Länge 86 bzw. 85 Minuten.
Deutsche Erstaufführung 4. Dez. 1953, Nürnberg.

1953 – **CITY BENEATH THE SEA** (USA)

Deutscher Titel **Die Stadt unter dem Meer**
Produktion Universal-International (Albert J. Cohen). *Regie* Budd Boetticher. *Buch* Jack Harvey, Ramon Romero (nach der Story »Port Royal, the Ghost City Beneath the Sea« von Harry E. Rieseberg). *Kamera* (Technicolor) Charles P. Boyle. *Musikalische Leitung* Joseph Gershenson. *Production Design* Alexander Golitzen, Emrich Nicholson. *Schnitt* Edward Curtiss.
Darsteller Robert Ryan (Brad Carlton), Mala Powers (Terry McBride), ANTHONY QUINN (Tony Bartlett), Suzan Ball (Venita), Karel Stepanek (Dwight Trevor), Woody Strode (Dijon), George Mathews (Kapitän Meade), Hilo Hattie (Mama Mary), Peter Mamakos (Mendoza), John Warburton (Kapitän Clive), Bernie Gozier (Maru), Lalo Rios (Calypso), Tommy Garland (Martin), Michael Dale (Kirk), Leon Lontoc (Kip), Barbara Morrison (Mme. Cecile), LeRoi Antoine (Calypso-Sänger), George Hamilton (Hohepriester), Marya Marco (Halbblut), Gerado De Corovia (Kellner), Michael Ferris (Schiffssteward), Sherry Moreland (Marie), Elizabeth Root (Helen).
Anthony Quinn als Tiefseetaucher, der engagiert wird, um die Goldladung eines vor Jamaika gesunkenen Schiffes zu bergen.
Länge 87 bzw. 85 Minuten.
Deutsche Erstaufführung Sept. 1953, München.

1953 – **EAST OF SUMATRA** (USA)

Deutscher Titel **Gefangene des Dschungels**
Produktion Universal-International (Albert J. Cohen). *Regie* Budd Boetticher. *Buch* Frank Gill jr. (nach einer Story von Jack Natteford und Louis L'Amour). *Kamera* (Technicolor) Clifford Stine. *Musikalische Leitung* Joseph Gershenson. *Production Design* Bernard Herzbrun, Robert Boyle. *Schnitt* Virgil Vogel.
Darsteller Jeff Chandler (Duke Mullane), Marilyn Maxwell (Lory Hale), ANTHONY QUINN (Kiang), Suzan Ball (Minyora), Jay C. Flippen (MacLeod), Earl Holliman (Cupid), Peter Graves (Cowboy), Scatman Crothers (Baltimore), John Sutton (Daniel Catlin), Eugene Iglesias (Paulo), James Craven (Drake), John Warburton (Keith), Michael Dale

In ›East of Sumatra/Gefangene des Dschungels‹, 1953, mit Jeff Chandler.

(Co-Pilot), Aram Katcher (Atib), Antony Eustrel (Clyde), Gilchrist Stuart (Mr. Vickers), Charles Horvath (Corcoran).
Anthony Quinn als Stammeshäuptling der fernöstlichen Insel Tungga, auf der von amerikanischen Bergleuten Zinn abgebaut wird.
Länge 82 Minuten.

1953 – **RIDE, VAQUERO!** (USA)

Deutscher Titel **Verwegene Gegner** *auch* **Terror der Gesetzlosen**
Produktion Metro-Goldwyn-Mayer (Stephen Ames). *Regie* John Farrow. *Buch* Frank Fenton. *Kamera* (Ansco Color), Robert L. Surtees. *Musik* Bronislav Kaper. *Production Design* Cedric Gibbons, Arthur Lonergan. *Schnitt* Harold F. Kress. *Regieassistenz* Jerry Thorpe.
Darsteller Robert Taylor (Rio), Ava Gardner (Cordelia Cameron), Ho-

ward Keel (King Cameron), ANTHONY QUINN (José Esqueda), Kurt Kasznar (Pater Antonio), Jack Elam (Barton), Ted DeCorsia (Sheriff Parker), Charlita (Sängerin), Monte Blue (Barkeeper), Philip Van Zandt (Händler), Almira Sessions (Frau), Frank McGrath (Pete), Percy Helton (Ladenbesitzer), Rex Lease (Hilfssheriff), Stanley Andrews (General Sheridan), Walter Baldwin (Adam Smith), Joe Dominguez (Vicente), Charles Stevens (Vaquero), Tom Greenway (zweiter Hilfssheriff), Paul Fierro (Valero), Norman Leavitt (Zahnarzt), Movita Castenada (Hussy), Italia De Nubila (Tänzerin), Terry Wilson.
Anthony Quinn als mordlustiger mexikanischer Bandit, der nach dem amerikanischen Bürgerkrieg friedvolle Rancher überfällt.
Länge 90 Minuten.

Berüchtigte Banditen sind Anthony Quinn und Robert Taylor in dem Western ›Ride, Vaquero!/Terror der Gesetzlosen‹, 1953.

1953 – **BLOWING WILD** (USA)

Deutscher Titel **Wilde Glut** *auch* **Jeff**

Produktion United States Pictures für Warner Brothers (Milton Sperling). *Regie* Hugo Fregonese. *Buch* Philip Yordan. *Kamera* Sid Hickox. *Musik* Dimitri Tiomkin. *Musikalische Leitung* Ray Heindorf. *Song* »Blowing Wild – The Ballad of Black Gold« von Dimitri Tiomkin, gesungen von Frankie Laine. *Liedtext* Paul Francis Webster. *Production Design* Al Ybarra. *Bauten* William Wallace. *Kostüme* Marjorie Best, Kay Nelson. *Make-up* Gordon Bau. *Ton* Manuel Topete Blake, McCluer Merrick.

Darsteller Gary Cooper (Jeff Dawson), Barbara Stanwyck (Marina Conway), Ruth Roman (Sal Donnelly), ANTHONY QUINN (Ward »Paco« Conway), Ward Bond (Dutch Peterson), Ian MacDonald (Jackson), Richard Karlan (Henderson), Juan Garcia (El Gavilan).

Anthony Quinn als Besitzer mexikanischer Ölquellen, der von Banditen erpreßt wird und dessen Frau ein Liebesverhältnis mit einem Angestellten ihres Mannes anstrebt.

Länge 90 Minuten.

1953 – **ULISSE** (I)

Deutscher Titel **Die Fahrten des Odysseus**

Produktion Lux Films (Dino De Laurentiis, Carlo Ponti). *Regie* Mario Camerini. *Buch* Franco Brusati, Mario Camerini, Ennio de Concini, Hugh Gray, Ben Hecht, Ivo Berilli, Irwin Shaw (nach Homers »Odyssee«). *Kamera* (Technicolor) Harold Rosson. *Musik* Alessandro Cicognini. *Musikalische Leitung* Franco Ferrara. *Production Design* Flavio Mogherini. *Schnitt* Leo Cattozzo. *Associate Producer* William W. Schorr.

Darsteller Kirk Douglas (Odysseus), Silvana Mangano (Penelope), Silvana Mangano (Circe), ANTHONY QUINN (Antinous), Rossana Podesta (Nausicca), Mme. Sylvie (Euriclea), Franco Interlenghi (Telemachus), Daniel Ivernel (Eurylocus), Jacques Dumesnil (Alcinous), Elena Zareschi (Cassandra), Ludmilla Dudarova, Umberto Silvestri, Allessandro Ferson, Goliarda Sapienza, Piero Lulli, Mario Feliciani, Evi Maltagliati, Tania Weber, Ferruccio Stagni, Oscar Andriani, Gualtiero Tumiati, Teresa Pellati, Michele Riccardini.

Anthony Quinn als Antinous, der sich – während Odysseus gegen die Trojaner kämpft – in Ithaka beharrlich um dessen Frau Penelope bemüht.

Länge 104 Minuten.

1953 – DONNE PROIBITE (I)

Deutscher Titel **Die Verrufenen**

Produktion Excelsior/Supra (Giuseppe Amato). *Regie* Giuseppe Amato. *Buch* Cesare Zavattini, Giuseppe Mangione, Giuseppe Amato, Gigliola Falluto, Bruno Paolinelli (nach dem Roman »Neues Leben« von Bruno Paolinelli). *Kamera* Anchise Brizzi. *Musik* Renzo Rossellini. *Production Design* Virgilio Marchi. *Schnitt* Gabriele Varriale.

Darsteller Linda Darnell (Lola Baldi), Valentina Cortese (Vally), Giulietta Masina (Rosita), Lea Padovani (Franca), ANTHONY QUINN (Francesco Caserto), Roberto Risso (Bruno), Lilla Brignone (Tamara), Maria Pia Casilio (das junge Mädchen), Carlo Dapporto (Vittorio), Rossella Falk, Mino Doro, Alberto Farnese, Lola Braccini, Alberto Talegalli, Checco Durante.

Anthony Quinn als Einfaltspinsel, der mit einer Prostituierten nach Venezuela gehen und ein neues Leben beginnen will.

Länge 90 bzw. 84 Minuten.

1953 – CAVALLERIA RUSTICANA (I)

Deutscher Titel **Sizilianische Leidenschaft**

Produktion Excelsa Films/Ultra (Carlo Ponti). *Regie* Carmine Gallone. *Buch* Mario Monicelli, Basilio Franchina, Francesco De Fec, Art Cohn, Carmine Gallone (nach dem Roman von Giovanni Verga und der Oper von Pietro Mascagni). *Kamera* (Ferraniacolor, 3–D), Karl Struss, Riccardo Pallottini. *Musik* Pietro Mascagni, gesungen von Tito Gobbi. *Musikalische Leitung* Oliviero De Fabritiis. *Production Design* Gastone Medin. *Schnitt* Rolando Benedetti.

Darsteller ANTHONY QUINN (Alfio), Kerima (Lola), May Britt (Santuzza), Ettore Manni (Turiddu), Umberto Spadaro (Onkel Brasi), Grazia Spadaro (Tante Camilla), Virginia Balistreri (Mamma Lucia).

Anthony Quinn als sizilianischer Fuhrmann, der – von seiner Frau betrogen – Vendetta schwört und ihren Liebhaber im Duell tötet.

Länge 80 Minuten.

1954 – LA STRADA (I)

Deutscher Titel **Das Lied der Straße**

Produktion Carlo Ponti, Dino De Laurentiis. *Regie* Federico Fellini. *Buch* Federico Fellini, Tullio Pinelli, Ennio Flaiano. *Kamera* Otello Martelli, Roberto Girardi. *Musik* Nino Rota. *Musikalische Leitung* Franco Ferrara. *Production Design* Mario Ravasco. *Bauten* E. Cervelli. *Schnitt* Leo Cattozzo, Lina Caterini. *Kostüme* Margherita Marinari. *Ton*

›Jetzt kommt der große Zampano!‹ – Anthony Quinn als kettensprengender Kraftprotz mit Giulietta Masina, in ›La Strada/Das Lied der Straße‹, 1954.

R. Boggio. *Produktionsleitung* Luigi Giacosi. *Herstellungsleitung* Moraldo Rossi.
Darsteller ANTHONY QUINN (Zampanò), Giulietta Masina (Gelsomina), Richard Basehart (Matto), Aldo Silvani (Zirkusdirektor Colombiani), Marcella Rovere (Witwe), Livia Venturini (Klosterschwester).
Anthony Quinn als gewalttätiger Schausteller Zampanò, der sich ein zartes, naives Bauernmädchen kauft, um sie zu seiner Assistentin zu machen, die er dann trotz ihrer scheuen Annäherungsversuche mit offener Brutalität völlig beherrscht.
Länge 115 Minuten.

1954 – **ATTILA, FLAGELLO DI DIO** (I/F)
Französischer Titel **Attila, fléau de Dieu**
Deutscher Titel **Attila, die Geißel Gottes**
Produktion Lux Films Rom (Carlo Ponti, Dino De Laurentiis)/Lux Compagnie Cinématographique de France. *Regie* Pietro Francisci. *Buch* Ennio de Concini, Primo Zeglio, Claude Andre Pugett, Frank Gervasi,

Als Hunnenkönig in ›Attila, Flagello di Dio/Attila, die Geißel Gottes‹, 1954.

Ivo Perilli. *Kamera* (Technicolor) Aldo Tonti, Karl Struss. *2. Kamera* Giuseppe Rotunno, Luciano Trasatti, Riccardo Pallottini. *Musik* Enzo Masetti. *Musikalische Leitung* Franco Ferrara. *Production Design* Flavio Mogherini. *Bauten* Arrigo Bresci, Riccardo Dominici. *Schnitt* Leo Cattozzo. *Regieassistenz* Giorgio Graziosi. *Special effects* Stephen Grimes, Ivor Beddoes. *Kostüme* Veniero Colasanti. *Make-up* E. Santoli. *Frisuren* Ditta Maggi. *Choreographie* Gisa Geert. *Ton* Aldo Capini, Biagio Fiorelli. *Farbberatung* Joan Bridge. *Produktionsleitung* Giorgio Adriani, Antonio Altoviti. *Herstellungsleitung* Luigi Scattini, Luciano Ercoli.
Darsteller ANTHONY QUINN (Attila), Sophia Loren (Honoria), Henri Vidal (Ezio), Irene Papas (Grune), Ettore Manni (Bleda), Christian Marquand (Actius), Eduardo Ciannelli (Onegesius), Claude Laydu (Valentinian III.), Colette Regis (Galla Placidia), Carlo Hintermann, Georges Brehat, Guido Celano (römische Konsuln), Marco Guglielmi, Mario Feliciani, Piero Pastore, Aldo Pini (Hunnenhäuptlinge).
Anthony Quinn als Hunnenkönig Attila, der mit seinen Horden in das Römische Reich einfällt, bis Papst Leo I. ihn zum Rückzug bewegt.
Länge 83, 79 bzw. 75 Minuten.

1954 – THE LONG WAIT (USA)

Deutscher Titel **Das lange Warten**
Produktion Parklane Pictures/United Artists (Lesser Samuels). *Regie* Victor Saville. *Buch* Lesser Samuels, Alan Green (nach dem Roman von Mickey Spillane). *Kamera* Franz Planer. *Musik* Mario Castelnuovo-Tedesco. *Musikalische Leitung* Irving Gertz. *Song* »Okay« von Harold Spina und Bob Russell. *Production Design* Boris Leven. *Schnitt* Ronald Sinclair.
Darsteller ANTHONY QUINN (Johnny McBride), Charles Coburn (Gardiner), Peggie Castle (Venus), Gene Evans (Servo), James Millican (Lindsay), Jay Adler (Page), Mary Ellen Kay (Wendy), Shawn Smith (Carol), Dolores Donlon (Troy), Barry Kelley (Tucker), Bruno Ve Sota (Gepäckträger), John Damler (Logan), Frank Marlowe (Pop Henderson).
Anthony Quinn als ehemaliger Bankangestellter, der durch einen Unfall das Gedächtnis verliert, aber schließlich den ihm zur Last gelegten Bankraub aufklären kann.
Länge 93 Minuten.

1955 – THE MAGNIFICENT MATADOR (USA)

Deutscher Titel **Die Nacht gehört uns**
Produktion 20th Century-Fox (Edward L. Alperson). *Regie* Budd Boet-

ticher. *Buch* Charles Lang (nach einer Story von Budd Boetticher). *Kamera* (CinemaScope, Pathé Color) Lucien Ballard. *Musikalische Leitung* Raoul Kraushaar. *Schnitt* Richard Cahoon. *Associate Producer* Carroll Case.

Darsteller Maureen O'Hara (Karen Harrison), ANTHONY QUINN (Luis Santos), Richard Denning (Mark Russell), Thomas Gomez (Don David), Manuel Rojas (Rafael Reyes), Lola Albright (Mona Wilton), Eduardo Noriega (Miguel), Anthony Caruso (Emiliano), William Brooks Ching (Jody Wilton), Lorraine Chanel (Sarita Sebastian), Jorge Aguilar, Antonio Velasquez, Joaquin & Rafael Rodriguez, Felix Briones, Jesus Solarzano, Nacho Trevino.

Anthony Quinn als gefeierter mexikanischer Stierkämpfer, dessen illegitimer Sohn in die Fußstapfen des Vaters tritt.

Länge 94 Minuten.

1955 – **THE NAKED STREET** (USA)

Deutscher Titel **Nackte Straßen**

Produktion United Artists (Edward Small). *Regie* Maxwell Shane. *Buch* Maxwell Shane, Leo Katcher. *Kamera* Floyd Crosby. *Musikalische Leitung* Emil Newman. *Production Design* Ted Haworth. *Schnitt* Grant Whytock.

In ›The Naked Street/Nackte Straßen‹, 1955, als Gangsterkönig.

Darsteller Farley Granger (Nicky Bradna), ANTHONY QUINN (Phil Regal), Anne Bancroft (Rosalie Regalzyk), Peter Graves (Joe McFarland), Whit Bissell (Anwalt Blaker), Jerry Paris (Latzi Franks), Else Neft (Mrs. Regalzyk), Frank Sully (Nutsy), Angela Stevens (Janet), Jackie Loughery (Francie), Mario Siletti (Antonio Cardini), James Flavin (Anwalt Flanders), Harry Harvey (Richter Roder), Joe Turkel (Shimmy), John Dennis (Big Eddie), Joy Terry (Margie), G. Pat Collins (Mr. Hough), Jeanne Cooper (Evelyn Shriner), Sara Berner (Millie), Alex Campbell (Richter Stanley), Frank Krieg (Ollie), Harry Tyler (Barricks), Sammie Weiss (Lennie).
Anthony Quinn als Gangsterkönig von Brooklyn, der dem Mann, von dem seine Schwester ein uneheliches Kind erwartet, übel mitspielt.
Länge 84 Minuten.

1955 – **SEVEN CITIES OF GOLD** (USA)

Deutscher Titel **Die sieben goldenen Städte**
Produktion 20th Century-Fox (Barbara McLean, Robert D. Webb). *Regie* Robert D. Webb. *Buch* Richard L. Breen, John C. Higgins (nach dem Roman von Isabelle Gibson Ziegler). *Kamera* (CinemaScope, Color by DeLuxe) Lucien Ballard. *Musik* Hugo Friedhofer. Musikalische Leitung Lionel Newman. *Orchestrierung* Ken Darby. *Production Design* Lyle Wheeler, Jack Martin Smith. *Schnitt* Hugh S. Fowler. *Special effects* Ray Kellogg. *Make-up* Ben Nye.
Darsteller Richard Egan (José Mendoza), ANTHONY QUINN (Captain Gaspar de Portola), Michael Rennie (Pater Junipero Serra), Jeffrey Hunter (Matuwir), Rita Moreno (Ula), Eduardo Noriega (Sergeant), Leslie Bradley (Galvez), John Doucette (Juan Coronel), Miguel Inclan (Schrichak), Victor Juncos (Lt. Faces), Julio Villareal (Vila), Carlos Muzquiz (Dr. Pratt), Pedro Galvan (Pater Vizcaino), Angelo de Stiffney (Captain Rivero), Fernando Wagner (Hufschmied), Ricardo Adalid Black (Perez), Guillermo Calles (Miscomi), Jaime Gonzalez Quinones (Indianerjunge), Jack Mower (Vater), Kathleen Crowley (Mutter).
Anthony Quinn als zynischer spanischer Eroberer, der im Auftrag seines Königs mit Militärgewalt Kalifornien erschließen und besiedeln soll.
Länge 103 Minuten.

1956 – **LUST FOR LIFE** (USA)

Deutscher Titel **Vincent van Gogh – Ein Leben in Leidenschaft**
Produktion Metro-Goldwyn-Mayer (John Houseman). *Regie* Vincente Minnelli. *Buch* Norman Corwin (nach dem gleichnamigen Roman von

Als spanischer Eroberer Captain Gaspar de Portola in ›Seven Cities of Gold/Die sieben goldenen Städte‹, 1955.

Irving Stone). *Kamera* (CinemaScope, Metrocolor) Freddie A. Young, Russell Harlan. *Musikalische Leitung* Miklos Rozsa. *Production Design* Cedric Gibbons. *Bauten* Preston Ames, Hans Peters. *Schnitt* Adrienne

Anthony Quinn und Kirk Douglas in ›Lust for Life/Vincent van Gogh – Ein Leben in Leidenschaft‹, 1956, Regie: Vincente Minelli.

Fazan. *Regieassistenz* Al Jennings, André Smagghe. *Kostüme* Walter Plunkett. *Ton* Wesley C. Miller. *Associate Producer* Jud Kinberg.
Darsteller Kirk Douglas (Vincent van Gogh), ANTHONY QUINN (Paul Gauguin), James Donald (Theo van Gogh), Pamela Brown (Christine), Everett Sloane (Dr. Gachet), Niall MacGinnis (Roulin), Noel Purcell (Anton Mauve), Henry Daniell (Theodorus van Gogh), Madge Kennedy (Anna Cornelia van Gogh), Jill Bennett (Willemien), Lionel Jeffries (Dr. Peyron), Laurence Naismith (Dr. Bosman), Eric Pohlmann (Colbert), Jeanette Sterke (Kay), Toni Gerry (Johanna), Wilton Graff (Pastor Stricker), Isobel Elsom (Frau Stricker), David Horne (Pastor Peeters), Noel Howlett (Kommissar van den Berghe), Ronald Adam (Kommissar de Smet), John Ruddock (Ducrucq), Julie Robinson (Rachel), David Leonard (Camille Pissarro), William Phipps (Emile Bernard), David Bond (Georges Seurat), Frank Perls (Père Tanguy), Jay Adler (Kellner), Laurence Badie (Adeline Ravoux), Antony Eustrel (Tersteeg), Belle Mitchell (Mme. Tanguy), Rex Evans (Durand-Ruel), Ma-

rion Ross (Schwester Clothilde), Mitzi Blake (Elisabeth), Anthony Sydes (Cor), Ernestine Barrier (Jet), Jerry Bergen (Henri de Toulouse Lautrec), Alec Mango (Dr. Rey), Fred Johnson (Cordan), Norman MacGowan (Pierre), Mickey Maga (Jan).
Anthony Quinn als berühmter französischer Maler Paul Gauguin und Freund van Goghs.
Länge 122 Minuten.

1956 – **THE MAN FROM DEL RIO** (USA)

Deutscher Titel **Der Mann von Del Rio**
Produktion United Artists (Robert L. Jacks). *Regie* Harry Horner. *Buch* Richard Carr. *Kamera* Stanley Cortez. *Musik* Frederick Steiner. *Produc-*

Ein Sheriff räumt auf: mit Peter Whitney in ›The Man from Del Rio/Der Mann von Del Rio‹, 1956.

tion Design William Glasgow. *Schnitt* Robert Golden. *Associate Producer* Richard Carruth.
Darsteller ANTHONY QUINN (Dave Robles), Katy Jurado (Estella), Whit Bissell (Breezy Morgan), Peter Whitney (Ed Bannister), Douglas Fowley (Doc Adams), Guinn »Big Boy« Williams (Fred Jasper), John Larch (Bill Dawson), Douglas Spencer (Jack Tillman), Barry Atwater (Dan Ritchy), Marc Hamilton (George Dawson), Adrienne Marden (Mrs. Tillman), Carl Thayler (The Kid), Katherine DeMille (Frau), Otto Waldis (Tom Jordan), William Erwin (Roy Higgens), Paul Harber (Mr. Brown), Jack Hogan (Junge), Frank Richards (Stallbursche).
Anthony Quinn als ungehobelter, ehemaliger mexikanischer Revolverheld, der in einer texanischen Grenzstadt Sheriff wird.
Länge 82 Minuten.

1956 – **THE WILD PARTY** (USA)

Deutscher Titel **Wilde Nacht**
Produktion Security Pictures/United Artists (Sidney Harmon). *Regie* Harry Horner. *Buch* John McPartland. *Kamera* Sam Leavitt. *Musik Buddy Bregman. Production Design* Rudi Feld. *Schnitt* Richard C. Meyer.
Darsteller ANTHONY QUINN (»Big« Tom Kupfen), Carol Ohmart (Erica London), Arthur Franz (Lt. Arthur Mitchell), Kathryn Grant-Crosby (Honey), Jay Robinson (Gage Freeposter), Nehemiah Persoff (Kicks Johnson), Paul Stewart (Ben Davis), Nestor Paiva (Branson), William Phipps (Wino), Barbara Nichols (Sandy), Jana Mason (Sängerin), Maureen Stephenson (Ellen), Michael Ross (Angeber), Carl Milletaire (Kunde), James Bronte (Barkeeper), Joe Greene (»Fat Man«), The Buddy DeFranco Quartet (Combo).
Anthony Quinn als heruntergekommener Football-Star, der sich im Jazz- und Nachtclubmilieu durch Kidnapping und Erpressung über Wasser hält.
Länge 91 bzw. 81 Minuten.

1957 – **THE RIDE BACK** (USA)

Deutscher Titel **Der Ritt zurück**
Produktion The Associates and Aldrich Company (Robert Aldrich)/United Artists (William Conrad). *Regie* Allen H. Miner. *Buch* Anthony Ellis. *Kamera* Joseph Biroc. *Musik* Frank De Vol (Titellied gesungen von Eddie Albert). *Production Design* William Glasgow. *Schnitt* Michael Luciano. *Associate Producer* Walter Blake.

Eine etwas unbequeme Art zu reisen: Der Mörder (Anthony Quinn) wird in Ketten über die Grenze zurückgebracht. Mit William Conrad und Ellen Hope Monroe in ›The Ride Back/Der Ritt zurück‹, 1957.

Darsteller ANTHONY QUINN (Bob Kallen), William Conrad (Hamish), Lita Milan (Elena), George Trevino (Grenzposten), Victor Millan (Pater), Joe Dominguez (Luis), Ellen Hope Monroe (Kind), Louis Towers (Junge).
Anthony Quinn als nach Mexiko entflohener Mörder, der von einem texanischen Sheriff über die Grenze zurückgebracht werden soll.
Länge 79 Minuten.

Der bucklige, einäugige Quasimodo (Anthony Quinn) hat sich hoffnungslos in die schöne Zigeunerin Esmeralda (Gina Lollobrigida) verliebt. Szenenfoto aus ›Notre-Dame de Paris/Der Glöckner von Notre-Dame‹, 1957.

1957 – NOTRE-DAME DE PARIS (F)

Deutscher Titel **Der Glöckner von Nôtre-Dame**

Produktion Paris Film Prod. (Robert & Raymond Hakim). *Regie* Jean Delannoy. *Buch* Jean Aurenche, Jacques Prévert (nach dem gleichnamigen Roman von Victor Hugo). *Kamera* (CinemaScope, Eastmancolor) Michel Kelber. *Musik* Georges Auric. *Songs* Georges Auric, Angelo Francesco Lavagnino, Paul Lafarge. *Production Design* René Renoux. *Schnitt* Henri Taverna. *Kostüme* Georges Benda. *Choreographie* Léonide Massine. *Ton* Jacques Carrère. *Produktionsleitung* Ludmilla Goulian.

Darsteller Gina Lollobrigida (Esmeralda), ANTHONY QUINN (Quasimodo), Alain Cuny (Claude Frollo), Robert Hirsch (Gringoire), Roger Blin (Matias Hunyady), Jean Danet (Hauptmann Phoebus), Philippe Clay (Clopin Trouillefou), Jacques Dufilho (Guillaume Rousseau), Danièle Dumont (Fleur de Lys), Jean Tissier (König Ludwig XI.), Valentine Tes-

sier (Aloise de Gondelaurier), Marianne Oswald (La Falourdel), Robert Lombard (Coppenole), Daniel Emilfork (Andry Le Rouse), Jacques Hilling (Charmolue), Pierre Piéral (der Zwerg), Camille Guérini (Gerichtspräsident), Damia (Bettlerin), Albert Rémy (Jupiter), Hubert de Lapparent (Haraucourt), Boris Vian (Kardinal), Paul Bonifas (Maître Lecornu), Madeleine Barbulée (Mme. Lecornu), Albert Michel (Nachtwächter), Georges Douking (Gauner), Maurice Sarfati (Jehan Frollo), Roland Bailly (Henker).
Anthony Quinn in der Titelrolle.
Länge 110 bzw. 103 Minuten.

1957 – **THE RIVER'S EDGE** (USA)

Deutscher Titel **Flucht nach Mexiko**
Produktion 20th Century-Fox (Benedict Bogeaus). *Regie* Allan Dwann.
Buch Harold Jacob Smith, James Leicester (nach »The Highest Moun-

Mit Ray Milland und Debra Paget in ›The River's Edge / Flucht nach Mexiko‹, 1957.

tain« von Harold Jacob Smith). *Kamera* (CinemaScope, Color by DeLuxe) Harold Lipstein. *Musikalische Leitung* Louis Forbes. *Songs* James Leicester, Bobby Troup. *Production Design* Van Nest Polglase. *Schnitt* James Leicester.
Darsteller Ray Milland (Nardo Denning), ANTHONY QUINN (Ben Cameron), Debra Paget (Meg Cameron), Harry Carey jr. (Chet), Chubby Johnson (Pop Whiskers), Byron K. Foulger (Barry), Tom McKee (Zollbeamter), Frank Gerstle (Harry Castleton).
Anthony Quinn als amerikanischer Klein-Rancher, der gezwungen wird, einen flüchtenden Bankräuber durch die Berge nach Mexiko zu führen.
Länge 97 bzw. 87 Minuten.

1957 – **WILD IS THE WIND** (USA)

Deutscher Titel **Wild ist der Wind**
Produktion Paramount (Hal B. Wallis). *Regie* George Cukor. *Buch* Arnold Shulman (nach dem Roman »Furia« von Vittorio Nino Novarese). *Kamera* (VistaVision) Charles B. Lang jr. *Musik* Dimitri Tiomkin. *Songs* Dimitri Tiomkin, Ned Washington, Fernando Albano, Pacifico Vento. *Production Design* Hal Pereira, Tambi Larsen. *Schnitt* Warren Low. *Associate Producer* Paul Nathan.
Darsteller ANTHONY QUINN (Gino), Anna Magnani (Gioia), Anthony Franciosa (Bene), Dolores Hart (Angie), Joseph Calleia (Alberto), Lily Valenty (Teresa), James Flavin (Wolleinkäufer), Dick Ryan (Priester), Joseph Vitale, Ruth Lee, Iphigenie Castiglioni, Frances Morris (Partygäste).
Anthony Quinn als italienischer Einwanderer in den USA, der nach dem Tod seiner Frau deren Schwester heiratet, die sich aber seinem Adoptivsohn zuwendet.
Länge 114 bzw. 110 Minuten.
Deutsche Erstaufführung Filmfestspiele Berlin, 1958.

1958 – **HOT SPELL** (USA)

Deutscher Titel **Hitzewelle**
Produktion Paramount (Hal B. Wallis). *Regie* Daniel Mann. *Buch* James Poe (nach dem Theaterstück »Next of Kin« von Lonnie Coleman). *Kamera* (VistaVision) Loyal Griggs. *Musik* Alex North. *Production Design* Hal Pereira, Tambi Larsen. *Schnitt* Warren Low. *Associate Producer* Paul Nathan.
Darsteller Shirley Booth (Alma Duval), ANTHONY QUINN (Jack Duval), Shirley MacLaine (Virginia Duval), Earl Holliman (Buddy Duval), Ei-

Die zweite Frau des italienischen Einwanderers Gino wendet sich dessen Adoptivsohn zu. Anna Magnani, Anthony Franciosa und Anthony Quinn (von links) in ›Wild Is the Wind/Wild ist der Wind‹, 1957.

Mit Partner in ›Hot Spell/Hitzewelle‹, 1958.

leen Heckart (Fan), Clint Kimbrough (Billy Duval), Jody Lawrance (Dora May), Warren Stevens (Wyatt), Valerie Allen (Ruby), Harlan Warde (Harry), Stafford Repp (Gepäckträger), Irene Tedrow (Essie Mae), Bill Walker (Begleiter), Anthony Jochim (Prediger), Louise Franklin, Johnny Lee (Neger), Elsie Waller (Bibliothekarin), Len Hendry, John Indrisano (Billardspieler), Watson H. Downs (Fahrer), William Duray (Dirigent).
Anthony Quinn als frustrierter Ehemann, der nach 25 Jahren Ehe auch das Verhältnis zu seinen Kindern als gescheitert erkennen muß und die Familie verläßt.
Länge 86 Minuten.

1958 – THE BUCCANEER (USA)

Deutscher Titel **König der Freibeuter**

Produktion Paramount (Henry Wilcoxon, unter der künstlerischen Gesamtleitung von Cecil B. DeMille). *Regie* ANTHONY QUINN. *Buch* Jesse L. Lasky jr., Berenice Mosk (nach dem Drehbuch der Erstverfilmung von 1938). *Kamera* (VistaVision, Technicolor) Loyal Griggs, W. Wallace Kelley. *Musik* Elmer Bernstein. *Production Design* Hal Pereira. *Bauten* Walter H. Tyler, Albert Nozaki. *Schnitt* Archie Marshek. *Regieassistenz* Bernard McEveety. *Special effects* Farciot Edouart. *Kostüme* Edith Head. *Make-up* Wally Westmore. *Farbberatung* Richard Mueller.

Darsteller Yul Brynner (Jean Lafitte), Charlton Heston (Andrew Jackson), Claire Bloom (Bonnie Brown), Charles Boyer (Dominique You), Inger Stevens (Annette Claiborne), Henry Hull (Ezra Peavey), E. G. Marshall (Gouverneur William Claiborne), Lorne Greene (Mercier), Ted de Corsia (Captain Rumbo), Douglass Dumbrille (Hafenmeister), Fran Jeffries (Cariba), John Dierkes (Deacon), George Mathews (Pyke), Steven Marlo (Beluche), James Todd (Mr. Whipple), Onslow Stevens (Zollinspektor), Iris Adrian (schmutzige Dirne), Woody Strode (Toro), John Hubbard (Dragoner-Captain Wilkes), Bruce Gordon (Gramby), Robert Warwick (Captain Lockyer), Reginald Sheffield (Tripes), Julia Faye (Frau), Norma Varden (Mme. Hilaire), Robert F. Simon (Captain Brown), Sir Lancelot (Scipio), Ken Miller (junger Wachtposten), Leslie E. Bradley (Captain McWilliams), Barry Kelley (Commodore Patterson), Jerry Hartleben (Miggs), Theodora Davitt (Marie Claiborne), Wally Richard (Leutnant Shreve), James Seay (Miliz-Offizier), Paul Newland (Captain Flint), Jack Kruschen, Peter Coe, Robin Hughes, Syl Lamont, Mike Mazurki, Jack Pennick, Harry Shannon, Ty Hungerford [Ty Hardin], Fred Kohler jr., Kathleen Freeman, Lane Chandler, Stephen Chase, Brad Johnson, Eric Alden, Henry Brandon, Raymond Greenleaf, Harlan Warde.

Länge 121 bzw. 119 Minuten.

Deutsche Erstaufführung 2. Okt. 1959, in mehreren Städten.

1959 – BLACK ORCHID (USA)

Deutscher Titel **Die schwarze Orchidee**

Produktion Paramount (Carlo Ponti, Marcello Girosi). *Regie* Martin Ritt. *Buch* Joseph Stefano (nach seinem Fernsehscript). *Kamera* (VistaVision) Robert Burks. *Musik* Alessandro Cicognini. *Production Design* Hal Pereira, Roland Anderson. *Schnitt* Howard Smith. *Ton* Hugo Grenzbach, Winston Leverett.

Mit Sophia Loren in ›The Black Orchid/Die schwarze Orchidee‹, 1959.

Darsteller Sophia Loren (Rose Bianco), ANTHONY QUINN (Frank Valente), Ina Balin (Mary Valente), Jimmie Baird (Ralphie Bianco), Mark Richman (Noble), Naomi Stevens (Giulia Gallo), Virginia Vincent (Alma Gallo), Joe Di Reda (Joe), Frank Puglia (Henry Gallo), Whit Bissell (Mr. Harmon), Vito Scotti (Paul), Robert Carricart (Priester), Majel Barrett (Luisa), Zolya Talma (Consuello, der Schneider), Jack Washburn (Tony Bianco).
Anthony Quinn als verwitweter Italo-Amerikaner, der trotz vehementer Einwände seiner debilen Tochter, die Witwe eines New Yorker Gangsters heiraten will.
Länge 96 bzw. 94 Minuten.

1959 – **LAST TRAIN FROM GUN HILL** (USA)
Deutscher Titel **Der letzte Zug von Gun-Hill**
Produktion Paramount (Hal B. Wallis). *Regie* John Sturges. *Buch* James Poe (nach der Erzählung »Showdown« von Les Crutchfield). *Kamera* (VistaVision, Technicolor) Charles B. Lang jr. *Musik* Dimitri Tiomkin. *Production Design* Hal Pereira. *Bauten* Walter Tyler. *Schnitt* Warren Low. *Special effects* Farciot Edouart. *Kostüme* Edith Head. *Make-up* Wally Westmore. *Farbberatung* Richard Mueller. *Associate Producer* Paul Nathan.
Darsteller Kirk Douglas (Matt Morgan), ANTHONY QUINN (Craig Beldon), Carolyn Jones (Linda), Earl Holliman (Rick Beldon), Ziva Rodann (Catherine Morgan), Brad Dexter (Beero), Val Avery (Barkeeper), Brian Hutton (Lee), Bing Russell (Skag), Walter Sande (Sheriff Bartlett), Dabbs Greer (Andy), Hank Mann (Händler), Ty Hardin

Mit Carolyn Jones in ›Last Train from Gun Hill/Der letzte Zug von Gun-Hill‹, 1959.

(Cowboy), Lars Henderson (Petey Morgan), Henry Wills (Jake), John R. Anderson (Geschäftsmann an der Bar), William Newell (Hotelangestellter), Len Hendry (Mann in Hotelhalle), Mara Lynn (Minnie), Raymond A. McWalters (verwundeter Revolverheld), Sid Tomack (Roomer), Charles Stevens (Keno), Julius Tanner (putzender Mann), Glenn Strange (Angeber im Saloon), Jack Lomas (Charlie), Tony Russo (Pinto), Ricky William Kelman (Junge), Walter »Tony« Merrill (Conductor), Eric Alden, Carl H. Saxe, Frank Hagney (Craigs Männer), Frank Carter, Mike Mahoney, Bob Scott (Männer im Zug).
Anthony Quinn als angesehener Rinderzüchter und reichster Mann der Stadt, dessen Sohn die Frau seines besten Freundes ermordet hat.
Länge 94 Minuten.
Deutsche Erstaufführung 26. Febr. 1960, Filmtheater Berlin.

1959 – **WARLOCK** (USA)

Deutscher Titel **Warlock** *auch* **Der Mann mit den goldenen Colts** *auch* **Terror in Warlock**
Produktion 20th Century-Fox (Edward Dmytryk). *Regie* Edward Dmytryk. *Buch* Robert Alan Aurthur (nach dem Roman von Oakley Hall). *Kamera* (CinemaScope, Color by DeLuxe) Joe MacDonald. *Musik* Leigh Harline. *Musikalische Leitung* Lionel Newman. *Production Design* Lyle Wheeler, Herman A. Blumenthal. *Schnitt* Jack W. Holmes. *Make-up* Ben Nye. *Farbberatung* Leonard Doss.
Darsteller Richard Widmark (Johnny Gannon), Henry Fonda (Clay Blaisdell), ANTHONY QUINN (Tom Morgan), Dorothy Malone (Lily Dollar), Dolores Michaels (Jessie Marlow), Wallace Ford (Richter Holloway), Tom Drake (Abe McQuown), Richard Arlen (Bacon), De Forrest Kelley (Curley Burne), Regis Toomey (Skinner), Don Beddoe (Dr. Wagner), Don »Red« Barry (Edward Calhoun), Frank Gorshin (Billy Gannon), Vaughn Taylor (Richardson), Whit Bissell (Mr. Petrix), J. Anthony Hughes (Shaw), Bartlett Robinson (Slavin), Ian MacDonald (MacDonald), L. Q. Jones (Jiggs), Joe Turkel (Chet Haggin), Ann Doran (Mrs. Richardson), Robert Osterloh (Professor), James Philbrook (Cade), Walter Coy (Hilfssheriff Thompson), Wally Campo (Friseur), Stan Kamber (Hutchinson), Paul Comi (Luke Friendly), Mickey Simpson (Fitzsimmons), David Garcia (Pony Benner), Robert Adler (Foss), Joel Ashley (Murch), Saul Gorss (Bob Nicholson), Henry Worth (Burbage), June Blair (Tänzerin), Hugh Sanders (Sheriff Keller).
Anthony Quinn als hinkender Spieler und Revolverheld, der gemeinsam mit einem befreundeten Marshal eine Grenzstadt von zwielichtigem Ge-

sindel säubert.
Länge 121 bzw. 113 Minuten.
Deutsche Erstaufführung 15. Mai 1959, in mehreren Kinos.

1960 – HELLER IN PINK TIGHTS (USA)

Deutscher Titel **Die Dame und der Killer** *auch* **Die Dame und ihr Killer**
Produktion Paramount (Carlo Ponti, Marcello Girosi). *Regie* George

Sophia Loren und Anthony Quinn unter der Regie von George Cukor in ›Heller in Pink Tights/Die Dame und der Killer‹, 1960.

Cukor. *Buch* Walter Bernstein, Dudley Nichols (nach dem Roman »Heller with a Gun« von Louis L'Amour). *Kamera* (Technicolor) Harold Lipstein. *2. Kamera* Irving Roberts. *Musik* Daniele Amfitheatrof. *Production Design* Hal Pereira, Eugene Allen. *Bauten* Sam Comer, Grace Gregory. *Schnitt* Howard Smith. *Second Unit-Regie* Arthur Rosson. *Choreographie* Val Raset. *Ton* John Wilkinson, Winston Leverett. *Associate Producer* Lewis E. Ciannelli.

Darsteller Sophia Loren (Angela Rossini), ANTHONY QUINN (Tom Healy), Steve Forrest (Clint Mabry), Eileen Heckart (Lorna Hathaway), Margaret O'Brien (Della Southby), Edmund Lowe (Manfred »Doc« Montague), Ramon Novarro (De Leon), George Mathews (Sam Pierce), Cactus McPeters (William), Frank Cordell (Theodore), Frank Silvera (Santis), Edward Binns (Sheriff McClain), Howard McNear (Photograph), Iron Eyes Cody, Edward Little Sky, Chief Yowlachie, Rodd Redwing (Indianer), Warren Wade (Hodges), Cal Bolder (Goober), Robert Palmer (McAllister), Taggart Casey, Leo V. Matranga (Revolverhelden), Geraldine Wall (»Madame«), Amanda Randolph (Magd), David Armstrong (Achilles), Alfred Tonkel (Calchas), Bobby Darin (Diener), Bryn Davis (Venus), Cathy Cox (Juno).

Anthony Quinn als engagierter Manager einer Schauspieltruppe im Wilden Westen Ende des vorigen Jahrhunderts.

Länge 100 Minuten.

1960 – **PORTRAIT IN BLACK** (USA)

Deutscher Titel **Das Geheimnis der schwarzen Dame** *auch* **Das Geheimnis der Dame in Schwarz**

Produktion Universal-International (Ross Hunter). *Regie* Michael Gordon. *Buch* Ivan Goff, Ben Roberts (nach ihrem Bühnenstück). *Kamera* (Eastmancolor) Russell Metty. *Musik* Frank Skinner. *Musikalische Leitung* Joseph Gershenson. *Production Design* Richard H. Riedel. *Schnitt* Milton Carruth. *Kostüme* Jean Louis. *Make-up* Bud Westmore. *Frisuren* Larry Germain.

Darsteller Lana Turner (Sheila Cabot), ANTHONY QUINN (Dr. David Rivera), Sandra Dee (Catherine Cabot), John Saxon (Blake Richards), Richard Basehart (Howard Mason), Lloyd Nolan (Matthew Cabot), Ray Walston (Cob O'Brien), Anna May Wong (Tani), Virginia Grey (Miss Lee), John Wengraf (Dr. Kessler), Paul Birch (Detektiv), Dennis Kohler (Peter Cabot), Harold Goodwin, Jack Bryan (Polizisten), Richard Norris (Mr. Corbin), James Nolan, Robert Lieb (Detektive), John McNamara (Minister), Charles Thompson (Sid), George Womack (Fo-

Sandra Dee, Lana Turner und Anthony Quinn in ›Portrait in Black/Das Geheimnis der Dame in Schwarz‹, 1960.

reman), Elizabeth Chan (Tänzerin), Henry Quan (chinesischer Oberkellner).
Anthony Quinn als Hausarzt eines bettlägrigen Reeders, dessen Gattin ihn dazu bringt, ihren Mann zu ermorden.
Länge 112 Minuten.

1960 – THE SAVAGE INNOCENTS (GB/I/F)
Italienischer Titel **Ombre bianche**
Französischer Titel **Les dents du diable**
Deutscher Titel **Im Land der langen Schatten** *auch* **Wilde Unschuld**
Produktion Magic Film/Playart/Gray Films/Pathé Cinéma/Joseph Janni

Productions/Appia Films (Maleno Malenotti). *Regie* Nicholas Ray. *Buch* Nicholas Ray, Franco Solinas, Hans Ruesch (nach dem Roman »Top of the World« von Hans Ruesch). *Kamera* (Technicolor, Technirama) Aldo Tonti, Peter Hennessy. *2. Kamera* Riccardo Pallottini, Patrick Carey, Allan Bryce. *Musik* Angelo Francesco Lavagnino. *Musikalische Leitung* Muir Mathieson. *Songs* »Iceberg« von und mit The Four Saints, »Sexy Rock« von Angelo Francesco Lavagnino. *Production Design* Don Ashton, Dario Cecchi. *Schnitt* Ralph Kemplen, Eraldo Da Roma. *Second Unit-Regie* Baccio Bandini. *Regieassistenz* Tom Pevsner, Jacques Giraldeau. *Kostüme* Vittorio Nino Novarese. *Make-up* Geoffrey Rodway. *Ton* Geoff Daniels. *Produktionsleitung* Bianca Lattuada, Douglas Peirce.

Darsteller ANTHONY QUINN (Inuk), Yoko Tani (Asiak), Carlo Giustini, Peter O'Toole (Canadian Mounties), Mari Yang (Powtee) Marco Guglielmi (Missionar), Kaida Horiuchi (Imina), Lee Montague (Itti), Andy Ho (Anarvik), Anna May Wong (Hiko), Yvonne Shima (Iulik), Anthony Chin (Kidok), Francis De Wolff (Handelspostbesitzer), Michael Chow (Undik), Ed Devereaux (Pilot).

Anthony Quinn als primitiver Eskimojäger, auf der Suche nach einer Frau.

Länge 110, 107, 90 bzw. 89 Minuten.

Uraufführung März 1960, Rom.

Deutsche Erstaufführung 30. Sept. 1960, bundesweit.

1961 – THE GUNS OF NAVARONE (GB/USA)

Deutscher Titel **Die Kanonen von Navarone**

Produktion Open Road Films (Carl Foreman)/Columbia Pictures. *Regie* J. Lee Thompson. *Buch* Carl Foreman (nach dem Roman von Alistair MacLean). *Kamera* (CinemaScope, Eastmancolor) Oswald Morris, John Wilcox. *2. Kamera* Denys Coop, Dudley Lovell. *Musik* Dimitri Tiomkin. *Songs* Dimitri Tiomkin, gesungen von Elga Andersen. *Production Design* Geoffrey Drake. *Bauten* Maurice Fowler. *Schnitt* Alan Osbiston. *Regieassistenz* Peter Yates, Roy Millichip. *Special effects* Bill Warrington, Wally Veevers. *Kostüme* Monty Berman, Olga Lehmann. *Make-up* George Frost, Wally Schneiderman. *Frisuren* Joan Smallwood. *Ton* John Cox, George Stephenson. *Associate Producer* Cecil F. Ford, Leon Becker. *Produktionsleitung* Harold Buck.

Darsteller Gregory Peck (Capt. Keith Mallory), David Niven (Corporal Miller), ANTHONY QUINN (Col. Andrea Stravos), Stanley Baker (C. P. O. Brown), Sir Anthony Quayle (Maj. Roy Franklin), Irene Pa-

pas (Maria Pappadimos), Gia Scala (Anna), James Darren (Pappadimos), James Robertson-Justice (Commander Jenson), Richard Harris (Schwadronanführer Barnsby), Bryan Forbes (Cohn), Allan Cuthbertson (Baker), Michael Trubshawe (Weaver), Percy Herbert (Sgt. Grogan), George Mikell (Sessler), Walter Gotell (Muesel). Tutte Lemkow (Nicholai), Albert Lieven (Kommandant), Norman Wooland (Gruppenführer), Cleo Scouloudi (Braut), Nicholas Papakonstantinou (Patrouillenboot-Kapitän), Christopher Rhodes (deutscher Offizier).
Anthony Quinn als griechischer Oberst im Widerstand, der sich im Zweiten Weltkrieg während eines Kommandounternehmens den Alliierten anschließt.
Länge 157 Minuten.
Uraufführung 22. Juni 1961.
Deutsche Erstaufführung 19. Sept. 1961.

Anthony Quinn (mit Partner) als griechischer Oberst im Widerstand während des Zweiten Weltkrieges – ›The Guns of Navarone/Die Kanonen von Navarone‹, 1961.

1961 – **BARABBA** (I)

Deutscher Titel **Barabbas**

Produktion Dino De Laurentiis Cinematografica. *Regie* Richard Fleischer. *Buch* Christopher Fry, Ivo Perilli, Nigel Balchin, Diego Fabbri (nach dem gleichnamigen Roman von Pär Lagerkvist). *Kamera* (Technirama, Technicolor) Aldo Tonti. *Musik* Mario Nascimbene. *Musikalische Leitung* Franco Ferrara. *Production Design* Mario Chiari. *Bauten* Maurizio Chiari. *Schnitt* Raymond Poulton, Alberto Galliti. *Kostüme* Maria De Matteis. *Associate Producer* Luigi Luraschi.

Darsteller ANTHONY QUINN (Barabbas), Silvana Mangano (Rachel), Arthur Kennedy (Pontius Pilatus), Katy Jurado (Sara), Harry Andrews (Petrus), Vittorio Gassman (Sahak), Jack Palance (Torvald), Ernest Borgnine (Lucius), Valentina Cortese (Julia), Arnoldo Foà (Josef von Arimathäa), Norman Wooland (Rufio), Enrico Glori (würdiger Mann),

Barabbas, der Straßenräuber, der an Stelle von Christus begnadigt wird. Quinn in der aufwendigen De Laurentiis-Produktion ›Barabba/Barabbas‹, 1961.

Anthony Quinn als Boxer Mountain Rivera mit Partner Mickey Rooney in ›Requiem for a Heavyweight/Die Faust im Gesicht‹, 1962.

Carlo Giustini, Friedrich von Ledebur, Gianni Di Benedetto (Offiziere), Rina Braido (Schwärmerin), Douglas Fowley (Töpfer), Laurence Payne (Jünger), Michael Gwynn (Lazarus), Gustavo De Nardo (Mann im Töpfergeschäft), Tullio Tomadoni (Blinder), Maria Zanoli (Bettlerin), Guido Celano (Scorpio), Vladimiro Picciafuochi (Aufseher), Bobby Hall (Gladiatorenkommandant), Joe Robinson (Gladiator), Ivan Triesault (Kaiser), Roy Mangano (Jesus Christus), Spartaco Nale, Paul Muller, Nando Angelini, Marcello Di Martire.
Anthony Quinn in der Titelrolle dieses Bibelfilmes.
Länge 144 bzw. 134 Minuten.
Uraufführung Dezember 1961, Rom.

1962 – REQUIEM FOR A HEAVYWEIGHT (USA)

Deutscher Titel **Die Faust im Gesicht**
Produktion Paman Prod. (David Susskind). *Regie* Ralph Nelson. *Buch* Rod Serling (nach seinem Fernsehfilm). *Kamera* Arthur J. Ornitz. *Mu-*

sik Laurence Rosenthal. *Production Design* Burr Smidt. *Bauten* Francis J. Brady. *Schnitt* Carl Lerner. *Regieassistenz* Tony La Marca, Michael Hertzberg. *Kostüme* John Boxer. *Make-up* Dick Smith. *Ton* Edward Johnstone, Richard Vorisek, Jack Fitzstephens. *Associate Producer* Jack Grossberg.

Darsteller ANTHONY QUINN (Mountain Rivera), Jackie Gleason (Maish Rennick), Mickey Rooney (Army), Julie Harris (Grace Miller), Stanley Adams (Perelli), Madame Spivy (Ma Greeny), Herbie Faye (Barkeeper), Jack Dempsey (in persona), Cassius Clay (Ringpartner), Steve Belloise (Rezeptionist), Lou Gilbert (Ring-Doktor), Arthur Mercante (Schiedsrichter), Michael Conrad, Barney Ross, Alex Miteff, Willie Pep, J. J. Ballargeon, Gus Lesnevich, Paolo Rossi, Abe Simon, Stan Ross.

Anthony Quinn als Schwergewichtsboxer, der nach langer aktiver Sportzeit den Ring quittieren muß, da er zu erblinden droht.

Länge 87, 86 bzw. 85 Minuten.

Uraufführung 1. September 1962, New York City.

Deutsche Erstaufführung 16. Nov. 1962.

1962 – **LAWRENCE OF ARABIA** (GB)

Deutscher Titel **Lawrence von Arabien**

Produktion Horizon Pictures (Sam Spiegel, David Lean). *Regie* David Lean. *Buch* Robert Bolt, Michael Wilson (nach den Schriften von T. E. Lawrence). *Kamera* (Technicolor, Super Panavision) Freddie A. Young, Skeets Kelly. *2. Kamera* Nicolas Roeg, Ernest Day, Peter Newbrook. *Musik* Maurice Jarre. *Musikalische Leitung* Morris Stoloff, Sir Adrian Boult. *Orchestrierung* Gérard Schurmann. *Production Design* John Box, John Stoll. *Bauten* Dario Simoni, Terence Marsh. *Schnitt* Anne V. Coates. *Second Unit-Regie* André Smagghe, Noel Howard. *Regieassistenz* Roy Stevens. *Stallmeister* Ken Buckle. *Kostüme* Phyllis Dalton, John Wilson Apperson. *Make-up* Charles Parker. *Frisuren* A. G. Scott. *Ton* Winston Ryder, John Cox. *Besetzung* Maude Spector. *Produktionsleitung* John Palmer.

Darsteller Peter O'Toole (T. E. Lawrence), Sir Alec Guinness (Prinz Faisal), ANTHONY QUINN (Auda Abu Tayi), Jack Hawkins (General Allenby), José Ferrer (türkischer Bey), Sir Anthony Quayle (Colonel Harry Brighton), Claude Rains (Mr. Dryden), Arthur Kennedy (Jackson Bentley), Donald Wolfit (General Murray), Omar Sharif (Sherif Ali ibn el Kharish), I. S. Johar (Gasim), Gamil Ratib (Majid), Michael Ray (Farraj), Zia Mohyeddin (Tafas), John Dimech (Daud), Howard Ma-

rion Crawford (Offiziersarzt), Jack Gwillim (Klubsekretär), Hugh Miller (R. A. M. C. Oberst), Kenneth Fortescue (Allenbys Adjutant), Stuart Saunders (Sergeant-Major), Fernando Sancho (türkischer Sergeant), Norman Rossington (Corporal Jenkins), Henry Oscar (Vortragender), John Ruddock (Elder Harith), M. Cher Kaoui, Mohammed Habachi.
Anthony Quinn als Anführer eines kampflüsternen Wüstenstammes, der dem englischen Offizier Lawrence hilft, die Stadt Akaba einzunehmen.
Länge 222 Minuten.
Uraufführung 16. Dezember 1962, London.

Für die Rolle des Auda Abu Tayi in ›Lawrence of Arabia/Lawrence von Arabien‹, 1962, wurde Anthony Quinn von den Maskenbildnern in einen hakennasigen arabischen Scheich verwandelt.

1964 – **THE VISIT** (USA/F/I/BRD)
Französischer Titel **La rancune**
Italienischer Titel **La vendetta della signora**
Deutscher Titel **Der Besuch**
Produktion Dear Film/Les Films du Siècle/P. E. C. F. (Julien Derode, ANTHONY QUINN)/Deutsche Fox Film. *Regie* Bernhard Wicki. *Buch* Ben Barzman (nach Friedrich Dürrenmatts »Der Besuch der alten Da-

Ernst Schroeder, Anthony Quinn und Hans-Christian Blech (von links) in ›The Visit/Der Besuch‹, 1964. Regie Bernhard Wicki.

me«, adaptiert als »The Visit: a Play in Three Acts« von Maurice Valency). *Kamera* (CinemaScope) Armando Nannuzzi, Claudio Cirillo. *Musik* Hans-Martin Majewski, Richard Arnell. *Production Design* Léon Barsacq. *Bauten* Robert Christides. *Schnitt* Samuel E. Beetley, Françoise Diot. *Regieassistenz* Wieland Liebske, Ottavio Oppo. *Kostüme* René Hubert, Nina Ricci. *Make-up* John O'Gorman. *Frisuren* Giorgio di Roma. *Ton* Jacques Maumont, Umberto Picistrelli. *Produktionsleitung* Christian Ferry, Attilio D'Onofrio.
Darsteller Ingrid Bergman (Karla Zachanassian), ANTHONY QUINN (Serge Miller), Paolo Stoppa (Doktor), Romolo Valli (Maler), Claude Dauphin (Bardrick), Jacques Dufilho (Fisch), Hans-Christian Blech (Dobrik), Richard Münch (Lehrer), Ernst Schröder (Bürgermeister), Leonard Steckel (Pfarrer), Valentina Cortese (Mathilda Miller), Irina Demick (Anya), Eduardo Ciannelli (Gastwirt), Marco Guglielmi (Chesco), Fausto Tozzi (Darvis), Dante Maggio (Cadek), Renzo Palmer, Lelio Luttazzi.
Anthony Quinn als angesehener Kaufmann einer Schweizer Kleinstadt, dessen Ermordung von einer schwerreichen Witwe gefordert wird, mit der er in der Jugendzeit ein uneheliches Kind hatte.
Länge 120 bzw. 100 Minuten.
Uraufführung Juli 1964, Paris.

1964 – BEHOLD A PALE HORSE (USA)

Deutscher Titel **Deine Zeit ist um**
Produktion Highland-Brentwood Prod. (Fred Zinnemann). *Regie* Fred Zinnemann. *Buch* J. P. Miller (nach dem Roman »Killing a Mouse on Sunday« von Emeric Pressburger). *Kamera* Jean Badal. *Musik* Maurice Jarre. *Production Design* Alexander Trauner, Auguste Capelier. *Bauten* Maurice Barnathan. *Schnitt* Walter Thompson. *Regieassistenz* Paul Feyder. *Kostüme* Elizabeth Haffenden, Joan Bridge. *Make-up* Michel Deruelle. *Frisuren* Marc Blanchard. *Ton* Jean Monchablon. *Besetzung* Margot Capelier. *Associate Producer* Alexander Trauner. *Produktionsleitung* Louis Wipf.
Darsteller Gregory Peck (Manuel Artiguez), ANTHONY QUINN (Captain Vinolas), Omar Sharif (Pater Francisco), Mildred Dunnock (Pilar), Raymond Pellegrin (Carlos), Paolo Stoppa (Pedro), Daniela Rocca (Rosanna), Christian Marquand (Leutnant Zaganar), Marietto (Paco Dages), Perrette Pradier (Maria), Zia Mohyeddin (Luis), Rosalie Crutchley (Teresa), Michel Lonsdale, José Luis de Vilallonga, Molly Urquhart,

Quinn als Hauptmann der spanischen Miliz im Bürgerkrieg in der Fred Zinnemann-Produktion ›Behold a Pale Horse/Deine Zeit ist um‹, 1964.

Elisabeth Wiener, Laurence Badie, Claude Berri, Jean-Paul Moulinot, Martin Benson, Jean-Claude Bercq, Alain Saury, Claude Confortes.
Anthony Quinn als Hauptmann der spanischen Miliz, der mit einem Widerstandskämpfer eine alte Rechnung aus dem Spanischen Bürgerkrieg begleichen will.
Länge 121, 118 bzw. 112 Minuten.
Uraufführung 1. August 1964, New York City.

1964 – **ZORBA THE GREEK** (USA/GR)
Griechischer Titel **Zormba**
Deutscher Titel **Alexis Sorbas**
Produktion 20th Century-Fox/Michael Cacoyannis/Rochley Prod. *Regie* Michael Cacoyannis. *Buch* Michael Cacoyannis (nach dem gleichnamigen Roman von Nikos Kazantzakis). *Kamera* Walter Lassally. *Musik* Mikis Theodorakis. *Production Design* Vassilis Fotopoulos. *Schnitt* Mi-

Drei grundverschiedene Typen – drei Welten; der kühle britische Intellektuelle Basil, der temperamentvolle, griechische Lebenskünstler Sorbas und die abgetakelte französische Kokotte ›Puppina‹ in ›Zorba, the Greek/ Alexis Sorbas‹, 1964.

chael Cacoyannis. *Regieassistenz* George Cosmatos, Franco Cirino, Panayis Roussos. *Kostüme* Anna Stavropoulou. *Make-up* Monique Archambault. *Frisuren* Alex Archambault. *Ton* Mikes Damalas, Demetris Kasimatis. *Associate Producer* ANTHONY QUINN. *Produktionsleitung* Yannis Petropoulakis. *Herstellungsleitung* Vassilis Mariolis.

Darsteller ANTHONY QUINN (Alexis Spaghetti California Epidemic Zorba/Sorbas), Alan Bates (Basil), Irene Papas (Witwe), Lila Kedrova (Mme. Hortense), George Foundas (Mavrandoni), Takis Emmanuel (Manolakas), Yorgo Voyagis (Pavlo), Eleni Anousaki (Lola), Sotiris Moustakas (Mimithos), Anna Kyriakou (Soul).

Anthony Quinn als einfaches, vor Lebenslust strotzendes mazedonisches Schelmen-Mannsbild, das sich mit dem jungen Erben einer Braunkohlenmine auf Kreta, einem intellektuellen britischen Schriftsteller, anfreundet und dessen Lebenseinstellung nachhaltig verändert.

Länge 142 Minuten.

Uraufführung 17. Dezember 1964, New York City.

1965 – **A HIGH WIND IN JAMAICA** (GB/USA)

Deutscher Titel **Sturm über Jamaika**

Produktion 20th Century-Fox (John Croyden). *Regie* Alexander Mackendrick. *Buch* Ronald Harwood, Stanley Mann, Dennis Cannan (nach dem gleichnamigen Roman von Richard Hughes). *Kamera* (CinemaScope, Color by DeLuxe) Douglas Slocombe, Cecil Cooney. *2. Kamera* Chic Waterson. *Musik* Larry Adler. *Musikalische Leitung* Philip Martell. *Songs* Jerry Adler, Christopher Logue, gesungen von Mike Leroy. *Production Design* John Howell, John Hoesli. *Schnitt* Derek York. *Regieassistenz* Tom Pevsner, Jim Brennan. *Special effects* Fred Zendar. *Kostüme* John McCorry. *Make-up* Freddie Williamson Bill Lodge. *Frisuren* Daphne Martin. *Ton* Stephen Dalby, H. L. Bird. *Associate Producer* Clifford Parkes, Tom Pevsner. *Herstellungsleitung* Bryan Coates.

Darsteller ANTHONY QUINN (Juan Chavez), James Coburn (Zac), Dennis Price (Mathias), Gert Gröbe (Kapitän Vandervort), Lila Kedrova (Rosa), Kenneth J. Warren (Kapitän Marpole), Nigel Davenport (Mr. Thornton), Isabel Dean (Mrs. Thornton), Viviane Ventura (Margaret Fernández), Benito Carruthers (Alberto), Charles Hyatt, Dan Jackson, Trader Faulkner (Piraten), Charles Laurence (Tallyman), Kenji Takaki (Koch), Brian Phelan (Curtis), Danny Williams (Old Sam), Louise Bennett (Mamie), Marion Ward (Mrs. Fernández), Philip Madoc (Captain), Maude Fuller (Josephina), Elsie Benjamin Barsoe (Kindermädchen), Gordon Richardson (Richter), Deborah Baxter (Emily), Martin Amis

Als Piratenkapitän Juan Chavez in ›A High Wind in Jamaica/Sturm über Jamaika‹, 1965.

(John Thornton), Karen Flack (Laura Thornton), Henry Beltran (Harry Thornton), Roberta Tovey (Rachel Thornton), Jeffrey Chandler (Edward Thornton).

Anthony Quinn als rauhbeiniger Piratenkapitän, dem beim Kapern eines englischen Schoners unversehens sieben Kinder in die Hände fallen.

Länge 135 bzw. 104 Minuten.

Uraufführung 25. Mai 1965, Los Angeles und London.

1965 – LA FABULEUSE AVENTURE DE MARCO POLO (F/I/YU/EG/AF 1963–65)

Französischer Titel **L'échiquier de Dieu**
Italienischer Titel **Le meravigliose avventure di Marco Polo**
Jugoslawischer Titel **Marko Polo**
Internationaler Verleihtitel **Marco the Magnificent**
Deutscher Titel **Im Reich des Kublai Khan** *auch* **Die unglaublichen Abenteuer des Marco Polo**

Produktion S. N. C. (Raoul J. Lévy)/Prodi Cinematografica/Avala/ITTAC/Mounier Rafla/Italaf Kaboul/Cinecustodia (Walter Manley Enterprises Präsentation). *Regie* Denys de la Patellière, Noel Howard (von Christian-Jaque begonnen). *Buch* Denys de la Patellière, Raoul J. Lévy, Jean-Paul Rappeneau, Jacques Rémy. *Kamera* (Franscope, Eastmancolor), Armand Thirard, Claude Renoir. *2. Kamera* Wladimir Ivanov, Robert Florent. *Musik* Georges Garvarentz. *Orchestrierung* Maurice J. Helison. *Production Design* Jacques Saulnier. *Schnitt* Jacqueline Thiédot, Noëlle Balenci, Albert Jurgenson. *Second Unit-Regie* Cliff Lyons. *Regieassistenz* Serge Vallin, Jean-Michel Lacor. *Special effects* Roscoe Cline. *Kostüme* Jacques Fonteray. *Ton* Jean Labussière, Pierre Goumy. *Produktionsleitung* Georges Valon.

Darsteller Horst Buchholz (Marco Polo), ANTHONY QUINN (Kublai Khan), Orson Welles (Ackermann), Omar Sharif (Emir Alaou), Elsa Martinelli (Mädchen mit der Peitsche), Akim Tamiroff (»alter Mann vom Berg«), Grégoire Aslan (Achmed Abdullah), Robert Hossein (Prinz Nayam), Massimo Girotti (Nicolo Polo), Folco Lulli (Spinello), Bruno Cremer (Guillaume de Tripolis), Jacques Monod (Nicolo de Vicenza), Lee Sue Moon (Gogatine), Guido Alberti (Papst Gregor X.), Mića Orlovič (Matteo Polo), Mansoureh Rihai (Taha), Virginia Onorato.

Anthony Quinn als weiser, glatzköpfiger Herrscher im China des 13. Jahrhunderts, der mit dem venezianischen Kaufmann und Weltreisenden Marco Polo Handel treibt.

Länge 115 bzw. 100 Minuten.
Uraufführung August 1965, Paris.

1966 – LOST COMMAND *auch* **NOT FOR HONOR AND GLORY** (USA)

Deutscher Titel **Sie fürchten weder Tod noch Teufel**

Produktion Red Lion Prod. (Mark Robson). *Regie* Mark Robson. *Buch* Nelson Gidding (nach dem Roman »Les centurions« von Jean Larté-

Lt. Col. Pierre Raspeguy in ›Lost Command/Sie fürchten weder Tod noch Teufel‹, 1966.

guy). *Kamera* (Panavision, Pathé Color) Robert L. Surtees. *2. Kamera* Jack Willoughby, Bruce Surtees. *Musik* Franz Waxman. *Orchestrierung* Leonid Raab. *Production Design* John Stoll. *Bauten* Vernon Dixon.

›Wir kämpfen bis zum letzten Schuß!‹ Alain Delon (links), Anthony Quinn und Partner in ›Lost Command/Sie fürchten weder Tod noch Teufel‹, 1966.

Schnitt Dorothy Spencer. *Regieassistenz* José Ochoa, John Quested, Jonathan Benson. *Special effects* Kit West, Manuel Baquero. *Kostüme* Tanine Autre, John Wilson Apperson, Ron Beck. *Make-up* Harold Fletcher, Francisco Puyol. *Ton* Wally Milner, Jack Haynes. *Besetzung* Harvey Woods. *Associate Producer* John R. Sloan. *Produktionsleitung* Mack Davidson, Luis Roberts. *Herstellungsleitung* Apolinar Rabinal.
Darsteller ANTHONY QUINN (Lt. Col. Pierre Raspeguy), Alain Delon (Capt. Philippe Esclavier), George Segal (Lt. Ben Mahidi), Michèle

Morgan (Gräfin de Clairefons), Maurice Ronet (Capt. Boisfeuras), Claudia Cardinale (Aicha), Grégoire Aslan (Ben Saad), Jean Servais (General Meliès), Maurice Sarfati (Lt. Merle), Jean-Claude Bercq (Lt. Orsini), Syl Lamont (Sgt. Verte), Jacques Marin (Bürgermeister), Jean-Paul Moulinot (De Guyot), Andres Monreal (Ahmed), Gordon Heath (Dia), Simono (Sapinsky), René Havard (Ferdinand), Armand Mestral (Administrationsoffizier), Burt Kwouk (vietnamesischer Offizier), Al Mulock (Mugnier), Marie Burke (Raspeguys Mutter), Aldo Sambrell (Ibrahim), Jorge Rigaud (Priester), Roberto Robles (Manuel), Emilio Carrer, Carmen Tarrazo (Mahidis Eltern), Howard Hagen (Helikopter-Pilot), Mario de Barros (Geoffrin), Walter Kelley (Major M. P.), Robert Sutton (Yusseff), Simon Benzaken (arabischer Käufer), Hector Quiroga (Bakhti), Felix de Pomes (alter Sprecher).
Anthony Quinn als französischer Oberst einer Fallschirmspringereinheit, der 1954 nach Kämpfen in Indochina in Algerien eingesetzt wird.
Länge 129 bzw. 126 Minuten.
Uraufführung 25. Mai 1966.

1967 – **LA 25e HEURE** (F/I/YU)

Italienischer Titel **La venticinquesima ora**
Internationaler Verleihtitel **The 25th Hour**
Deutscher Titel **Die 25. Stunde**
Produktion Les Films Concordia/C. C. Champion (Carlo Ponti)/Avala Film. *Regie* Henri Verneuil. *Buch* Henri Verneuil, Françoise Boyer, Wolf Mankowitz (nach dem gleichnamigen Roman von Constantin Virgil Gheorghiu). *Kamera* (Franscope, Metrocolor) Andreas Winding, Daniel Diot. *Musik* Georges Delerue. *Production Design* Robert Clavel. *Bauten* Pierre Charron. *Schnitt* Françoise Bonnot. *Regieassistenz* Claude Pinoteau. *Kostüme* Rosine Delamare. *Make-up* Monique Archambault. *Frisuren* Alex Archambault. *Ton* Antoine Petitjean. *Associate Producer* Simon Schiffrin. *Produktionsleitung* Paul Joly.
Darsteller ANTHONY QUINN (Johann Moritz), Virna Lisi (Susanna Moritz), Sir Michael Redgrave (Strafverteidiger), Françoise Rosay (Mme. Nagy), Grégoire Aslan (Nicolai Dobresco), Marcel Dalio (Strul), Serge Reggiani (Trajan Koruga), Drewe Henley (Hauptmann Brunner), Paul Maxwell (Photograph), George Roderick (Goldenberg), Alexander Knox (Ankläger), Albert Rémy (Joseph Grenier), Jean Desailly (Sekretär des Kriegsministers), Marius Goring (Oberst Müller), John Le Mesurier (Polizeirichter), Liam Redmond (Vater Koruga), Henia Suchar (Nora), Jan Werich (Sergeant Apostol Constantin), Harold Goldblatt

(Dr. Nagy), Meier Tzelniker (Abramovici), Jacques Marin (Fourrier), Dara Milošević (Frau Koruga), Viktor Starčić (Hurtig), Olga Schoberová (Rosa), Stojan Dečermić (Marcou), David Sumner (Ghitza Jon), Raoul Delfosse (Saaldiener), Kenneth J. Warren (Varga), Markus Ohrner (Knabe).
Anthony Quinn als einfältiger Bauer, der 1940 beim Einmarsch der deutschen Wehrmacht in Rumänien, fälschlich als Jude gekennzeichnet, ins KZ kommt und auf seiner Flucht durch halb Europa verschlagen wird.
Länge 134 bzw. 119 Minuten.
Uraufführung 1. Februar 1967.

Der rumänische Bauer Johann Moritz wird während des Zweiten Weltkrieges zuerst von rumänischen Faschisten, danach von deutschen Nazis, dann von russischen Kommunisten und schließlich von amerikanischen Bürokraten schikaniert. Szene aus: ›La 25e Heure/Die 25. Stunde‹, 1967.

Anthony Quinn, Martha Hyer, James Randolph Kuhl und George Maharis in ›The Happening/Die Meute‹, 1967.

1967 – THE HAPPENING (USA)

Deutscher Titel **Die Meute**

Produktion Horizon Dover Inc. (Jud Kinberg/Sam Spiegel Presentation. *Regie* Elliot Silverstein. *Buch* Frank R. Pierson, James D. Buchanan, Ronald Austin (nach ihrer Story). *Kamera* (Technicolor) Philip Lathrop, Howard Winner. *Musik* Frank De Vol. *Songs* Frank De Vol (gesungen von The Supremes). *Liedtexte* Eddie Holland, Lamont Dozier, Brian Holland, William Roy. *Production Design* Richard Day. *Bauten* Albert Brenner, Don Ivey. *Schnitt* Philip W. Anderson. *Regieassistenz* Tim Zinnemann, Ray Gosnell. *Special effects* Willis Cook. *Kostüme* Gene Coffin, Jason Silverstein. *Make-up* George Fields. *Frisuren* Sherry Wilson, Irene Aparicio. *Ton* Howard Warren, Jack Haynes. *Associate*

Producer Howard Jaffe, Robert Manchel, David Wolfson. *Produktionsleitung* Russell Saunders. *Herstellungsleitung* Jerry Porter.
Darsteller ANTHONY QUINN (Roc Delmonico), George Maharis (Taurus), Michael Parks (Sureshot), Robert Walker jr. (Herby), Martha Hyer (Monica Delmonico), Faye Dunaway (Sandy), Milton Berle (Fred), Oscar Homolka (Sam), Jack Kruschen (Inspektor), Clifton James (O'Reilly), James Randolph Kuhl (Arnold), Eugene Roche, Luke Askew (Motorradstreife).
Anthony Quinn als ehemaliges Mafia-Mitglied, der nun als angesehener Hotelbesitzer in Miami Beach lebt und von einigen Halbstarken gekidnappt wird.
Länge 101 bzw. 92 Minuten.
Uraufführung 22. März 1967.

Als ehemaliger Piratenkapitän in ›L'Avventuriero/Ich komme vom Ende der Welt‹, 1967. Regie: Terence Young.

1967 – **L'AVVENTURIERO** (I)

Internationaler Titel **The Rover**
Deutscher Titel **Ich komme vom Ende der Welt**
Produktion Selmur Prod. (Alfredo Bini, Selig J. Seligman). *Regie* Terence Young. *Buch* Luciano Vincenzoni, Jo Eisinger (nach dem Roman von Joseph Conrad). *Kamera* (Eastmancolor) Leonida Barboni. *Musik* Ennio Morricone. *Musikalische Leitung* Bruno Nicolai. *Production Design* Gianni Polidori. *Schnitt* Peter Thornton. *Regieassistenz* Giancarlo Zagni. *Kostüme* Veniero Colasanti. *Associate Producer* Fernando Franci.
Darsteller ANTHONY QUINN (Peyrol), Rosanna Schiaffino (Arlette), Rita Hayworth (Caterina), Richard Johnson (Real), Anthony M. Dawson [Antonio Margheriti] (Captain Vincent), Franco Fantasia (Admiral), Ivo Garrani (Scevola), Mino Doro (Dussard), Luciano Rossi (Michel), Mirko Valentin (Jacot), Gianni Di Benedetto (Lt. Bolt), Franco Giornelli (Summons), Fabrizio Jovine (Archiv-Offizier), John Lane (Hafenkapitän), Vittorio Venturoli (französischer Offizier), Gustave Gionni (Sans-Culotte), Lucio De Santis (Fischer), Raffaela Miceli (Arlette als Kind), Rita Klein, Paola Bossalino, Cathy Alexander (Mädchen), Giulio Marchetti, Ruggiero Salvadori.
Anthony Quinn als alter Piratenkapitän, der die englische Seeblockade des napolenischen Frankreich bricht.
Länge 103 Minuten.

1968 – **GUNS FOR SAN SEBASTIAN** (USA/F/I/MEX)

Französischer Titel **La bataille de San Sebastian**
Italienischer Titel **I cannoni di San Sebastian**
Mexikanischer Titel **Los cañones de San Sebastian**
Deutscher Titel **San Sebastian**
Produktion Cipra (Jacques Bar)/Ernesto Enríquez/Filmes Cinematográfica/Metro-Goldwyn-Mayer. *Regie* Henri Verneuil. *Buch* James R. Webb (nach dem Roman »A Wall for San Sebastian« von William Barby Flaherty). *Dialoge* Serge Ganze, Ennio De Concini, Miguel Morayta (der jeweils anderssprachigen Versionen). *Kamera* (Franscope, Metrocolor) Armand Thirard. *Musik* Ennio Morricone. *Production Design* Robert Clavel, Roberto Silva. *Schnitt* Françoise Bonnot. *Regieassistenz* Claude Pinoteau, Juan Luis Buñuel. *Special effects* Lee Zavitz, J. McMillan Johnson. *Kostüme* Yvonne Wood. *Make-up* Monique Archambault. *Frisuren* Alex Archambault. *Ton* William R. Sivel. *Produktionsleitung* Paul Joly.

Auf einsamem Posten leistet Léon Alastray erbitterten Widerstand gegen die angreifenden Indianer. Anthony Quinn als Hauptdarsteller in ›Guns for San Sebastian/San Sebastian‹, 1968.

Darsteller ANTHONY QUINN (Léon Alastray), Anjanette Comer (Kinita), Sam Jaffe (Pater Joseph), Silvia Pinal (Felicia), Charles Bronson (Teclo), Jorge Martínez de Hoyos (Cayetano), Jaime Fernández (Goldene Lanze), Rosa Furman (Agueda), Jorge Russek (Pedro), Leon Askin (Generalvikar), José Chávez (Antonio), Ivan Desny (Oberst Calleja), Fernand Gravey (Gouverneur), Pedro Armendáriz jr. (Pater Lu-

Mit Anjanette Comer in ›Guns for San Sebastian/San Sebastian‹, 1968.

cas), Aurora Clavel (Magdalena), Julio Aldama (Diego), Ferrusquilla (Luis), Pancho Córdova (Kino), Enrique Lucero (Renaldo), Chano Urueta (Miguel), Noé Murayama (Captain López), Guillermo Hernández (Timoteo), Francisco Reigura (Bischof), Carlos Berriochoa (Pablo), Armando Acosta (Pascual), Guy Fox, Rico Lopez (Dorfeinwohner).
Anthony Quinn als legendärer mexikanischer Bandit und Patriot Ala-

stray, der in der Kutte eines Franziskaner-Paters die Stadt San Sebastian vor spanischen Invasoren, Indianern und plündernden Banditen verteidigt.
Länge 120 bzw. 111 Minuten.
Uraufführung 31. Januar 1968, New York City.

1968 – THE SHOES OF THE FISHERMAN (USA)

Deutscher Titel **In den Schuhen des Fischers** *auch* **Der Gesandte aus Moskau**
Produktion Metro-Goldwyn-Mayer/George Englund Enterprises. *Regie* Michael Anderson. *Buch* John Patrick, James Kennaway (nach dem gleichnamigen Roman von Morris L. West). *Kamera* (Panavision, Metrocolor) Erwin Hillier, Ernest Day. 2. *Kamera* Tony White. *Musik* Alex North. *Production Design* George W. Davis, Edward Carfagno. *Bauten* Arrigo Breschi. *Schnitt* Ernest Walter. *Regieassistenz* Victor von Tourjansky, Tony Brandt. *Kostüme* Orietta Nasalli-Rocca. *Make-up* Amato Garbini. *Frisuren* Gabriella Brozelli. Ton Franklin Milton. *Technische Beratung* Antonio Petrucci, Adone Terzariol. *Produktionsleitung* Danilo Sabatini. *Herstellungsleitung* Fritz Mueller.
Darsteller ANTHONY QUINN (Kiril Lakota), Sir Laurence Olivier (Piotr Iljitsch Kamenev), Oskar Werner (Pater David Telemond), David Janssen (George Faber), Vittorio De Sica (Kardinal Rinaldi), Leo McKern (Kardinal Leone), Sir John Gielgud (der ältere Papst), Barbara Jefford (Dr. Ruth Faber), Rosemarie Dexter (Chiara), Frank Finlay (Igor Bounin), Burt Kwouk (Peng), Arnoldo Foà (Gelasio), Paul Rogers (Augustinian), George Pravda (Gorshenin), Clive Revill (Vukovitsch), Niall McGinnis (Kapuzinermönch), Marne Maitland (Kardinal Rahamani), Isa Miranda (Marchesa), Gerald Harper (Brian), Leopoldo Trieste (Freund des Sterbenden), Peter Copley, Arthur Howard (englische Kardinäle), Jean Rougeoul (Dominikaner), Al Thomas (farbiger Kardinal), Dom Moore (polnischer Kardinal), John Frederick (amerikanischer Kardinal), Michael Anderson.
Anthony Quinn als russischer Erzbischof, der, nach 20 Jahren in einem sibirischen Arbeitslager, in Rom zum Papst gewählt wird.
Länge 162 bzw. 155 Minuten.
Uraufführung 14. November 1968, New York City.

1968 – THE MAGUS (GB)

Deutscher Titel **Teuflische Spiele**
Produktion Blazer Films (John Kohn, Jud Kinberg). *Regie* Guy Green.

Buch John Fowles (nach seinem gleichnamigen Roman). *Kamera* (Panavision, Color by DeLuxe) Billy Williams. *2. Kamera* David Harcourt. *Musik* John Dankworth. *Orchestrierung* David Lindup. *Production De-*

Vittorio De Sica als Kardinal Rinaldi und Anthony Quinn als russischer Papst Kyrill in ›The Shoes of the Fisherman/In den Schuhen des Fischers‹, 1968.

Mit Anna Magnani als zänkische Ehefrau Rosa in ›The Secret of Santa Vittoria/Das Geheimnis von Santa Vittoria‹, 1969.

sign Don Ashton. *Bauten* William Hutchinson. *Schnitt* Max Benedict. *Regieassistenz* David Tringham. *Kostüme* Anthony Mendleson, Brian Owen-Smith, Eve Faloon. *Make-up* Charles Parker, Michael Morris. *Frisuren* Stephanie Kaye. *Ton* Cyril Collick, Hugh Strain. *Titel Design* Maurice Binder. *Produktionsleitung* Frank Sherwin Green.
Darsteller Michael Caine (Nicholas Urfe), ANTHONY QUINN (Maurice Conchis), Candice Bergen (Lily), Anna Karina (Anne), Paul Stassino (Meli), Julian Glover (Anton), Takis Emmanuel (Kapetan), George Pastell (Andreas, der Priester), Danièle Noël (Soula), Jerome Willis (deutscher Offizier), Ethel Farrugia (Maria), Andreas Malandrinos (Schafhirte), George Kafkaris, Stack Constantino (Partisanen), Anthony Newlands (Gastgeber), Roger Lloyd Pack (Conchis jr.), Corin Redgrave (Captain Wimmel).

Anthony Quinn als einflußreicher, mit übersinnlichen Kräften ausgestatteter Intellektueller, der zurückgezogen auf einer griechischen Insel lebt.
Länge 116 Minuten.
Uraufführung 10. Dezember 1968, New York City.

1969 – **THE SECRET OF SANTA VITTORIA** (USA)

Deutscher Titel **Das Geheimnis von Santa Vittoria**
Produktion Stanley Kramer Corporation. *Regie* Stanley Kramer. *Buch* William Rose, Ben Maddow (nach dem gleichnamigen Roman von Robert Crichton). *Kamera* (Panavision, Technicolor) Giuseppe Rotunno. *Musik* Ernest Gold. *Production Design* Robert Clatworthy. *Bauten* Fer-

Das Abschiedsgeschenk für Hauptmann Sepp von Prum (Hardy Krüger): eine Flasche Wein als Kostprobe; eine von einer Million, die der deutsche Besatzungsoffizier mit seinen Leuten vergeblich zu finden versuchte … Aus ›The Secret of Santa Vittoria/Das Geheimnis von Santa Vittoria‹, 1969.

dinando Ruffo. *Schnitt* William A. Lyon, Earle Herdan. *Regieassistenz* Franco Cirino, Ray Gosnell. *Special effects* Danny Lee. *Kostüme* Joe King. *Ton* David Hildyard. *Titel Design* Wayne Fitzgerald. *Associate Producer* George Glass. *Produktionsleitung* Ivan Volkman, Giorgio Zambon, Luciano Piperno.

Darsteller ANTHONY QUINN (Italo Bombolini), Anna Magnani (Rosa Bombolini), Virna Lisi (Caterina Malatesta), Hardy Krüger (Hauptmann Sepp von Prum), Sergio Franchi (Tufa), Renato Rascel (Babbaluche), Giancarlo Giannini (Fabio), Patrizia Valturri (Angela), Valentina Cortese (Gabriella), Eduardo Ciannelli (Luigi Lunghetti), Leopoldo Trieste (Vittorini), Gigi Ballista (Padre Polenta), Quinto Parmeggiani (Copa), Carlo Caprioli (Giovanni Pietrosanto), Francesco Mulè (Francocci), Wolfgang Jansen (Feldwebel Zopf), Aldo De Carellis (»Old Vines«), Marco Tulli (Mazzola), Christian Anders (Korporal Heinsick), Peter Kuiper (Feldwebel Traub), Dieter Wilken (Hans), Karl Otto Alberty (Otto), Gigi Bonos (Benedetti), Clelia Matania (Julietta), Pippo Lauricella (Pulci), Carlo Capannelle (Capoferro), Renato Chiantoni (Bracolini), Pino Ferrara (Dr. Bara), Curt Löwens (Oberst Scheer), Tim Donnelly (Gefreiter Holtzmann).

Anthony Quinn als trinkfester italienischer Bürgermeister, der während des Zweiten Weltkriegs den einzigen Reichtum seines Städtchens – eine Million Weinflaschen – vor der deutschen Wehrmacht versteckt.

Länge 140 bzw. 138 Minuten.

Uraufführung 15. Oktober 1969.

1969 – **A DREAM OF KINGS** (USA)

Deutscher Titel **Matsoukas, der Grieche**

Produktion National General Prod. (Jules Schermer). *Regie* Daniel Mann. *Buch* Harry Mark Petrakis, Ian Hunter (nach dem gleichnamigen Roman von Harry Mark Petrakis). *Kamera* (Technicolor) Richard H. Kline. *Musik* Alex North. *Production Design* Boris Leven. *Bauten* William Kiernan. *Schnitt* Walter Hannemann, Raymond Daniels. *Regieassistenz* James Rosenberger, C. E. Dismukes, Joe Nayfack. *Kostüme* Eric Seelig. *Make-up* Charles Blackman. *Ton* Bill Ford. *Associate Producer* Harry Mark Petrakis, James S. Elliott. *Executive Producer* Harry A. Caplan. *Produktionsleitung* Jack Kirschner, Robert Goodstein.

Darsteller ANTHONY QUINN (Matsoukas), Irene Papas (Caliope), Inger Stevens (Anna), Sam Levene (Cicero), Val Avery (Fatsas), Tamara Daykarhanova (Schwiegermutter), Peter Mamakos (Falconis), James Dobson (Doktor), Zvee Scooler (Zenoitis), Bill Walker (Kampana),

Endlich kann Matsoukas sein Versprechen einlösen: er bringt seinen kranken Sohn Stavros (Radames Pera) in die Sonne Griechenlands. Schlußszene aus ›A Dream of Kings/Matsoukas, der Grieche‹, 1969.

H. B. Haggerty (Türke), Alan Reed sr. (Fig King), Radames Pera (Stavros), Theoharis Lemonopoulos (als er selbst), Stasa Damascus (Falconis' Tochter), Katherine Theodore (Mrs. Cournos), James Fortunes (Tony), Ernest Sarracino (Toundas), Renata Vanni (Mrs. Falconis), Chris Marks (Telecles), Sandra Damato (Faith), Effie Columbus (Hope), Peter Kogeones (Angelo), Alberto Morin (Aristotle), Peter Xantho (Javaras), George Savalas (Apollo), Tol Avery (Herman), Tony Jochim (Onkel Louie), George Michaelides (Doktor in der Kirche), Lisa Pera, Lisa Moore (Nurses).

Anthony Quinn als griechischer Einwanderer in Chicago, der mehr vom Glücksspiel als von den Einkünften seines »Lebenshilfe-Büros« lebt und der seinen erkrankten Sohn nach Griechenland bringen will.
Länge 107 Minuten.
Uraufführung 15. Dezember 1969, New York City.

1970 – KING: A FILMED RECORD ... MONTGOMERY TO MEMPHIS (USA)

Deutscher Titel **King: Ein gefilmter Bericht ... Montgomery to Memphis**
Produktion Commonwealth United Corp./Martin Luther King Film Project. (Ely Landau). *Regie* Sidney Lumet, Joseph L. Mankiewicz. *Schnitt* Lora Hays, John Carter, Coleridge-Taylor Perkinson. *Associate Producer* Richard Kaplan. *Sprecher* Paul Newman, Harry Belafonte, Charlton Heston, ANTHONY QUINN, Joanne Woodward, James Earl Jones, Sidney Poitier, Burt Lancaster, Ruby Dee, Ben Gazzara, Clarence Williams III.
Dokumentarfilm (schwarz-weiß, 35 mm) über Martin Luther King.
Länge 185, 182 bzw. 177 Minuten.
Uraufführung 25. Februar 1970, als Benefizvorstellung in über 500 Lichtspielstätten der USA.

1970 – A WALK IN THE SPRING RAIN (USA)

Deutscher Titel **Die Frau des anderen**
Produktion Pingree Prod. (Stirling Silliphant, Guy Green). *Regie* Guy Green. *Buch* Stirling Silliphant (nach dem gleichnamigen Roman von Rachel Maddux). *Kamera* (Panavision, Technicolor) Charles B. Lang. *Musik* Elmer Bernstein. *Songs* Titelsong von Elmer Bernstein, gesungen von Michael Dees, »Shenandoah« gesungen von Janet Nelson. *Liedtexte* Don Black. *Production Design* Malcolm C. Bert. *Bauten* Morris Hoffman. *Schnitt* Ferris Webster. *Choreographie der Kampfszenen* Bruce Lee (!). *Regieassistenz* Phil Parslow, Robert Gilmore. *Special effects* Ira Anderson jr. *Kostüme* Edna Taylor, Donfeld, Guy Verhille, Alex D'Alessio. *Make-up* Ben Lane, John O'Gorman. *Frisuren* Virginia Jones. *Ton* Les Fresholtz, Arthur Piantadosi. *Produktionsleitung* Herbert Wallerstein. *Produktionsassistenz* Mark Silliphant.
Darsteller ANTHONY QUINN (Will Cade), Ingrid Bergman (Libby Meredith), Fritz Weaver (Roger Meredith), Katherine Crawford (Ellen Meredith), Tom Fielding (Boy Cade), Virginia Gregg (Ann Cade), Mitchell Silberman (Bucky).
Anthony Quinn als Gelegenheitsarbeiter in den Tennessee-Hills, der mit

der Ehefrau eines Juraprofessors in einer Affäre kurzes Glück findet.
Länge 98 Minuten.
Uraufführung 1. April 1970, Knoxville, Tennessee.

1970 – **FLAP** *auch* **THE LAST WARRIOR** (USA)

Amerikanischer Prerelease Titel **Nobody Loves a Drunken Indian** *auch* **Nobody Loves Flapping Eagle**
Deutscher Titel **Der Indianer**
Produktion Warner Brothers (Jerry Adler). *Regie* Carol Reed. *Buch* Clair Huffaker (nach seinem Roman »Nobody Loves a Drunken Indian«). *Kamera* (Panavision, Technicolor) Fred J. Koenekamp, Harold Wellman. *2. Kamera* George Nogle, Charles G. Arnold. *Musik* Marvin Hamlisch. *Musikalische Leitung* Sonny Burke. *Orchestrierung* Leo Shuken. *Songs* »If Nobody Loves« von Marvin Hamlisch, gesungen von Kenny Rogers & The First Edition. *Liedtexte* Estelle Levitt. *Production*

Mit Claude Akins in ›Flap/Der Indianer‹, 1970.

Design Art Loel. *Bauten* Mort Rabinowitz, Ralph S. Hurst. *Schnitt* Frank Bracht. *Second Unit-Regie* William Kronick. *Regieassistenz* Reggie Callow, Alan Callow, Jim Paisley. *Kostüme* Oscar Rodriguez, Ann Helfgott, Alex D'Alessio, Danny Chichester. *Make-up* Gordon Bau, Michael Hancock, Robert Westmoreland. *Frisuren* Naomi Cavin. *Ton* Alfred E. Overton sr., George Hause. *Produktionsleitung* Milton Feldman. *Herstellungsleitung* Carter DeHaven jr.

Darsteller ANTHONY QUINN (Flapping Eagle/Fliegender Adler), Claude Akins (Lobo Jackson), Tony Bill (Eleven Snowflake/Elfte Schneeflokke), Victor Jory (Wounded Bear Mr. Smith/Verwundeter Bär), Don Collier (Mike Lyons), Shelley Winters (Dorothy Bluebell), Susana Miranda (Ann Looking Deer), Victor French (Rafferty), Rodolfo Acosta (Ladenbesitzer), Anthony Caruso (Silver Dollar/Silberdollar), William Mims (Steve Gray), Rudy Diaz (Larry Standing Elk), Pedro Regas (She'll-Be-Back-Pretty-Soon), J. Edward McKinley (Harris), Robert Cleaves (Gus Kirk), John War Eagle (Luke Wolf).

Anthony Quinn als moderner Indianer, der in einem Reservat lebt und für die Gleichberechtigung seines Stammes kämpft.

Länge 106 Minuten.

Uraufführung 24. April 1970, Albuquerque, New Mexico.

1970 – **R. P. M. (REVOLUTIONS PER MINUTE)** (USA)

Produktion Columbia Pictures (Stanley Kramer). *Regie* Stanley Kramer. *Buch* Erich Segal. *Kamera* (Eastmancolor) Michel Hugo. 2. *Kamera* Roger Sherman jr. *Musik* Barry DeVorzon, Perry Botkin. *Songs, Liedtexte* Melanie. *Production Design* Robert Clatworthy. *Bauten* George James Hopkins. *Schnitt* William A. Lyon. *Regieassistenz* Jack Roe. *Special effects* Geza Gaspar. *Kostüme* Joe King, Moss Mabry. *Make-up* Fred Phillips. *Frisuren* Virginia Jones. *Ton* Les Fresholtz. *Titel Design* Wayne Fitzgerald. *Associate Producer* George Glass. *Produktionsleitung* Ivan Volkman.

Darsteller ANTHONY QUINN (F. W. J. »Paco« Perez), Gary Lockwood (Rossiter), Ann-Margret (Rhoda), Paul Winfield (Steve Dempsey), Graham Jarvis (Henry Thatcher), Alan Hewitt (Hewlett), Ramon Bieri (Brown), John McLiam (Reverend Blauvelt), Don Keefer (Dean Cooper), Donald Moffat (Perry Howard), Norman Burton (Coach McCurdy), John Zaremba (Rektor Tyler), Inez Pedroza (Estella), Robert Carricart jr., David Ladd, Teda Bracci, Linda Meiklejohn, Bruce Fleischer, John David Wilder, Bradjose, Raymond Cavaleri, Henry Brown jr., Frank Alesia (Studenten).

Anthony Quinn als puertoricanischer Soziologieprofessor, der als Rektor an einem amerikanischen College in Studentenunruhen verwickelt wird.
Länge 92 bzw. 90 Minuten.
Uraufführung 1. September 1970, New York City.

1971 – **ARRUZA** (USA/MEX)

Produktion Alpha Company (Budd Boetticher)/Churubusco Films. *Regie* Budd Boetticher. *Buch* Budd Boetticher. *Kamera* (Color) Lucien Ballard, Carlos Carabajal.
Sprecher ANTHONY QUINN
Dokumentarfilm über den mexikanischen Stierkämpfer Carlos Arruza.
Länge 73 Minuten.

1971 – **THE CITY** (USA)

Produktion Universal Television (Frank Price). *Regie* Daniel Petrie. *Buch* Howard Rodman. *Kamera* (Technicolor) Jack Marta. *Musik* Billy Goldenberg. *Production Design* Howard E. Johnson. *Schnitt* Robert Watts, Larry Lester.
Darsteller ANTHONY QUINN (Thomas Jefferson Alcala), E. G. Marshall (Sheridan Hugotor), Robert Reed (Sealy Graham), Pat Hingle (Ira Groom), Kaz Garas (»Unbekannter«), Skye Aubrey (Sabina Menard), John Lach (Holland Yermo), Peggy McCay (Mrs. Lockney), Emanuel Smith (Detektiv Loop), Paul Lees (Detektiv Kosse), Eulojia Rubio (Mrs. Obregon), Pablita Velarde Hardin (Mrs. Cintra), Winona Margery Haury (Mrs. Cintras Enkelin), Jim Smith (Sanitäter), Doyle Randall, Ed Pennybacker (Polizeipatrouille), Phil Mead (Mr. Fluvanna), Robert McCoy (Landstreicher), Thomas Dycus (Motorradstreife), Felicita C. Jojola (Mrs. Laboe), José Rey Toledo (Frank Nutwood), Ken Dunnagan (Priester), Ben J. Abruzzo (Tramway-Fahrer), Sue Ann Carpenter (La La Lajilla), James L. McConkey (Bangi Fox), Marjorie M. Sanford (Virginia Fox), Victor A. Sarracino (Friedhofsbetreuer), W. Robert Stevens (Bischof Martin Bremend), Belle Abeytia (Mrs. Mantiguas), Scott Britt (Hippie), Syl Lamont, John F. Milholland, Judson Ford, Manuel J. Gallegos, Howard R. Kirk, James R. Eaton, Bud Conlan, Ross Elder, John Van Keuren, Jean Lienau.
Anthony Quinn als verantwortungsvoller Bürgermeister einer amerikanischen Stadt im Südwesten, der der zunehmenden Industrialisierung seines Distrikts entgegentritt.
Länge 110 Minuten. *Uraufführung* 17. Mai 1971, ABC Television.

1972 – **THE VOICE OF LA RAZA** (USA 1970–72)
Produktion Equal Employment Opportunity Commission (William Greaves). *Regie* William Greaves. *Buch* William Greaves, José Garcia. *Kamera* (Color) William Greaves, José Garcia. *Musik* Vincent Sancedo. *Schnitt* John Dandre.
Sprecher, Interviewer ANTHONY QUINN, Rita Moreno.
Dokumentarfilm über die Spanisch sprechende Minderheit in den USA.
Länge 55 Minuten.

1972 – **ACROSS 110th STREET** (USA)
Deutscher Titel **Straße zum Jenseits**
Produktion Film Guarantors (Fouad Said, Ralph Serpe). *Regie* Barry Shear. *Buch* Luther Davis (nach dem Roman von Wally Ferris). *Kamera* (Color by DeLuxe) Jack Priestley. *Musik* J. J. Johnson. *Songs* J. J. Johnson, Bobby Womack, gesungen von Bobby Womack. *Production Design* Perry Watkins. *Bauten* Ray Murphy, Harry Farrington. *Schnitt* Bryan Brandt. *Ton* James Sabat. *Executive Producer* ANTHONY QUINN, Barry Shear. *Associate Producer* Richard Senta.
Darsteller ANTHONY QUINN (Captain Frank Mattelli), Yaphet Kotto (Detective Lieutenant Pope), Anthony Franciosa (Nick D'Salvio), Paul Benjamin (Jim Harris), Edward Bernard (Joe Logart), Richard Ward (Doc Johnson), Antonio Fargas (Henry J. Jackson), Norma Donaldson (Gloria Roberts), Gilbert Lewis (Shevvy), Marlene Warfield (Mrs. Jackson), Nat Polen (Lt. Reilly), Tim O'Connor (Lt. Hartnett), Frank Mascetta (Don Gennaro), Charles McGregor (Chink), Joe Attles (Mr. Jessup), Betty Haynes (Mrs. Jessup), Robert Sacchi, Ken Lynch, Joe Canutt, Gloria Hendry, Burt Young, Frank Adu, Frank Arno, Tina Beyer, Gerry Black, Samuel Blue jr., Alex Brown, Norman Bush, Anthony Cannon, Maria Carey, Anthony Charnota, Dick Crockett, Keith Davis, George DiCemzo, Joe Dismas, Brendan Fay, Joe Fields, Clebert Ford, Bernetta Fowler, Andrea Lynn Frierson, George Garro, Joseph George, Steve Gravers, Paul Harris, Dallas Edward Hayes, Jimmy Hayeson, Hilda Haynes, Betty Howard, Pete Hock, Robert Jackson, Phill Kennedy, Nick La Padula, Al Leberfield, Ric Mancini, Charlene Mathies, Norman Matlock, Stephen Mendillo, Janet Sarno, Thurman Scott, Eddie Smith, George Strus, Adam Wade, Marvin Walters, Arnold Williams, Mel Winkler.
Anthony Quinn als korrupter Polizeibeamter in New York, der in Harlem gegen die Mafia und ein Neger-Syndikat kämpft.
Länge 102 bzw. 99 Minuten.

›*Across 110th Street/Straße zum Jenseits*‹, *1972, mit Yaphet Kotto.*

1972 – LOS AMIGOS (I)

Internationaler Verleihtitel **Deaf Smith and Johnny Ears**
Deutscher Titel **Das Lied von Mord und Totschlag**
Produktion Compagnia Cinematografica/Idea Film (Joseph Janni, Luciano Perugia). *Regie* Paolo Cavara. *Buch* Harry Essex, Oscar Saul, Paolo Cavara, Lucia Drudi, Augusto Finocchi (nach einer Story von Harry Essex und Oscar Saul). *Kamera* (Technicolor) Tonino Delli Colli, Carlo Tafani. *Musik* Daniele Patucchi. *Songs* »The Ballad of Deaf and Ears«, »Even If You Are Not the First One« von Daniele Patucchi, Ann Collin, gesungen von Ann Collin. *Production Design* Francesco Calabrese. *Bauten* Giorgio Postiglione. *Schnitt* Mario Morra. *Regieassistenz* Fabrizio Sergenti. *Ton* Fiorenzo Magli. *Produktionsleitung* Alfredo Mirabile.

Als taubstummer Desperado Erastus ›Deaf‹ Smith und Franco Nero als Johnny Ears (in der Höhle hinten) in ›Los Amigos/Das Lied von Mord und Totschlag‹, 1972.

Darsteller ANTHONY QUINN (Erastus »Deaf« Smith), Franco Nero (Johnny Ears), Pamela Tiffin (Susie), Ira von Fürstenberg (Hester), Franco Graziosi (General Morton), Adolfo Lastretti (Williams), Renato Romano (Hoffman), Francesca Benedetti (Mrs. Porter), Franca Sciutto (Bess), Tom Felleghy [Tom Trentini] (von Mittler) Cristina Airoldi (Rosita), Renzo Moneta (Colonel Donald), Romano Puppo (Logan). Enrico Casadei (Barrett), Luciano Rossi (Moss), Lorenzo Fineschi (James), Mario Carra (Corey), Antonio Faa Di Bruno (Senator), Giorgio Dolfin, Margherita Trentini, Fulvio Grimaldi, Paolo Pierani.
Anthony Quinn als taubstummer Revolverheld, der mit seinem Freund gegen die Männer eines Ex-Generals kämpft, der Texas territorisiert.
Länge 92 Minuten.

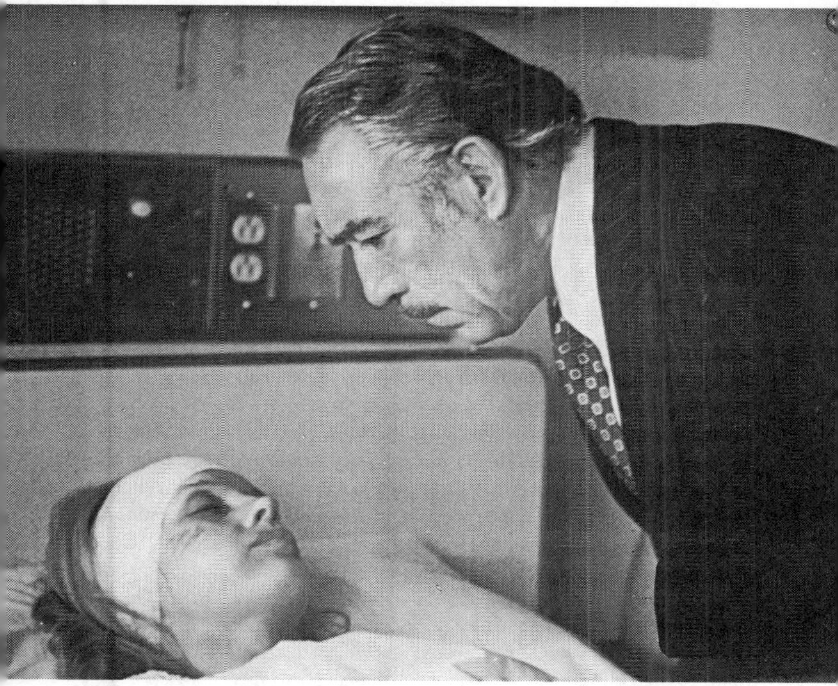

Als alternder Mafia-Boss mit Angel Tompkins in ›The Don is Dead/Der Don ist tot‹, 1973.

1973 – **THE DON IS DEAD** (USA)

Deutscher Titel **Der Don ist tot**

Produktion Universal (Hal B. Wallis). *Regie* Richard Fleischer. *Buch* Marvin H. Albert, Christopher Trumbo, Michael Philip Butler (nach dem Roman von Marvin H. Albert). *Kamera* (Technicolor) Richard H. Kline. *Musik* Jerry Goldsmith. *Production Design* Preston Ames. *Bauten* Don Sullivan. *Schnitt* Edward A. Biery. *Regieassistenz* David Hall, Tom Blank. *Stunt Coordinator* George Sawaya. *Kostüme* Edith Head. *Ton* John Kean, Waldon O. Watson, Ronald Pierce. *Associate Producer* Paul Nathan. *Produktionsleitung* William Gray.

Darsteller ANTHONY QUINN (Don Angelo DiMorra), Frederic Forrest (Tony Fargo), Robert Forster (Frank Regabulto), Al Lettieri (Vince Fargo), Angel Tompkins (Ruby Dunne), Charles Cioffi (Luigi Orlando), Jo Anne Meredith (Marie), J. Duke Russo (Don Aggimio Bernardo), Louis Zorich (Mitch DiMorra), Anthony Charnota (Johnny Tresca), Ina Balin (Nella Fargo), Joe Santos (Joe Lucci), Frank De Kova (Giunta), Abe Vigoda (Don Tolusso), Victor Argo (»Augie the Horse«), Val Bisoglio (Pete Lazatti), Robert Carricart (Mike Spada), Frank Christi (Harold Early), Sid Haig (der Araber), Maurice Sherbance (Korse), George Skaff (Vito Rocobone), Vic Tayback (Ralph Negri), Carlos Romero (Mariano Longobardo).

Anthony Quinn als alternder Mafiaboß in Amerika, der einen Bandenkrieg anzettelt.

Länge 117 bzw. 115 Minuten.

1974 – **THE MARSEILLE CONTRACT** (GB/F/USA)

Amerikanischer Titel **The Destructors**

Deutscher Titel **Fluchtpunkt Marseille**

Produktion Kettledrum Films/P. E. C. F./Warner Brothers/American International Pictures (Judd Bernard). *Regie* Robert Parrish. *Buch* Judd Bernard (nach seiner Story »What Are Friends For?«). *Kamera* (Panavision, Eastmancolor) Douglas Slocombe. *2. Kamera* Chic Waterson. *Musik* Roy Budd. *Songs* »Round Midnight« von Thelonious Monk, Cootie Williams, Bernie Hanighen, gespielt von The Fellings Quartet. *Production Design* Willy Holt. *Schnitt* Willy Kemplen. *Regieassistenz* Georges Pelligrin, Henri Hellman. *Stunt Coordinator* Remy Julien. *Special effects* Paul Trielli. *Kostüme* Guy Laroche. *Schmuck* Cartier. *Ton* Roy Charman. *Chefelektriker* Michel Vocoret. *Associate Producer* Patricia Casey. *Produktionsleitung* Tim Hampton, Suzanne Wiesenfeld.

Darsteller Michael Caine (Johnny Deray), ANTHONY QUINN (Steve Ven-

Mit Michael Caine in ›The Marseille Contract/Fluchtpunkt Marseille‹, 1974.

tura), James Mason (Jacques Brizard), Alexandra Stewart (Rita Matthews), Maureen Kerwin (Lucienne Brizard), Marcel Bozzuffi (Calmet), Catherine Rouvel (Brizards Geliebte), Maurice Ronet (Inspektor Briac), Patrick Floersheim [Al Mancini] (Jo Kovakian), André Oumansky (Inspektor Marsac), Georges Beller (Minierini), Jean-Louis Fortuit (Fortuit), Jerry Brouer (Kurt), Georges Lycan (Henri), Pierre Koulak (Wilson), Hella Petri (Gräfin), Vernon Dobtcheff (Lazar), Barbara Somers (Sally), Martine Kelly (Janet), Danik Zurakowska (Mädchen), Pierre Salinger (Williams), Bill Kearns, Alan Rosset, James Jones, Gene Moskowitz, Sam White (Kartenspieler), Jean Bouchaud (Rouget), Bob Lerick, Jacques Chevalier, Jack Jourdain (Männer am Rollfeld), Robert Rondo (Matthews), John Rico (Informant), Charles Millot (Butler),

Charles Morosi (Leichenbeschauer), Jonathan Brookes Poole (Kevin Matthews), Dominique Gilles (Helikopter-Pilot), Georges Pelligrin (Pelligrin), Ed Marcus (Detektiv Fargas), Gib Grossac (Fournier).
Anthony Quinn als Chef der amerikanischen Rauschgift-Behörde in Paris, der ein Drogenschmuggler-Syndikat in Marseille auffliegen läßt.
Länge 90 Minuten.

1975 – **IL GRANDE BLUFF** (I)

Internationaler Verleihtitel **The Con Artists**
Deutscher Titel **Bluff**
Produktion Capital Film (Mario Cecchi Gori). *Regie* Sergio Corbucci. *Buch* Arduino Maiuri, Massimo de Rita, Sergio Corbucci, Mickey Knox. *Kamera* (Color) Marcello Gatti, Otello Spila. *Musik* Lelio Luttazzi. *Stunt Coordinator* Sal Borgese. *Mitarbeit* Mario Celentano. *Executive Producer* Ted Kneeland.
Darsteller ANTHONY QUINN (Bang), Adriano Celentano (Felix), Capucine (Belle), Corinne Clery (Charlotte), Ugo Bologna, Sal Borgese, Mickey Knox, Mircha Carven, Helen Stirling, Attilio d'Ottesio, Saviana Scalfi, Renzo Ozzano, Leo Gavero, Virgilio Ponti, Lerro Rocco.
Anthony Quinn als gerissener Diamantenräuber, dem eine Gangsterlady zum Ausbruch aus dem Gefängnis verhilft, um ihn zu zwingen, die versteckte Beute herauszugeben.
Länge 109 bzw. 93 Minuten.

1976 – **AL-RISALAH** (LIBYEN/GB)

Englischer Titel **The Message** *auch* **Mohammed, Messenger of God**
Deutscher Titel **Mohammed, der Gesandte Gottes**
Produktion Filmco International Prod. (Moustapha Akkad). *Regie* Moustapha Akkad. *Buch* H. A. L. Craig. *Kamera* (Panavision, Eastmancolor) Jack Hildyard, Said Bakr, Ibrahim Salem. *Musik* Maurice Jarre. *Production Design* Tambi Larsen, Maurice Fowler. *Bauten* Norman Dorme, Abdelmouneim Chukri, Terry Parr, Nejib Khoury. *Schnitt* John Bloom. *Second Unit-Regie* Andrew Marton. *Regieassistenz* Gus Agosti, Carlos Gil, Abdessamad Dinia. *Stunt Coordinator* Ken Buckle. *Kostüme* Phyllis Dalton. *Ton* David Hildyard. *Associate Producer* Harold Buck, Mohammad Sanousi. *Produktionsleitung* Geoffrey Helman, Robert Simmonds, Moustapha Hijaouy.
Darsteller ANTHONY QUINN (Hamza), Irene Papas (Hind), Michael Ansara (Abu Sofyan), Johnny Sekka (Bilal), Michael Forest (Khalid), Damien Thomas (Zaid), Peter Madden (zahnloser Mann), Martin Benson

(Abu Jahal), Wolfe Morris (Bu-Lahab), Andre Morell (Abu Talib), Rosalie Crutchley (Somaya), Ewen Solon (Yasser), Garrick Hagon (Ammar), Ronald Chenery (Mosaab), Michael Godfrey (Barra), Habib Ageli (Hudayfa), George Camiller (Waleed), Neville Jason (Jaafar), Robert Brown (Otba), Bruno Barnabe (Umaya), John Humphry (Ubada), John Bennett (Salool), Donald Burton (Amr), Elaine Ives Cameron (Arwa), Nicholas Amer (Suheil), Gerard Hely (Sinan), Hassan Joundi (Kisra), Earl Cameron (Annajashi), Ronald Lee-Hunt (Heraclius), Leonard Trolley (Seidenverkäufer), Salem Gedara (Wahshi) und die Stimme von Richard Johnson (Erzähler der englischen Version).
Anthony Quinn als erfahrener Krieger, der die Anhänger Mohammeds von Mekka durch die Wüste nach Abessinien führt.
Länge 182 bzw. 170 Minuten.

1976 – **TIGERS DON'T CRY** (SÜDAFRIKA)

Produktion Heyns Films (Alan Girney, Thys Heyns, J. van Zyl Alberts). *Regie* Peter Collinson. *Buch* Scot Finch (nach dem Roman »Running Scared« von Jon Burmeister). *Kamera* (Color) Brian Probyn. *Musik* Hennie Bekker. *Production Design* John Margetts. *Bauten* Graeme Orwin. *Schnitt* Harry Hughes. *Regieassistenz* Howard Rennie. *Kostüme* John Lambon, Hilda Geerdts. *Make-up* Betty Church. *Ton* Syd Knowles. *Associate Producer* Scot Finch. *Produktionsleitung* John Walding.
Darsteller ANTHONY QUINN (Ernest Hobday »Sailor« Slade), John Phillip Law (Shannon), Simon Sabela (Präsident Lunda), Marius Weyers (Colonel Albert Pahler), Sandra Prinsloo (Schwester Janet Hobart), Ken Gampu (Manga), Joe Stewardson (Dr. Ben Schaeffer), Janet du Plessis (Ginny Slade), Barry Trengove (Meurer), Reggie Khangela, Johnny Molefe (Adjutanz), Lisa Shane (Schwester Killeen), Chris du Toit, Regardt van den Bergh, Hugh Rouse, Don Barrigo, Ndaba Mhlongo, Patrick Mynhardt, Alvon Collison, Albert Botha, Beryl Ellis, Raymond Matuson.
Anthony Quinn als Abenteurer, der den Staatspräsidenten von Gambia entführen will, um mit dem Lösegeld seiner Tochter ein angenehmes Leben bieten zu können.
Länge 102 Minuten.

1976 – **L'EREDITA' FERRAMONTI** (I)

Internationaler Verleihtitel **The Inheritance**
Produktion Gianni Hecht Lucari/FLAG. *Regie* Mauro Bolognini. *Buch* Ugo Pirro, Sergio Bazzini, Roberto Bigazzi (nach dem Roman von

Gaetano Carlo Chelli). *Kamera* (Eastmancolor) Ennio Guarnieri. *Musik* Ennio Morricone. *Production Design* Luigi Scaccianoce. *Schnitt* Nino Baragli.
Darsteller ANTHONY QUINN (Gregorio Ferramonti), Fabio Testi (Mario Ferramonti), Dominique Sanda (Irene), Luigi Proietti (Pippo Ferramonti), Adriana Asti (Teta Ferramonti), Paolo Bonacelli (Paolo Furlin), Rossella Rusconi, Harald Bromley.
Anthony Quinn als großbürgerliches Familienoberhaupt, in dessen Familie eine Erbschleicherin einheiratet.
Länge 121 Minuten.

1977 – **JESUS OF NAZARETH** (GB/I)

Deutscher Titel **Jesus von Nazareth**
Produktion Sir Lew Grade/Vincenzo Labella. *Regie* Franco Zeffirelli. *Buch* Anthony Burgess, Suso Cecchi D'Amico, Franco Zeffirelli. *Kamera* (Color) Armando Nannuzzi, David Watkin. *Musik* Maurice Jarre. *Schnitt* Reginald Mills. *Make-up* Otello Fava.
Darsteller Olivia Hussey (Maria), Yorgo Voyagis (Josef), Lorenzo Monet (Jesus als Knabe), Peter Ustinov (Herodes der Große), Christopher Plummer (Herodes Antipas), Valentina Cortese (Herodias), Michael York (Johannes der Täufer), Robert Powell (Jesus), Anne Bancroft (Maria Magdalena), James Farentino (Simon Petrus), James Mason (Joseph von Arimathea), Sir Laurence Olivier (Nikodemus), ANTHONY QUINN (Kaiphas), Stacy Keach (Barabbas), Ian McShane (Judas), Rod Steiger (Pontius Pilatus), Claudia Cardinale, Ernest Borgnine (Zenturio), Sir Ralph Richardson, James Earl Jones, Donald Pleasence, Fernando Rey, Cyril Cusack (Yehuda), Ian Bannen (Amas), Marina Berti, Lee Montague, Tony LoBianco (Quintilius), Ian Holm (Zerah), Oliver Tobias (Joel), Regina Bianchi (Anna), Renato Rascel, Maria Carta.
Anthony Quinn als Hohepriester Kaiphas, der Jesus des Todes schuldig erklärt und an Pontius Pilatus ausliefert.
Länge TV-Film in vier Teilen/360 Minuten.

1978 – **THE CHILDREN OF SANCHEZ** (USA/MEX)

Produktion Hall Bartlett Films. *Regie* Hall Bartlett. *Buch* Cesare Zavattini, Hall Bartlett (nach dem Roman von Oscar Lewis). *Kamera* (Color) Gabriel Figueroa. *Musik* Chuck Mangione.
Darsteller ANTHONY QUINN (Sanchez), Lupita Ferrer (Consuelo), Dolores Del Rio (Großmutter), Stathis Giallelis (Roberto), Lucia Mendez (Marta), Duncan Quinn (Manuel), Katy Jurado (Chata).

Anthony Quinn als armer Mexikaner, der mit seiner vielköpfigen Familie in einer Einzimmerwohnung lebt, Generationsprobleme mit den Kindern hat und letztlich durch einen Lottogewinn ein eigenes Haus bauen kann.
Länge 126 Minuten.

1978 – THE GREEK TYCOON (USA)

Deutscher Titel **Der große Grieche**
Produktion ABKCO Films/Universal (Allen Klein, Ely Landau, Nico Mastorakis, Lawrence Myers). *Regie* J. Lee Thompson. *Buch* Mort Fine (nach einer Story von Nico Mastorakis, Winn Wells, Mort Fine). *Kamera*

Der große ›Grieche‹ – in ›The Greek Tycoon/Der große Grieche‹, 1978.

(Technovision, Technicolor) Tony Richmond, Christos Triantafillou. *Musik* Stanley Myers. *Musikalische Leitung* Harry Rabinowitz. *Songs* Hauptthema von John Kongos und Ron Frangipane, »Taverna Music« von George Theodosiadis, »Funny Kind of Love Affair« von Mike Moran, gespielt von Madeline Bell. *Production Design* Michael Stringer. *Bauten* Tony Reading, Gene Gurlitz, Mel Bourne, Vernon Dixon. *Schnitt* Alan Strachan, Derek Trigg. *Regieassistenz* Ariel Levy, Michael Stevenson, Bob Wright, Anthony Mixaleas, Steve Barnett. *Kostüme* Phyllis Dalton. *Make-up* Linda De Vetta, Peter Robb-King. *Ton* Robin Gregory. *Technische Beratung* Gavrick Losey. *Associate Producer* Eric Rattray, Iris Keitel, Tony Alatis. *Executive Producer* Les Landau, Mort Abrahams, Peter Howard. *Produktionsleitung* George Iakovidis, Roy Parkinson, Jerry Brandt. *Herstellungsleitung* Basil Keyes.
Darsteller ANTHONY QUINN (Theo Tomasis), Jacqueline Bisset (Liz Cassidy), Raf Vallone (Spyros Tomasis), Edward Albert (Nico Tomasis), James Franciscus (James Cassidy), Camilla Sparv (Simi Tomasis), Marilù Tolo (Sophia Matalas), Charles Durning (Michael Russell), Luciana Paluzzi (Paola Scotti), Robin Clarke (John Cassidy), Roland Culver (Robert Keith), Katharine Schofield (Helena), Linda Thorson (Angela), Guy Deghy (Tahlie), Carolle Rousseau (Camille), Sandor Eles (Lawrence), Dimos Starenios (Kazakos), Kathryn Leigh Scott (Nancy Cassidy), Tony Jay (Doktor), John Bennett (Diener), Joan Benham (Lady Allison), Jill Melford (Magda), Lucy Gutteridge (Mia), Zozo Sabountzaki (Tänzerin in der Taverne), Nasis Kedrakas (Farmer), John Denison (Lord Allison), Danos Lygizos (Deck-Steward), Cassandra Harris (Cassandra), Patricia Kendall-John (Negerin), Beulah Hughes (Starlet), Vicki Michelle, Carol Royle, Mimi Denissi (Nicos Freundinnen), Athene Fielding (Nurse), Bonnie George (Aggie), Charles Maggiore, Jeff Pomerantz (FBI-Männer), Richard Fasciano, John Bolt (Secret Service-Agenten), Henderson Forsythe (Stoneham), Michael Prince, Gordon Oas-Heim (Regierungsbeamte), William Stelling, John Hoffmeister (Theos Anwälte), Carinthia West (Partygast), Dimitri Nikolaidis (Socrates), John Ioannou, David Masterman (Bedienstete).
Anthony Quinn als griechischer Multimillionär und Reeder, der ganz und gar nicht zufällig an Aristoteles Onassis erinnert.
Länge 106 Minuten.

1978 – **CARAVANS** (USA/IRAN)

Produktion Ibex Films/FIDCI (Elmo Williams). *Regie* James Fargo. *Buch* Nancy Voyles Crawford, Thomas A. McMahon, Lorraine Williams (nach dem Roman von James A. Michener). *Kamera* (Panavision, Technicolor) Douglas Slocombe, Gordon Meagher. *2. Kamera* Chic Waterson. *Musik* Mike Batt. *Songs* Titelsong gesungen von Barbara Dickson. *Production Design* Ted Tester, Peter Williams. *Bauten* Peter James, Fereydoun Razavi. *Schnitt* Richard Marden. *Regieassistenz* Anthony Waye, Bozorgmehr Rafia, Gerry Gavigan. *Stunt Coordinator* John Sullivan. *Special effects* Karl Baumgartner. *Kostüme* Renie Conley. *Make-up* George Frost. *Ton* Peter T. Davies. *Produktionsleitung* Maurice Vaccarino, Elahe Joubine, Konstantin Theoren. *Herstellungsleitung* Stacy Williams.

Darsteller ANTHONY QUINN (Zulfigar), Michael Sarrazin (Mark Miller), Jennifer O'Neill (Ellen Jasper), Joseph Cotten (Elwood Crandall), Christopher Lee (Sardar Khan), Barry Sullivan (Richardson), Jeremy Kemp (Dr. Smythe), Gordon Meagher (Mechaniker), Gerry Gavigan, Leo Rutigliano (tote Geologen), Bozorgmehr Rafia (russischer Agent), Behrooz Vosoughi (Colonel Nazrullah), Duncan Quinn (Moheb), Behrooz Gueramian (Bauernjunge), Mohammad Ali Keshavarz (Shakkur), Parviz Gharib-Afshar (Nur Mohammad), Fahimeh Amouzandeh (Mira), Khosrow Tabatabai (tanzender Junge), Mohammad Kahnemoui (Maftoon), Susan Vaziri (Racha), Parviz Jafari (Captain Majid), Mohammad Poursattar, Hamid Lighvani, Djamshid Sadri (Mullahs), Shahnaz Pakravan (Karima), Parviz Shahinkhoo (Vater des ermordeten Jungen), Ahmad Kashani (Café-Besitzer), Eskandar Rafii (Nazrullahs Diener), Firooz Bahjat Mohamadi (Ehemann der Farangui-Frau), Sami Tahasonee (Bettler), Ali Zandi (Hirte), Farhad Khan Mohamadi (russischer Fahrer), Kamran Bakhtar, Arsh Poorzari, Hadi Moghadam (Wachen), Abbas Mokhtari, Ali Saadat (Kochi-Räuber), Kamiar Abazary (Elgabri), Joan Levis (Farangui-Frau), Florence Rutigliano (Miss Merwin), Said Pakzad (indischer Botschafter), Karen Siddely, Roya Kashfi (Enkelinnen), Eric Jocobic, Philip Barth (Seesoldaten), Abbas Ghorgbighi (Hotelangestellter), Masood Janghorbani (sein Bruder).

Anthony Quinn als Anführer einer Beduinenkarawane, die im Jahr 1948 russische Waffen für den Kampf Pakistans gegen Indien schmuggelt.

Länge 123 Minuten.

1978 – **THE PASSAGE** (GB)

Produktion Hemdale/Passage Films/Monday Films (Lester Goldsmith, Maurice Binder, John Quested). *Regie* J. Lee Thompson. *Buch* Bruce Nicolaysen (nach seinem Roman »The Perilous Passage«). *Kamera* (Technovision, Eastmancolor) Michael Reed. *Musik* Michael J. Lewis.

Ausgleichssport in der Drehpause. Quinn während der Arbeiten zu ›The Passage‹ im Juni 1978 in Nizza.

Production Design Jean Forestier, Constantin Mejinsky. *Schnitt* Alan Strachan. *Regieassistenz* Kip Gowans. *Kostüme* Brian Smith. *Make-up* Neville Smallwood, Derrick Bosch. *Ton* Norman Bolland. *Executive Producer* John Daly, Derek Dawson. *Associate Producer* Geoffrey Helman. *Produktionsleitung* Phillip Kenny. *Herstellungsleitung* Arlette Danis, Bernard Mazauric.
Darsteller ANTHONY QUINN (der Baske), James Mason (Prof. John Bergson), Malcolm McDowell (Hauptmann von Berkow), Patricia Neal

(Ariel Bergson), Kay Lenz (Leah Bergson), Christopher Lee (Zigeuner), Michel Lonsdale (Alain Renoudot), Marcel Bozzuffi (Perea), Peter Arne (Führer), Paul Clemens (Paul Bergson), Robert Rhys (Sohn des Zigeuners), Neville Jason (Leutnant Reinecke), Robert Brown (Major), Rosa Alba (Madame Alba).
Anthony Quinn als baskischer Schafhirte, der während des Zweiten Weltkriegs – bezahlt von der Résistance – einen prominenten Wissenschaftler samt Familie vom besetzten Frankreich nach Spanien bringt.
Länge 98 Minuten.

1980 – **THE SALAMANDER** (USA/GB/I)

Italienischer Titel **Il salamandra**
Produktion ITC Films/Orbi S. A. (Paul Maslansky; Sir Lew Grade & William R. Forman-Presentation). *Regie* Peter Zinner. *Buch* Robert Katz (nach dem gleichnamigen Roman von Morris L. West). *Kamera* (Color) Marcello Gatti. *Musik* Jerry Goldsmith. *Production Design* Giantito Burchiellaro. *Schnitt* Claudio Cutry. *Regieassistenz* Antonio Brandt. *Kostüme* Fabrizio Caracciolo. *Ton* Tonino Testa. *Produktionsleitung* Giuseppe Pollini.
Darsteller Franco Nero (Dante Matucci), ANTHONY QUINN (Bruno Manzini), Martin Balsam (Stefanelli), Sybil Danning (Lili Anders), Christopher Lee (Direktor Baldassare), Cleavon Little (Major Malinowsky), Eli Wallach (Leporello), Claudia Cardinale (Elena), Paul Smith (der »Chirurg«), John Steiner (Roditi), Renzo Palmer (Girgione), Anita Strindberg (Prinzessin), Marino Masé, Jacques Herlin, Gita Lee.
Anthony Quinn als wohlhabender italienischer Industrieller, ehemaliger Partisan im Zweiten Weltkrieg, der einem Detektiv hilft, ein faschistisches Staatskomplott aufzudecken.
Länge 101 Minuten.

1980 – **LION OF THE DESERT** (USA)

Deutscher Titel **Omar Mukhtar, Löwe der Wüste**
Produktion Falcon International Prod. (Moustapha Akkad). *Regie* Moustapha Akkad. *Buch* H. A. L. Craig. *Kamera* (Panavision, Eastmancolor) Jack Hildyard. *2. Kamera* Jimmy Turrell, James Bawden. *Musik* Maurice Jarre. *Production Design* Mario Garbuglia, Syd Cain. *Bauten* Giorgio Desideri, Maurice Cain, Bob Bell. *Schnitt* John Shirley. *Second Unit-Regie & Stunt Coordinator* Glenn Randall. *Regieassistenz* Miguel & Carlos Gil, Roberto Cirla, Giorgio Venturoli, Ali Ahmed Salem, Mohammed Najm. *Special effects* Kit West. *Kostüme* Orietta Nasalli Rocca,

Piero Cicoletti, Hassan Ben Dardaf, Paul Vachon. *Make-up* Neville Smallwood, Alan Boyle, Ahmed Hassan Hassan. *Ton* Norman Bolland, Eric Tomlinson, Jim Willis, Gerry Humphreys. *Technische Beratung* Franco Fantasia. *Executive Producer* Geoffrey Helman. *Associate Producer* Roy Stevens. *Produktionsleitung* Reyad Akkad, Ray Frift, Mara Blasetti. *Herstellungsleitung* John Oldknow, Frank Sherwin Green, Moustapha Hijaouy, Claude Gresset, Umberto Sambucco, Mohammed Bufana.

Darsteller ANTHONY QUINN (Omar Mukhtar), Oliver Reed (General Rodolfo Graziani), Irene Papas (Mabrouka), Raf Vallone (Colonel Diodiece), Rod Steiger (Benito Mussolini), Sir John Gielgud (Sharif El Ga-

Anthony Quinn im Burnus als Beduinen-Anführer in ›Lion of the Desert/ Omar Mukthar, Löwe der Wüste‹, 1980.

riani), Andrew Keir (Salem), Gastone Moschin (Major Tomelli), Sky Dumont (Prinz Amedeo), Takis Emmanuel (Bu-Matari), Claudio Gora (Gerichtspräsident), Franco Fantasia (Grazianis Adjutant), Ewen Solon (italienischer Major), Gianfranco Barra (Wachtposten), Lino Capolicchio (Hauptmann Bedendo), Stefano Patrizi (Leutnant Sandrini), Adolfo Lastretti (Sarsani), Rodolfo Bigotti (Ismail), Robert Brown (Al Fadeel), Eleonora Stathopoulou (Alis Mutter), Luciano Bartoli (Hauptmann Lontano), Giordano Falzoni (Militärrichter), Ihab Werfaly (Ali), Loris Bazoki (dicker Sergeant), Alec Mango (Panzerkommandeur), Filippo Degara (Schwadronhauptmann), George Sweeney (Hauptmann Biagi), Luciano Catenacci (Sergeant Major), Victor Baring (Infanterieoberst), Pietro Brambilla (junger Soldat), Pietro Tordi, Pietro Gerlini (Feldmarschälle), Massimiliano Baratta (verhaftender Hauptmann), Mario Feliciani (Lobitto).
Anthony Quinn als Anführer der rebellischen Beduinen, die 1929 dem Militärgouverneur von Libyen, Graziani, und der italienischen Kolonialisierung Widerstand leisten.
Länge 163 Minuten.

1981 – **HIGH RISK** (USA/GB)

Produktion Viacom Enterprises/Hemdale Leisure/City Films (Joseph & Stewart Raffil, Gerald Green). *Regie* Stewart Raffil. *Buch* Stewart Raffil, Fernando Celis. *Kamera* (Technicolor) Alex Phillips jr., Thomas C. McHugh. *2. Kamera* Manuel Gonzales. *Musik* Mark Snow. *Production Design* Ron Foreman. *Bauten* Augustin Ituarte. *Schnitt* Tom Walls. *Second Unit-Regie* Thomas C. McHugh. *Regieassistenz* Leonard Smith, Tony Rubio. *Stunt Coordinator* Bill Catching. *Special effects* Laurencio Cordero. *Kostüme* George Little, Alfonso Govea. *Make-up* Rosa Guerrero, Lindsay Wagner, Robert Ryan. *Ton* Robert Comancho. *Executive Producer* John Daly. *Produktionsleitung* Bradley H. Aronson, Enrique Morfin, Anuar Badin.
Darsteller James Brolin (Stone), Lindsay Wagner (Olivia Light), ANTHONY QUINN (Mariano), Cleavon Little (Rockney), Bruce Davison (Dan), Chick Vennera (Tony), James Coburn (Michael Serrano), Ernest Borgnine (Clint), Eduardo Noriega (General), Tony Rubio (bärtiger Mann), David Young (Bradley), Richard Young (Mike), Stephanie Faulkner (Charlene), Udana Powers (Gail), Fernando Palavicini (Manuel), Douglas Sandoval (Julio), Sergio Calderon (Hueso), Mario Valdez (Adjutant des Generals), Roberto Sosa (Junge), Alvaro Careano, Paco Morayta (Häftlinge), Sammy Ortiz (Conductor), Polo Salasar

Als kolumbianischer Banditenführer in der amerikanisch-englischen Coproduktion ›High Risk‹, 1981.

(Kellner), Eduardo Paxon (Mark), Samantha Borzaui (Liz), Leonard Smith (Mike Stewart), Luz Maria Pena (üppige Dame), Rodolfo de Alexandre (Mann im Bordell), Xochitl del Rosario (Prostituierte), Gerardo Cepeda (Polizist), Rene Barrera (Gefängniswache), Angel Aragon, Carlos Romano (Billard-Spieler), Aña de Sade (Serranos Frau), Evelyn Klippian, Rebecca Jones (Swimmingpool-Girls), Josephina (Marianos Frau), Alejandro Camacho (Obediente), Juan Vasquez (Hercules), Nicholas Jasso (Youri), Gerardo Zapena (Gefängniswärter), Jorge Hernandes Andres (Rejoneador), Daniel Garcia (Anwalt), Raul Martinez, José Luis Salgado, Julio Martinez (Serranos Männer), Raul Pin Hernandez, Fernando Celis, Gerardo Moreno, Hector Moreno, Ismael Gomez, Bernave Palma (Banditen), Clinton Case (Nachrichtensprecher).
Anthony Quinn als kolumbianischer Banditenführer, der mit seinen Männern für einen internationalen Rauschgiftschmuggler arbeitet.
Länge 94 bzw. 92 Minuten.

Anthony Quinn im Fernsehen

Die Zusammenstellung enthält TV-Kurzfilme, Serien, Shows und Fernsehdokumentationen und will lediglich einen Überblick über das Schaffen des Stars in diesem Medium geben.
Produktionsland USA, wenn nicht anders angegeben.

1949 **PRIDE'S CASTLE** (in der Reihe »Philco Playhouse«)
Produktion NBC

1951 **HOUSE OF DUST** (in der Reihe »Lights Out«)
Produktion NBC

1951 **TICKET TO OBLIVION**
(in der Reihe »Ford Theatre«)
Produktion CBS
Regie Franklin J. Schaffner

1949 erstmals mit ›Philco Playhouse‹ im Fernsehen. Quinn mit Partnerinnen Catherine McLeod und Louise Allbritton.

1951 **BLUE MURDER** (in der Reihe »Danger«)
Produktion CBS (Martin Ritt)
Regie Yul Brynner

1951 **DARK FLEECE** (in der Reihe »Schlitz Playhouse of Stars«)
Produktion CBS
Regie William Brown jr.

1954 **THE LONG TRAIL** (in der Reihe »Schlitz Playhouse of Stars«)
Produktion CBS
Regie Jus Addiss

1954 in der Fernsehserie ›Schlitz Playhouse of Stars‹ in ›The Long Trail‹.

1955 **BANDIT'S HIDEOUT** (in der Reihe »Schlitz Playhouse of Stars«)
Produktion CBS
Regie Roy Kellino

1958 **PERSON TO PERSON**
Produktion CBS
Talkshow mit Edward R. Murrow

1963 **THE ED SULLIVAN SHOW**
Produktion CBS
Stargast

1970 **KRAFT MUSIC HALL PRESENTS MR. ANTHONY QUINN AND MISS PEGGY LEE**
Produktion NBC

1971–72 **THE MAN AND THE CITY**
Produktion ABC
TV-Serie nach dem Film »The City« (siehe Filmographie)

1971 **THE DICK CAVETT SCHOW: 90 MINUTES WITH ANTHONY QUINN**
Produktion ABC
Talkshow

1971 **THE MERV GRIFFIN SHOW: SALUTE TO STANLEY KRAMER**
Produktion CBS
Gastauftritt

1973 **THE MIKE DOUGLAS SHOW**
Gastgeber zusammen mit Mike Douglas

1977 **TEN WHO DARE**
Dokumentation
Gastgeber und Erzähler

1981 **READY, WHEN YOU ARE, MR. DeMILLE!**

Deutscher Titel **Sind Sie bereit, Mr. DeMille?**
Produktion Chris Mohr (Großbritannien)
Regie Barry Norman
Dokumentation
Interviewpartner

Ernennungen und Auszeichnungen

Zweimal wurde Anthony Quinn mit dem begehrten Oscar ausgezeichnet.

1952 **Oscar** als bester Nebendarsteller für die Rolle des Bruder Eufemio in **Viva Zapata!**

1954 **Großer Preis** der Filmfestspiele Venedig für **La Strada**

1956 **Oscar** als bester Nebendarsteller für die Rolle des Paul Gauguin in **Lust for Life/Vincent van Gogh – ein Leben in Leidenschaft**

1957 **Oscar-Nominierung** als bester Hauptdarsteller für **Wild is the Wind/ Wild ist der Wind** (jedoch keine Auszeichnung)

1963 **Das Goldene Trapez** der Internationalen Artistenvereinigung

1964 **Oscar-Nominierung** als bester Hauptdarsteller in **Zorba the Greek/ Alexis Sorbas** (jedoch keine Auszeichnung)

Preis als bester Hauptdarsteller – vom National Board of Motion Picture Review

1977 **Orden** »Adler von Tlatelolco«, eine der höchsten Auszeichnungen des Landes Mexico für **The Children of Sanchez**

Anthony Quinn im Theater

Diese chronologische Übersicht erhebt nicht den Anspruch auf Vollständigkeit, sondern will lediglich die Theaterlaufbahn des Schauspielers skizzieren.

1936 **Clean Beds** (George S. George)
Rolle des Worth
Produktion Mae West und James Timony
Regie Vadim Uraneff
Hollytown Theatre, Los Angeles
23. Februar 1936

1947 **The Gentleman from Athens** (Emmet Lavery)
Komödie in drei Akten
Produktion Martin Gosch und Eunice Healey
Regie Sam Wanamaker
Rolle des Hon. Stephen Socrates Christopher
Mansfield Theatre, New York
9. Dezember 1947

1948–50 **A Streetcar Named Desire** (Tennessee Williams)
Rolle des Stanley Kowalski
Produzent Irene Mayer Selznick
Regie Harold Clurman

National Company:
Ethel Barrymore Theatre, New York City
28. Juni 1948 (drei Wochen)

Nixon Theatre, Pittsburgh
6. September 1948 (zwei Wochen)

Harris Theatre, Chicago
21. September 1948 (23 Wochen)

Milwaukee, Wisconsin
28. Februar 1949 (eine Woche)

Detroit, Michigan
7. März 1949 (drei Wochen)

Hanna Theatre, Cleveland
28. März 1949 (fünf Wochen)

Als Heinrich II. mit Laurence Olivier in ›Becket‹, 1960/1961.

St. Paul, Minnesota
23. Mai 1949 (eine Woche)

Music Hall, Kansas City
8.–11. Juni 1949

Biltmore Theatre, Los Angeles
20. Juni 1949 (sechs Wochen)

Geary Theatre, San Francisco
26. Juli 1949 (vier Wochen)

Ethel Barrymore Theatre, New York City
29. August 1949 (fünfzehn Wochen)

Locust Theatre, Philadelphia
26. Dezember 1949 (drei Wochen)

Plymouth Theatre, Boston
13. Februar 1950 (vier Wochen)

1950 **Borned in Texas** (Lynn Riggs)
Ein Märchen in drei Akten
Produktion Sam Wanamaker, Terese Hayden und Harriet Ames.
Regie Sam Wanamaker
Fulton Theatre, New York
vom 21.–26. August 1950
Rolle des Texas

1951 **Let Me Hear the Melody** (S. N. Behrman)
Eine Komödie in drei Akten
Produktion Harold Clurman und Walter Fried
Regie Burgess Meredith
Premiere: Willington, Delaware, 9. März 1951
letzte Vorstellung: 24. März 1951
Rolle des Alvin Connors

1961 **Becket** (Schauspiel von Jean Anouilh)
Produktion David Merrick
Regie Peter Glenville
Rolle des Henry II., Duke of Normandy und König von England
St. James Theatre, New York
ab 5. Oktober 1960 bis 25. März 1961

1962–63 **Tchin-Tchin** (Schauspiel von François Billetdoux)
Produktion David Merrick
Regie Peter Glenville
Rolle des Caesario Grimaldi
Plymouth Theatre, New York
25. Oktober 1962 bis 21. April 1963

1983–85 **Zorba The Greek** (Musical)
Regie Michael Cacoyannis
Tournee durch Detroit, Chicago, Denver
sowie andere amerikanische Städte
und anschließend Broadway

DANKSAGUNG

Für Rat und Hilfe dankt der Autor folgenden Personen und Institutionen: Academy of Motion Pictures Arts und Sciences (Los Angeles), British Film Institute (London), Deutsches Institut für Filmkunde (Frankfurt), Bodo Dorra, Gisela Fenske, Anne Geiss, Bärbl und Sascha Hermann, Holger Junk, Ute Kaltwasser, Stiftung Kinemathek (Berlin), Britta Lange, Peter Magdowski, Erich Felix Mautner, Wolfgang Niebel, Barbara Ruck, Wolfgang Saiko, Georg Scharnigg, Friederike und Gerhard Würnschimmel; und mein besonderer Dank gilt

P. Kraus-Kautzky (Wien)

ohne dessen tätige Mithilfe und Privatarchiv dieses Buch gewiß nicht so ausführlich und umfangreich geworden wäre.

BIBLIOGRAPHIE

Agel Genevieve, Les chemins de Fellini/Journal d'un bidoniste, in: Collection 7e Art. Editions du Cerf, Paris 1956

The American Film Institute Catalogue. Feature Films 1961–1970. R.R. Bowker, New York/London 1976

Bawden Liz-Anne und Wolfgang Tichy (Hrsg.), rororo Filmlexikon Band 1–6. Rowohlt Taschenbuchverlag GmbH, Reinbek bei Hamburg, 1978

Bergmann Andrew, James Cagney, Seine Filme – sein Leben. Wilhelm Heyne Verlag, München 1980

Brown Curtis F., Ingrid Bergman, Ihre Filme – ihr Leben. Wilhelm Heyne Verlag, München 1980

Carey Cary, Cukor and Co. Museum of Modern Art, New York 1971

Crawley Tony, The Films of Sophia Loren. LSP Books, London 1974

Delcorde Jacques (Hrsg.), Entretiens avec Federico Fellini. Radiodiffusion Télévision Belge, Bruxelles 1962

Dickens Homer, Gary Cooper und seine Filme. Wilhelm Goldmann Verlag, München 1982

Ford Charles, Cecil B. DeMille, in: Anthologie du Cinéma No. 3. L'Avant-Scène/C.I.B., Paris 1968

Garrett Gerard, The Films of David Niven. LSP Books, London 1975

Hart Henry (Hrsg.), Film in Review, National Board of Review of Motion Pictures Inc., New York 1968

Hotchner A.E., Sophia Loren, Ihre Filme – ihr Leben. Wilhelm Heyne Verlag, München 1979

Jordan René, Marlon Brando, Seine Filme – sein Leben. Wilhelm Heyne Verlag, München 1979

Jordan René, Gary Cooper, Seine Filme – sein Leben. Wilhelm Heyne Verlag, München 1981

Kaplan Mike (Hrsg.), Variety International Showbusiness Reference. Garland Publishing Inc., New York London 1981

Kerbel Michael, Henry Fonda, Seine Filme - sein Leben. Wilhelm Heyne Verlag, München 1982

Marill Alvin H., The Films of Anthony Quinn. The Citadel Press, Secaucus, New Jersey 1975

Milne Tom, Mamoulian, Cinema One No. 13. Thames & Hudson/British Film Institute, London 1969

Monthly Film Bulletin. British Film Institute, London 1965 ff.

Peary Gerald, Rita Hayworth, Ihre Filme – ihr Leben, Wilhelm Heyne Verlag, München 1981

Quinn Anthony, The Original Sin – A Self-Portrait. Deutsche Ausgabe: Der Kampf mit dem Engel – Eines Mannes Leben, Scherz Verlag, Bern und München 1972
Quinn Anthony, Ein Mann? – Ich sage Ihnen was das ist! Jasmin (Zeitschrift) 7/1968
Quirk Lawrence J., Ingrid Bergman und ihre Filme. Wilhelm Goldmann Verlag, München 1982
Renzi Renzo, Federico Fellini, in: Piccola Biblioteca del Cinema No. 6 Guanda, Perma 1956
Ricci Mark/Zmijewsky Bonis u. Steve, John Wayne und seine Filme. Wilhelm Goldmann Verlag, München 1979
Thomas Tony, Marlon Brando und seine Filme. Wilhelm Goldmann Verlag, München 1981
Thomas Tony, Gregory Peck, Seine Filme – sein Leben. Wilhelm Heyne Verlag, München 1979
Zondergeld Rein A., Alain Delon, Seine Filme – sein Leben. Wilhelm Heyne Verlag, München 1984

Register